权威·前沿·原创

皮书系列为
"十二五""十三五""十四五"时期国家重点出版物出版专项规划项目

BLUE BOOK

智 库 成 果 出 版 与 传 播 平 台

陕西蓝皮书

BLUE BOOK OF SHAANXI

陕西乡村振兴研究报告
（2024）

RESEARCH REPORT ON RURAL REVITALIZATION

OF SHAANXI (2024)

组织编写／陕西省社会科学院

主　编／程宁博　王建康　于宁锴

社会科学文献出版社

SOCIAL SCIENCES ACADEMIC PRESS（CHINA）

图书在版编目（CIP）数据

陕西乡村振兴研究报告.2024／程宁博，王建康，
于宁锴主编.--北京：社会科学文献出版社，2024.3
（陕西蓝皮书）
ISBN 978-7-5228-3305-7

Ⅰ.①陕…　Ⅱ.①程…　②王…　③于…　Ⅲ.①农村-
社会主义建设-研究报告-陕西-2024　Ⅳ.①F327.41

中国国家版本馆 CIP 数据核字（2024）第 039856 号

陕西蓝皮书
陕西乡村振兴研究报告（2024）

组织编写／陕西省社会科学院
主　　编／程宁博　王建康　于宁锴

出　版　人／冀祥德
责任编辑／张　超
文稿编辑／秦　丹
责任印制／王京美

出　　版／社会科学文献出版社·皮书分社（010）59367127
　　　　　地址：北京市北三环中路甲 29 号院华龙大厦　邮编：100029
　　　　　网址：www.ssap.com.cn
发　　行／社会科学文献出版社（010）59367028
印　　装／天津千鹤文化传播有限公司

规　　格／开　本：787mm×1092mm　1/16
　　　　　印　张：18.75　字　数：278 千字
版　　次／2024 年 3 月第 1 版　2024 年 3 月第 1 次印刷
书　　号／ISBN 978-7-5228-3305-7
定　　价／158.00 元

读者服务电话：4008918866

陕西蓝皮书编委会

主　　任　程宁博

副主任　杨　辽　毛　斌　王建康

委　　员　(按姓氏笔画排列)

于宁锴　王征兵　牛战美　吕晓明　刘　宁

何得桂　罗创国　罗新远　郑梦熊　黎　洁

主　　编　程宁博　王建康　于宁锴

执行主编　江小容　张　敏

主要编撰者简介

程宁博 陕西省社会科学院党组书记、院长，陕西省第十四次党代会代表，陕西省社会科学院学术委员会主任，陕西蓝皮书编委会主任。长期从事理论研究、政策宣讲、出版管理、社科研究与管理等工作，主要研究领域为马克思主义中国化时代化、思想政治教育、宣传思想文化等，对习近平新时代中国特色社会主义思想、党的路线方针政策、陕西省情、新型智库建设与管理等研究深入。多次参与重要书籍编写和重要文件、重要文稿起草工作，多项研究成果在中央和省级主流媒体刊发。

王建康 陕西省社会科学院党组成员、副院长、研究员，主要从事农村发展、区域经济研究。先后主持完成国家和省级基金项目6项，主持编制省级规划6项、区县发展规划20余项，承担世界银行、国家发改委、农业农村部等招标或委托课题18项；出版著作10余部，发表论文和调研报告60余篇；研究成果先后获得省哲学社会科学优秀成果奖5项。兼任省决策咨询委员会委员、省青联常委、省委理论讲师团特聘专家。省第十二次党代会代表，省第十三次党代会报告起草组成员，十二届全国青联委员，陕西青年五四奖章获得者，陕西省优秀共产党员。

于宁锴 陕西省社会科学院农村发展研究所所长、研究员。主要研究领域为"三农"理论与政策。主持、参与各类课题30余项，公开发表论文和研究报告50余篇40余万字。兼任中国农村发展学会理事、当代陕西研究会副会长、陕西省社会学会常务理事、陕西省经济学会理事、陕西省人大常委会"三农"工作咨询专家、陕西省农村合作经济指导专家。

摘　要

　　《陕西乡村振兴研究报告（2024）》分为总报告、专题篇、区域篇、案例篇四部分，以陕西全面推进乡村振兴战略的路径探索以及围绕"五大振兴"实现农业高质高效、乡村宜居宜业、农民富裕富足的具体实践和特色案例为主要内容。

　　总报告聚焦乡村振兴重点任务，对陕西扎实推进乡村发展、乡村建设、乡村治理"三项重点"工作进行全面总结，进一步优化了"压实责任，紧扣要害"的粮食安全保障路径、"深化机制，紧盯落实"的巩固拓展衔接路径、"夯实产业，紧推改革"的乡村发展路径、"规划引领，紧抓质量"的乡村建设路径和"强化党建，紧促和谐"的乡村治理路径，提出了不断夯实粮食生产基础、促进农民持续增收、提升农业质量效益、加快建设宜居宜业和美乡村等对策建议。

　　专题篇从陕西粮食安全策略、现代农业发展、农村消费扩容升级、乡村治理、数字乡村建设等方面进行了深入研究，提出实现省内粮食供需平衡和自给有余、全方位提升数字乡村建设工作质量、改进乡村治理工作、加快促进乡村产业振兴等对策建议。

　　区域篇和案例篇选取陕西在市、县、村实施乡村振兴战略的具体实践，包括易地扶贫搬迁后续扶持现状与对策、县域经济特色化错位化发展、农村集体"三资"监管、乡村文旅融合、农业机械化和社会化服务助力乡村振兴、在农业产业链建立党组织等经验做法，为稳步推进陕西乡村振兴战略，加快实现农业高质高效、乡村宜居宜业、农民富裕富足提供决策参考。

　　关键词： 乡村振兴　粮食安全　乡村建设　乡村治理　陕西省

Abstract

Research Report on Rural Revitalization of Shaanxi (*2024*) consists of four parts: General Report, Special Reports, Regional Reports and Case Studies. It mainly focuses on the exploration of the path for Shaanxi to comprehensively promote rural revitalization strategy and the specific practices and unique cases around the "Five Revitalizations" to achieve high-quality and efficient agriculture, livable and business-friendly rural areas, and common prosperity for farmers.

The General Report focuses on key tasks of rural revitalization, The solid promotion of "three key points" (rural development, rural construction and rural governance) by Shaanxi province is systematically elaborated; the path of food safety assurance of "fulfilling responsibilities and focusing on key points", the consolidation, expansion and connection paths of "deepening mechanism and focusing on implementation", the rural development path of "consolidating industry and promoting reform", the rural construction path of "guiding by planning and focusing on quality" and the rural governance path of "enhancing party building and promoting harmony" are optimized; countermeasures and suggestions, such as constantly consolidating the foundation of grain, continuing to increase the income of peasants, improving the quality and efficiency of agriculture, and building a beautiful and harmonious countryside are proposed.

The Special Reports conduct in-depth research on the food safety strategy in Shaanxi Province, modern agriculture development, rural consumption expansion and upgrading, rural governance, and digital village construction. It proposes suggestions for achieving a balance between supply and demand of grain within the province and becoming much more self-sufficient, comprehensively upgrading the quality of digital village construction, enhancing rural governance, accelerating rural industry revitalization.

The Regional Reports and Case Studies select specific practices of implementing the rural revitalization strategy in cities, counties and villages in Shaanxi Province, including countermeasures of follow-up support for poverty alleviation relocation, county economic development, supervision of rural collective funds, assets and resource, integration of rural culture and tourism, agricultural mechanization and agricultural socialization service to help rural revitalization, embedding the Party organization in agricultural industrial chains. These experiences provide decision-making references for steadily promoting Shaanxi's rural revitalization strategy, accelerating the high-quality and efficient development of agriculture, building a beautiful countryside that people enjoy living and working in, and achieving the common prosperity for farmers.

Keywords: Rural Revitalization; Food Security; Rural Construction; Rural Governance; Shaanxi Province

目 录 ⟾

Ⅰ 总报告

Ⅱ 专题篇

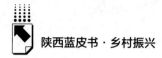
Ⅲ　区域篇

Ⅳ　案例篇

皮书数据库阅读**使用指南**

CONTENTS ⟆

I   General Report

II   Special Reports

B.6   Research on the Current Situation ,Problems and Countermeasures
of Characteristic Cultural Industries in Rural Areas in Shaanxi Province
Liu Jing, Lai Zuolian / 074

B.7   Main Performance, Problems and Countermeasures for Enhancing Rural
Governance in Shaanxi Province
Lei Xiaokang, Yu Linxia, Shen Bingjie, Wang Minghui and Wang Juhui / 086

B.8   Research on the Construction of Rural Governance Talent Team in Shanxi
Li Sijing, Zhang Xuemei and Shi Xiaojun / 099

B.9   The Current Conditions, Problems and Countermeasures of Digital
Rural Construction in Shaanxi Province   *Yang Lin, Xu Nan* / 112

Ⅲ   Regional Reports

B.10   Research Report of Rural Revitalization in Shaanxi Guanzhong Area
Liu Liyun / 125

B.11   Strategy Analysis on the Development of Tourism Industry Resource in
Qin Dong Area from the Perspective of Integrating Agriculture and Tourism
Li Yongsheng / 138

B.12   Research on the Dislocation Development Based on the Characteristics
of County Economy in Shaanxi Province
Luo Cheng, Zhang Min and Feng Yuwen / 149

B.13   Development Report Of County Agricultural-Related Zone in
Shaanxi Province   *Ma Jianfei, Gao Lina* / 164

B.14   Research Report on Xi'an Metropolitan Area Rural Culture and Tourism
Integration Development   *Tong Xiaofei, Li Wei and Shen Wenjun* / 179

B.15   Research on Agricultural Mechanization Helping Rural Revitalization:
Taking Hilly and Mountainous Area in Shaanxi Province as an Example
Zhang Yingwu, Gao Yuan, Jiang Xiaorong,
Sang Xingyue and Zhang Xufeng / 193

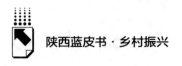
Ⅳ　Case Studies

总报告 ▷

B.1

陕西全面推进乡村振兴战略的
实践与思考*

联合课题组**

摘 要: 2023 年,陕西全面贯彻落实习近平总书记关于"三农"工作的重要论述和总书记历次来陕考察重要讲话重要指示精神,锚定建设农业强省目标,协调推进乡村发展、乡村建设、乡村治理"三项重点",全面推进乡村振兴各项工作取得新进展。在全面推进乡村振兴战略的实践中,陕西进一步优化了"压实责任,紧扣要害"的粮食安全保障路径、"深化机制,紧盯落实"的巩固拓展衔接路径、"夯实产业,紧推改革"的乡村发展路径、"规划引领,紧抓质量"的乡村建设路径、"强化党建,紧促和谐"的乡村

---

　* 本报告资料来源于陕西省委农办。

** 课题组组长:陈文,陕西省委农办副主任,陕西省农业农村厅党组成员、副厅长。主要成员:李鹏、吴克、田家鑫、闫丹、于宁锴、张敏、江小容、王静。执笔:田家鑫,陕西省委农办综合调研处一级主任科员,主要研究方向为乡村振兴与农业农村高质量发展;江小容,博士,陕西省社会科学院农村发展研究所助理研究员,主要研究方向为农业经济管理;张敏,博士,陕西省社会科学院农村发展研究所副研究员,主要研究方向为农业经济管理。

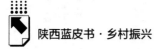

治理路径。下一步，陕西全面推进乡村振兴战略的难点在于继续巩固拓展脱贫攻坚成果、持续提高农业质量效益、加快补齐乡村建设短板、深入推进城乡融合发展。结合陕西实际，本报告提出了以稳产保供为根本不断夯实粮食生产基础、以底线任务为重点促进农民增收致富、以产业发展为抓手提升农业质量效益、以改革创新为动力释放农业农村发展活力、以融合发展为突破加快建设宜居宜业和美乡村等具体对策建议。

关键词： 乡村振兴　农业农村　陕西省

　　2023 年是全面贯彻落实党的二十大精神的开局之年，也是实施"十四五"规划承上启下的关键一年。全面建设社会主义现代化国家，扎实推进共同富裕，最艰巨最繁重的任务仍然在农村。"因地制宜大力发展特色产业，推进农村一二三产业融合发展，拓宽农民增收渠道"是全面推进乡村振兴的重要遵循。2023 年，陕西全面贯彻落实习近平总书记关于"三农"工作的重要论述和总书记历次来陕考察重要讲话重要指示，学习运用"千万工程"经验，努力克服自然灾害等不利影响，全力推动乡村振兴各项工作落地见实效。在全国 2022 年度巩固拓展脱贫攻坚成果同乡村振兴有效衔接考核评估中，陕西获得综合评价"好"等次，实现了农业农村发展稳中向好、稳中有进的局面。

一　陕西全面推进乡村振兴战略的实践路径

　　陕西锚定建设农业强省和乡村发展、乡村建设、乡村治理"三项重点"目标，持续发力，全力推动巩固拓展脱贫攻坚成果上台阶、全面推进乡村振兴见实效。全省农业农村工作以全面推进乡村振兴为引领，坚持"五级书记"一起抓、"五大振兴"一起推，完善省级领导包抓联系点、部门责任清单、调度考核、评比表彰等机制，出台《陕西省乡村振兴促进条例》《陕西省乡村振兴责任制实施细则》等系列文件，对重点任务进行周例会、季调度、半年通报，大力实施粮食综合产能提升、农民增收致富提升、特色现代农业提升、农业科技创新提升、农村重点改革提升、乡村规划建设提升、农村基层治理提升"七个提升工程"，农业生产再获丰收，农村发展更添活力，农民生活更加和美。2023年，陕西省农村居民人均可支配收入16992元，同比增长8.2%，增速高于全国0.5个百分点。

（一）"压实责任，紧扣要害"的粮食安全保障路径

陕西坚定不移把保障粮食安全作为"国之大者"摆在"三农"工作的突出位置，严格落实粮食安全党政同责，深入实施"藏粮于地，藏粮于技"战略，积极采取有效措施，夯基础、稳面积、提单产，粮食生产形势持续向好，粮食安全根基进一步夯实，为全面推进乡村振兴、加快建设农业强省奠定了坚实基础。全力稳定粮食生产，扎实开展"强春管促丰收"四大行动，打赢夏季粮油生产"抢收抢种"大会战，全年粮食种植面积4534.5万亩，总产1323.7万吨，单产291.9公斤/亩，实现"三增长"；国家下达的年度油料、大豆播种面积和新建高标准农田、高效节水灌溉面积任务全面完成。切实加强耕地保护，严格落实耕地保护五级"田长制"，入库新增耕地9.8万亩、粮食产能指标5350.4万公斤；新建高标准农田203.8万亩，同步实施高效节水灌溉64.2万亩，分别占年度任务的107.2%、100.3%。着力保障"菜篮子"产品有效供给，生猪、牛、羊存栏和水产品产量稳中有增，全年园林水果产量2092.5万吨、蔬菜及食用菌产量2151.2万吨，"菜篮子"产品量足价稳。稳步提高农业科技水平，持续加强育种、耕地、智能装备、食品、农业绿色发展等11个方面农业关键核心技术攻关，全面完成农业种质资源普查，油菜制种量占全国三成以上、番茄育种走在全国前列，累计推广"四位一体"旱作节水技术166万亩，主要农作物耕种收综合机械化水平预计达到73%。

（二）"深化机制，紧盯落实"的巩固拓展衔接路径

陕西积极适应"三个转向"，狠抓责任、政策、工作落实，脱贫成果有

效巩固，脱贫地区和脱贫群众内生发展动力进一步增强。全力抓好动态监测帮扶，将监测范围收入标准调整至 7300 元，累计纳入监测的 7.5 万户 22.9 万人全部落实精准帮扶措施，消除风险 4.9 万户 15.5 万人。持续促进脱贫群众增收，统筹抓好产业和就业"两个关键"，2023 年 1~11 月发放小额信贷 47.8 亿元，支持 10.2 万户脱贫户和监测对象发展产业，推动脱贫人口外出务工 221.1 万人，占年度任务的 105.2%，公益性岗位安置 21 万人。截至 2023 年 11 月底，全省脱贫人口人均纯收入 16381 元，同比增长 14.7%。扎实推动重点帮扶地区发展，组织省内 20 个经济强区（开发区）对口帮扶国家重点帮扶县，全年向 26 个重点帮扶县投入衔接资金 49.4 亿元，占到县资金总量的 47.6%，制定 12 项帮扶措施倾斜支持重点帮扶镇、村发展，全省 2116 个易地搬迁安置点实现社区服务场所全覆盖。广泛凝聚帮扶合力，成功承办上合组织减贫和可持续发展论坛、全国脱贫地区帮扶产业发展推进会，充分发挥中央单位定点帮扶、苏陕协作、"万企兴万村"、"百校联百县兴千村"等帮扶力量作用，持续选派驻村第一书记 8789 名、工作队员 1.7 万名，全省 7365 家社会组织投入帮扶资金 5.9 亿元，苏陕协作实际到位投资额 143.7 亿元、新转移农村劳动力就业 2.9 万人。

（三）"夯实产业，紧推改革"的乡村发展路径

陕西坚持把产业发展作为农业农村工作的重要抓手，做强做大特色产业，深入推进三产融合，持续深化农村改革，进一步激发农业农村发展活力。围绕做好"土特产"文章，强龙头、补链条、兴业态、树品牌，推动农村一二三产融合发展，全产业链做法成为主题教育中央第三指导组重点推荐案例。2023 年陕西省农村居民人均可支配收入 16992 元，同比增长 8.2%，增速快于城镇 2.8 个百分点，城乡收入比为 2.63∶1，较 2022 年同期缩小。持续完善产业链，加快推进"小木耳、大产业"和"因茶致富、因茶兴业"式区域特色产业，建立部省共建延安苹果高质量发展先行区和厅市共建柞水木耳、平利茶叶高质量发展示范区的工作机制，大力培育苹果、蔬菜、茶叶、畜禽肉类、中药材 5 个千亿级产业链，乳制品、食用菌 2

个 500 亿级产业链，猕猴桃 300 亿级产业链，市级超百亿元农业全产业链达到 24 条、县级超 10 亿元农业全产业链达到 125 条，藤编产业快速发展。聚力打造供应链，高规格举办农业龙头企业招商恳谈活动，建成全国唯一的国家级苹果、猕猴桃批发市场和全国最大的茯茶自动化智能生产线，农产品冷藏保鲜能力达到 713 万吨，浓缩果汁、羊乳加工能力均居全国第一。不断提升价值链，洛川苹果区域公用品牌价值居全国同类品牌首位，4 县（市、区）获批第四批国家农业绿色发展先行区，1 市 4 县（区）荣获国家农产品质量安全县（市）称号。举办首届中国非遗保护年会等农文旅融合活动，17 条线路入选全国乡村旅游精品线路，8 个村入选 2023 年中国美丽休闲乡村。持续深化农村改革，稳慎推进农村承包地、宅基地、集体经营性建设用地改革试点。1 县 3 镇获批承担国家土地二轮承包到期延包试点单位，4 县（市、区）农村宅基地制度改革试点任务稳步推进，3 县（区）入选全国农村产权流转交易规范化整县（区）试点。新型农村集体经济"消薄培强"、合同清理规范专项行动统筹推进。强化人才保障，实施乡村人才振兴行动，有序引导大学生毕业到乡、能人回乡、农民工返乡、企业家入乡，面向全省 65 个县（区）选派"三区"科技人员 1095 人，为县及县以下医疗卫生机构招聘医学类毕业生 1597 人，招录的 3412 名特岗教师全部到乡村任教。

（四）"规划引领，紧抓质量"的乡村建设路径

陕西坚持把乡村建设作为乡村振兴战略的重要任务，召开学习运用浙江"千万工程"经验工作推进会，全面部署、试点示范、分类推进，加快建设符合陕西实际、彰显三秦风韵的宜居宜业和美乡村。围绕提高农村基础设施完备度，加快推进"多规合一"实用性村庄规划编制，持续推动水、电、路、气、网等基础设施建设向村覆盖、向户延伸，新改建完善农村公路 9500 公里，其中 30 户以上自然村通硬化路比例达到 82.7%，较 2022 年底增长 2.7 个百分点；新建农村供水工程 988 处，受益人口 221.8 万人；建成现代宜居农房 2000 套；行政村快递服务覆盖率达到 98%。围绕提高农村公共服务便利度，加快推进农村基本公共服务标准统一、制度并轨、普惠共

享，在 83 个县（市、区）开展紧密型县域医共体建设，城乡交流轮岗教师 17652 人，省、市、县、镇、村五级医保经办服务体系覆盖率达到 100%，农村综合服务设施覆盖率达到 76%。围绕提高农村人居环境舒适度，深入推进以农村改厕、生活污水治理、生活垃圾分类源头减量为重点的农村人居环境整治提升五年行动，新改建农村卫生户厕 32.5 万座，普及率达到 81.7%，36% 以上的行政村生活污水得到有效治理，93.6% 的自然村实现生活垃圾收运处理，4 县（区）获评 2022 年度全国村庄清洁行动先进县。

（五）"强化党建，紧促和谐"的乡村治理路径

陕西坚持把构建乡村治理体系作为夯实乡村振兴根基的有效举措，持续抓党建促振兴、强治理树新风，"三治"融合的乡村治理体系更加完善。坚持和发展新时代"枫桥经验"，创新乡村治理方式，提高乡村善治水平，推动形成文明乡风、良好家风、淳朴民风。持续完善社会矛盾纠纷多元预防调处化解机制，富平县涉税费矛盾纠纷"一站专调"工作法、绥德县满堂川镇"说事堂"邻里解纷工作法、韩城市金城街道"四联调解分类施策"解纷工作法，被评为全国新时代"枫桥经验"先进典型。持续强化抓党建促乡村振兴，制定县（市、区）党委书记抓党建促乡村振兴年度重要事项清单，"一村一策"推动 881 个软弱涣散村党组织整顿提升。落实村级重大事项决策"四议两公开"、村级"小微权力"清单等制度，压缩精简各类档案资料、台账报表，基层负担得到进一步减轻。持续深化"民主法治示范村"创建，常态化推进农村地区扫黑除恶斗争，深入开展乡村法治教育和法律服务，累计培养乡村"法律明白人"12.8 万人，法治文化阵地覆盖率达到 86%，推广积分制、清单制的行政村分别达到 46.6%、67.6%，矛盾纠纷多元化解"一站式"平台覆盖全部乡镇（街道）。持续推进农村移风易俗，92% 以上的村（社区）制定了村规民约，90% 以上的村（社区）建立了善行义举榜、好人宣传栏，县级以上文明镇、村比例分别达到 91%、62.3%，"三微一端"开展"听党话、感党恩、跟党走"宣教活动 4.7 万次、参加群众近百万人次，9 人荣获第二届全国乡村振兴青年先锋称号。

二 陕西全面推进乡村振兴战略的难点

面对"三农"工作重心向全面推进乡村振兴转移的新形势，必须认识把握新时期陕西乡村振兴繁荣工作重点，分析总结当前乡村振兴工作存在的重点和难点，进一步做好制度优化与政策支持。

（一）巩固拓展脱贫攻坚成果任务仍然艰巨

脱贫群众增收压力仍然较大，内生发展动力还需进一步提高。2022 年全省脱贫人口人均纯收入低于 8000 元的超过 10 万人，易地搬迁脱贫人口人均纯收入增速连续两年低于脱贫人口人均纯收入增速。重点帮扶县自身发展能力仍需加强。26 个国家级和省级重点帮扶县脱贫人口数量大，特别是 11 个国家重点帮扶县全部集中在陕南 3 市，这些地区自然条件差、灾害频发，对农民生产生活影响较大，防止规模性返贫的任务仍然较重。联农带农能力仍需强化。部分脱贫地区产业基础还比较薄弱，市场竞争力和抗风险能力不强、效益不高，个别市场主体与脱贫户利益联结机制不够紧密。

（二）农业质量效益仍需不断提高

陕西农业基础条件较差。全省旱地面积占 67%，耕地亩均水资源仅为全国平均水平的 1/2，农田衔接不畅、灌溉水源不足、渠道淤塞不通等影响农田灌溉的"最后一公里"问题仍然存在，已建成的水利设施长效管护机制还需健全。全产业链发展水平不高。农业产业一产较大、二产滞后、三产薄弱，国家级龙头企业数量少，农产品加工业产值与农业总产值比例为2:1、低于全国 2.5:1 的平均水平。农业抵御自然灾害能力不高。近年来全省极端天气频繁，霜冻、干旱、冰雹、强降雨等灾害性天气显著增多，农业抵御自然灾害的能力还需进一步提升。

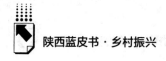

（三）乡村建设短板仍需加快补齐

陕西农村基础设施建设存在短板。乡镇缺乏村庄规划方面的专业技术人员，陕北寒旱地区改厕模式不精准、管护机制不健全，数字乡村建设缓慢。镇村基础设施和公共服务存在短板。镇区在教育、医疗、养老、文化等公共服务方面，与城市还有较大差距，难以发挥联城带村的节点功能。资金投入不足。作为西部欠发达省份，地方财政投入有限，村民自筹能力不足，社会资本投入积极性不高，农村基础设施资金投入与实际需求还存在一定的差距。

（四）城乡融合发展政策体系仍需健全

陕西农村改革步伐还需加快。农村宅基地制度改革、集体经营性建设用地入市等还处于试点阶段，集体股权抵押、担保、退出、继承等权能探索还不够，产权交易不活。乡村人才队伍建设有待加强。农业从业人员中，专业人才占比较少，特别是缺乏农业科技带头人、集体经济运营管理人才、社会化服务人才、联农带农市场主体，难以满足乡村振兴人才需求。农民增收任务艰巨。农民收入长期徘徊在全国第 27 位左右，2022 年全省农民收入仅占全国平均水平的 78%，2023 年农村居民人均可支配收入增速高于全国 0.5 个百分点，但农业产业链条短导致经营性收入不高，农民就业压力大导致工资性收入不稳。

三 陕西全面推进乡村振兴战略的对策建议

陕西全面推进乡村振兴正由顶层设计向具体举措落地落实转变，必须瞄准实践中的困难和问题，不断优化顶层设计、完善实施方案，立足省情农情，为努力推动全省乡村振兴走在西部前列、争做西部示范提供更有力的制度保障。

（一）以稳产保供为根本，不断夯实粮食生产基础

严格落实粮食安全党政同责，坚持稳面积、增单产"两手"发力，确

保粮食面积总体稳定，有条件的地方可挖潜扩面，在产量稳中求进、品种品质结构优化的前提下力争多增产。扎实推进高标准农田建设。抢抓国家政策保障、提高投入标准、编制实施水网规划等大好机遇，紧扣制约耕地效益提升的因素，精准施策、靶向发力，真正把耕地特别是永久农田建成适宜耕作、旱涝保收、高产稳产的现代化良田。按照"田地平整肥沃、水利设施配套、田间道路畅通、优质高产高效"的目标要求，优化干旱、半干旱地区节水灌溉设施布设，推进丘陵山区土地平整等农田宜机化改造，拓宽产业路、优化田间道，提升耕地质量，夯实粮食安全的根基。把种业振兴放在更加突出的位置，真正发挥良种促进增产丰收的关键作用。继续做好农作物新品种展示示范工作，扩大展示示范面积，增强展示示范效果，提高良种良法应用水平。加强种情信息调度和种子质量监管，积极开展小麦、玉米、油菜等种子供需形势调查，全方位做好种子质量控制工作，确保农业用种质量、数量双安全。加强地方特色种质资源的保护、开发及利用，为良种选育提供种源支撑。加强种子工作人员理论学习和业务能力培训，提高种子工作人员的整体素质，着力打造一支清正廉洁、作风优良、业务精通的种子工作队伍。

（二）以底线任务为重点，不断促进农民增收致富

紧扣工作目标，抓好防止返贫监测。严格按照防止返贫监测范围和识别标准，全面排查农户实际生活状况、"三保障"和饮水安全状况、刚性支出以及就医、上学、就业、产业等方面存在的实际困难和潜在风险，严把"入户核查、数据采集、指标审核、信息录入"四个数据质量，确保"账实相符、账账相符"。实施结对帮扶、精准技术指导，增强内生动力，持续巩固拓展脱贫攻坚成果。根据各地产业发展需求，成立产业结对帮扶服务队，队员优先选择有知识、懂技术的本地农民，组建粮油、蔬菜、畜牧、水产、茶果等技术服务小分队，围绕当地主导产业和特色优势产业，通过召开培训会、电话咨询、视频答疑、到园指导等方式，开展产前、产中、产后全过程技术跟踪服务。鼓励农业技术干部和"乡土专家"组建"人才超市"，提供农产品生产、管理、储藏、销售全产业链技术指导服务，帮助农民专业合作

社、农村集体经济组织等新型农业经营主体提高生产管理水平，带动当地农民持续稳定增收。组织开展农业产业技术培训会、农业社会化服务交流会、农特产品品鉴推介会，帮助新型农业经营主体带头人开阔视野，吸收借鉴同行业先进农业生产技术和管理经验，不断提升生产管理水平和技能素质，带动更多农户发展成长、共同致富。

（三）以产业发展为抓手，不断提升农业质量效益

坚持产业兴农、质量兴农、绿色兴农，精准务实培育乡村产业。持续做好"土特产"文章，实施全产业链建设五年行动，推动优势特色产业全链条升级。指导各地立足地域特色资源禀赋，深刻把握"土特产"的丰富内涵，培育壮大主导产业；支持相邻县打造集中连片特色优质农产品生产基地，分层级布局加工业，培育发展乡村旅游、电商直采等新产业新业态，推动农业产业内部各环节与其他非农产业有机融合，延长农业产业链、完善利益链、提升价值链。大力实施精品农业、优势品牌战略。推广优良品种，采用科学的栽培技术，从根源上确保农产品品质优良；归并整合现有农产品品牌，加强品牌宣传，提高市场影响力和国内国际知名度；强化农产品质量安全标准，避免或缩小同一品牌农产品的质量差异；加强农产品营销队伍建设，加大直播带货等电商技能培训，壮大农产品营销队伍，提升农产品营销人员的水平和能力。

（四）以改革创新为动力，不断释放农业农村发展活力

稳慎推进农村承包地、宅基地、集体经营性建设用地改革试点。稳步推进第二轮土地承包到期后再延长30年试点，逐步扩大试点范围，坚持大稳定、小调整，确保大多数农户原有承包权保持稳定、顺利延包，有条件的地方可在农民自愿的前提下，结合农田集中连片整理，探索解决土地细碎化的问题。稳慎推进农村宅基地制度改革试点，聚焦保障居住、管住乱建、盘活闲置，在确权登记颁证基础上加强规范管理，探索完善集体所有权、农户资格权、宅基地使用权等权利内容及其配置的实现形式。深化农村集体经营性

建设用地入市试点，探索建立兼顾国家、农村集体经济组织和农民利益的土地增值收益有效调节机制。创新金融服务乡村振兴的体制机制。聚焦农业农村重点领域，面向生产经验丰富、产业链条完整、经营收益稳定的产业主体，制定专项信贷政策，开辟绿色审批渠道，给予最优贷款条件，提供支付结算、互联网金融等综合金融服务。发挥上合组织农业技术交流培训示范基地等平台作用，建好用好秦创原创新驱动平台农业板块，做强农业科技创新、示范推广、国际合作"国家队"。

（五）以融合发展为突破，加快建设宜居宜业和美乡村

学习运用"千万工程"经验，持续改善农村基础设施条件。综合考虑土地利用、产业布局、居民点规划、文化传承、生态保护等因素，以"中心村"为基础，精准对接群众需求，加快实现公共文化服务品质跃升。综合考虑城镇化进程中村庄发展变化等因素，持续完善乡村基础设施及基本公共服务，构建城乡基本公共服务普惠共享新格局。坚持和发展新时代"枫桥经验"，健全县、镇、村三级治理体系，深化农村精神文明建设，持续推进农村移风易俗，加快建设具有三秦风韵的宜居宜业和美乡村。加快自治、法治、德治、数治融合，构建"四治一体"基层治理新格局。自治方面，不断完善基层乡村治理体制机制，鼓励乡贤谏言献策，引导村民有效参与基层事务决策，构建乡贤、村民等多元主体参与的农村社会治理模式。法治方面，通过"一村（社区）一律师（法律顾问）"的方式，引导村民通过法律手段，解决土地纠纷、合同纠纷和劳动纠纷，为乡村振兴营造良好的法治环境。德治方面，深入推进农村移风易俗工作，弘扬新时代新风，共建文明美好和谐乡村。数治方面，加强乡村数字化基础设施建设，借助物联网、互联网、云计算、区块链、人工智能等技术，整合乡村内各种资源，建立综合性智能服务系统，同时培养乡村治理数字化能手，弥补"数字鸿沟"带来的治理短板。

专题篇

B.2
陕西粮食供需平衡态势与安全策略

陕西省决策咨询委员会课题组*

摘　要： 陕西粮食生产取得重大的历史成就，粮食产量成倍提高，在农田水利建设、良种繁育、农业机械化、科技推动增产等方面成效卓著，然而粮食人均占有量和科技贡献率偏低、耕地面积减少、播种面积萎缩、水资源缺乏等问题依然突出，成为影响陕西粮食安全的风险和隐患。陕西应立足自身资源禀赋，以水破题，严格保护耕地，扩大播种面积，振兴农业科技，建设"陕北粮仓"，实现省内粮食供需平衡和自给有余。

关键词： 陕西　粮食安全　供需平衡

---

* 课题组组长：郑梦熊，中共陕西省委农村工作领导小组办公室原主任、陕西省人民政府原参事、陕西省决策咨询委员会委员、农业组组长，主要研究方向为农村政策、县域经济；课题组副组长：王东，陕西省决策咨询委员会委员、农业组副组长，主要研究方向为农村政策；课题组成员：边江、张延寿、李强庆、周孝德、霍学喜、邹志荣、魏雯、李鹏、田家鑫；执笔：边江、郑梦熊。

国之大者，莫过于粮。保障粮食安全始终是"三农"工作的头等大事。习近平总书记反复强调，中国人的饭碗任何时候都要牢牢端在自己手上，中国人的饭碗一定要装中国粮。2023 年，陕西省决咨委就粮食安全问题进行了专题调研。经过几个月的深入调研，课题组认为，虽然陕西省当前粮食安全方面存在一些突出问题，但经过 8~10 年的努力挖潜，完全可以实现省内粮食产销平衡。

一 陕西省粮食生产取得了历史性成就

新中国成立以来，特别是改革开放以来，在历届省委省政府的领导下，经过全省人民艰苦奋斗，陕西省粮食生产取得巨大的历史性成就。

（一）粮食产量成倍提高

2021 年，陕西省粮食实现了"十八连丰"，总产量和单产分别达到了 1270.4 万吨和 281.9 公斤，分别比 1949 年增长 2.84 倍和 4.4 倍，与 1978 年相比，分别增长了 58.8% 和 136.9%（见表 1）。

表 1　陕西省 1949~2021 年粮食生产统计

项目	全省粮食作物		小麦		玉米		油菜籽		总人口	人均粮食
年份	总产量（万吨）	平均亩产（公斤）	总产量（万吨）	平均亩产（公斤）	总产量（万吨）	平均亩产（公斤）	总产量（万吨）	平均亩产（公斤）	（万人）	（公斤）
1949	331.1	52.4	133.6	59.9	52.7	53.1	2.95	22.67	1317	251.40
1950~1959	460.0	65.8	174.3	73.3	87.2	74.3	2.65	24.33	1666.7	275.99
1960~1969	488.6	68.7	174.8	73.9	115.8	86.1	2.02	24.84	2130.2	229.37
1970~1979	738.6	111.9	269.7	112.9	213.8	147.5	4.62	44.95	2649.0	278.82
1980~1989	935.9	153.8	406.2	163.5	285.5	194.5	14.04	79.8	2996.7	312.31
1990~1999	1086.9	180.4	489.9	185.1	367.7	239.5	20.66	91.37	3484.8	311.90
2000~2009	1072.2	216.0	431.2	212.0	446.0	271.4	27.78	108.7	3684.5	291.00
2010~2019	1216.4	263.4	396.9	260.4	588.8	319.6	37.21	135.0	3858.0	315.29
2020	1274.8	283.2	413.3	285.7	620.2	350.5	37.51	142.3	3954.7	322.35
2021	1270.4	281.9	442.6	296.4	620.16	350.53	37.51	142.33	3954	321.29

注：以每 10 年为一轮进行统计，计算出该 10 年的平均数字。

资料来源：陕西省统计局。

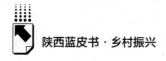

（二）农田水利建设成就巨大

新中国成立以来，陕西省水利事业发展经历了三次高潮。第一次是20世纪50年代后期，水利化建设高潮迭起。截至1960年，全省灌溉面积达1125万亩，比1949年的336万亩增加2倍多。第二次是20世纪60年代后期至70年代，兴起农田水利建设高潮。截至1980年，全省建成各类水利工程20余万处，灌溉设施面积达到2289万余亩，有效灌溉面积1982万亩。第三次是改革开放以来特别是进入新时代以来，走出了一条以改革治水兴水之路。"十二五""十三五"期间，陕西省累计完成水利投资2569.9亿元，在全国各省份的排名由"十二五"时期的第22位，提升至2020年的前9位，为陕西省实施引汉济渭、东庄水库等重大水利工程提供了支撑。

（三）良种繁育工作成效卓著

新中国成立以来，陕西省杨凌示范区几代著名育种专家创造了数十项全国第一、世界领先的优异成绩，为中国种业发展、粮食增产做出了巨大贡献。在黄淮麦区小麦品种六次更新换代中，杨凌品种就主导了四次。目前，陕西省主要粮食作物的良种覆盖率达到98%以上。

（四）农业机械化水平大幅提高

改革开放以来，农业机械取代人力畜力成为农业生产的主力军。截至2021年，陕西省拥有各类农业机械450多万台（套），农机总动力达到2451万千瓦，与1978年相比增长了5.1倍，主要农作物耕种收综合机械化率达到71.1%，其中小麦耕种收基本实现全程机械化。

（五）科技推动增产成效显著

杨凌农业高新技术产业示范区自1997年成立以来，在全国累计推广新品种新技术2700余项；在18个省份建成农业科技示范推广基地318个，年示范推广面积达9000多万亩。近年来，陕西省粮食作物主推技术超10项，科技对农业增长的贡献率达到59.2%，较"十二五"末提高8.2个百分点。

2010~2020年，对陕西省粮食生产贡献最大的是榆林市，其耕地面积由2010年的861.49万亩增加到2020年的1187.37万亩，增长了37.83%，占全省的比重由20.08%提高到26.29%；粮食播种面积由748.12万亩增加到1079.19万亩，增长44.25%，占全省的比重由15.78%提高到23.97%；粮食总产量由165.13万吨增加到253.80万吨，增长了53.70%，占全省的比重由14.18%提高到19.91%；人均占有粮食由453.04公斤提高到657.7公斤，增长45.17%，比全省人均322.35公斤高出1.04倍（见表2）。

表2　陕西省"十二五""十三五"粮食生产情况

年份		粮食播种面积(万亩)	粮食总产量（万吨）	平均亩产（公斤）	人口（万人）	人均占有粮食(公斤)	按370公斤计算	按400公斤计算
2011		4718.27	1207.39	255.90	3743	322.57	-47.43	-77.43
2012		4721.07	1255.92	266.02	3753	334.64	-35.36	-65.36
2013		4462.91	1210.55	271.25	3764	321.61	-48.39	-78.39
2014		4544.46	1183.53	260.43	3775	313.52	-56.48	-86.48
2015		4452.84	1204.67	270.54	3793	317.60	-53.00	-81.00
十二五	小计	22899.55	6062.06	—	—	1609.94	—	—
	年均	4579.91	1212.41	264.72	3765.6	321.99	-48.01	-78.01
2016		4471.59	1263.96	282.66	3813	331.49	-38.51	-68.51
2017		4529.10	1184.20	261.46	3835	308.79	-61.21	-91.21
2018		4508.97	1226.31	271.97	3864	317.37	-52.63	-82.63
2019		4498.38	1231.13	273.68	3876	317.63	-52.37	-82.37
2020		4501.58	1274.83	283.20	3954.7	322.35	-47.65	-77.65
十三五	小计	22509.62	6180.43	—	—	1597.61	—	—
	年均	4501.92	1236.09	274.57	3868.59	319.52	-50.48	-80.48

资料来源：根据陕西省统计局数据计算整理。

二　陕西省粮食安全面临的突出问题

（一）粮食人均占有水平偏低，粮食产销平衡缺口较大

2021年，陕西省常住人口3954万，粮食总产量1270.4万吨，人均粮食占有量321公斤，只有全国平均水平483公斤的66.5%。2020年，陕西省粮食产量居全国第18位。① 按照联合国粮农组织年人均400公斤的粮食安全评价标准衡量，陕西省人均粮食占有量与标准比相差77.65公斤（见表3）。

表3　2020年各省份粮食产量与人均粮食占有量

序号	省份	粮食产量（万吨）	常住人口数量（万人）	人均粮食占有量（公斤）	人均粮食消费量按370公斤计算盈余	人均粮食占有量按400公斤计算盈余
1	黑龙江	7541	3751	2010.40	1640.40	1610.40
2	内蒙古	3664	2540	1442.52	1072.52	1042.52
3	吉林	3803	2691	1413.23	1043.23	1013.23
4	河南	6826	9640	708.09	338.09	308.09
5	安徽	4019	6366	631.32	261.32	231.32
6	新疆	1583	2523	627.43	257.43	227.43
7	宁夏	380	695	546.76	176.76	146.76
8	山东	5447	10070	540.91	170.91	140.91
9	辽宁	2339	4352	537.45	167.45	137.45
10	河北	3796	7592	500.00	130.00	100.00
11	江西	2164	4666	463.78	93.78	63.78
12	江苏	3729	8070	462.08	92.08	62.08
13	湖北	2727	5927	460.10	90.10	60.10
14	甘肃	1202	2647	454.10	84.10	54.10

① 《全国各省区2020年粮食产量排行榜》，中商情报网。

序号	省份	粮食产量（万吨）	常住人口数量（万人）	人均粮食占有量（公斤）	人均粮食消费量按370公斤计算盈余	人均粮食占有量按400公斤计算盈余
15	湖南	3015	6918	435.82	65.82	35.82
16	四川	3527	8375	421.13	51.13	21.13
17	云南	1896	4858	390.28	20.28	-10.28
18	山西	1424	3729	381.87	11.87	-19.87
19	重庆	1081	3124	346.03	-23.97	-53.97
20	陕西	1275	3954.7	322.35	-47.65	-77.65
21	西藏	103	351	293.45	-76.55	-106.55
22	贵州	1058	3623	292.02	-77.98	-107.98
23	广西	1370	4960	276.21	-93.79	-123.79
24	青海	107	608	175.99	-194.01	-224.01
25	海南	145	945	153.44	-216.56	-246.56
26	天津	228	1562	145.97	-224.03	-254.03
27	福建	502	3973	126.35	-243.65	-273.65
28	广东	1268	11521	110.06	-259.94	-289.94
29	浙江	606	5850	103.59	-266.41	-296.41
30	上海	91	2428	37.48	-332.52	-362.52
31	北京	31	2153	14.40	-355.60	-385.60

注：2001年的粮食流通体制改革中，国家依据各个省份粮食生产与消费的总体特征，综合考虑资源禀赋的差异和粮食生产的历史传统等因素，将全国31个省（区、市）划分为粮食主产区、产销平衡区和主销区三大功能区。其中：粮食主产区有13个：黑龙江、吉林、辽宁、内蒙古、河北、河南、山东、江苏、安徽、江西、湖北、湖南、四川；产销平衡区有11个：山西、宁夏、青海、甘肃、西藏、云南、贵州、重庆、广西、陕西、新疆；主销区有7个：北京、天津、上海、浙江、福建、广东、海南。

资料来源：国家统计局、各地2021年统计公报，盘古智库整理。

陕西省2020年与2010年相比，同期人均占有粮食增加的市只有榆林和铜川，其余8个市都是下降，其中下降最多的是西安，由人均283.18公斤下降至147.84公斤，下降47.79%（见表4）。

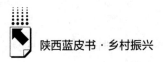

表4 陕西省2010年、2020年粮食生产等情况对比

地区	年份	户籍人口（万人）	耕地面积（万亩）	粮食种植面积（万亩）	粮食总产量（万吨）	平均亩产（公斤）	人均占有量（公斤）	国民生产总值（亿元）
西安	2010	782.72	383.31	621.70	221.65	356.53	283.18	3241.49
	2020	977.96	361.33	408.15	144.58	354.27	147.84	10020.39
	增长率(%)	24.92	-5.73	-34.35	-34.77	-0.63	-47.79	209.13
铜川	2010	85.44	94.06	94.63	26.63	281.33	311.68	187.73
	2020	78.49	107.32	101.27	31.57	311.73	402.22	381.75
	增长率(%)	-8.20	14.10	7.02	18.55	10.80	29.05	103.35
宝鸡	2010	381.09	460.17	536.31	171.47	319.73	449.95	976.09
	2020	374.51	437.58	452.09	142.20	314.53	379.70	2276.95
	增长率(%)	-1.7	-4.91	-15.70	-17.07	-1.63	-15.61	133.27
咸阳	2010	520.09	538.88	546.41	222.52	344.27	427.68	1098.68
	2020	524.00	479.45	501.24	170.95	341.07	326.24	2204.81
	增长率(%)	0.75	-11.03	-8.27	-23.18	-0.93	-23.72	100.68
渭南	2010	560.06	781.56	875.76	264.19	301.67	471.72	801.42
	2020	540.67	721.46	778.41	247.90	318.47	458.51	1866.27
	增长率(%)	-3.46	-7.69	-11.11	-6.17	5.57	-2.80	132.87
延安	2010	320.22	351.86	314.34	82.04	261.00	356.36	885.42
	2020	233.78	392.07	219.73	71.81	326.80	320.90	1601.48
	增长率(%)	-27.00	11.43	-30.10	-12.47	25.21	-9.95	80.87
汉中	2010	381.52	305.38	428.81	114.13	266.13	299.15	509.70
	2020	380.38	318.55	381.57	108.53	284.40	285.32	1593.40
	增长率(%)	-0.30	4.31	-11.01	-4.91	6.87	-4.62	212.61
榆林	2010	364.49	861.49	748.12	165.13	220.73	453.04	1756.67
	2020	385.89	1187.37	1079.19	253.80	235.20	657.70	4089.66
	增长率(%)	5.87	37.83	44.25	53.70	6.56	45.17	132.81
安康	2010	304.35	293.31	431.77	93.09	215.87	305.86	327.06
	2020	303.21	290.43	336.33	77.48	230.33	255.53	1088.78
	增长率(%)	-0.37	-0.98	-22.00	-16.77	6.70	-16.46	232.90
商洛	2010	244.83	198.40	332.79	71.05	213.47	290.20	285.90
	2020	249.81	200.92	240.49	51.47	214.00	206.04	739.46
	增长率(%)	2.03	1.27	-27.74	-27.56	0.25	-29.00	158.64

地区	年份	户籍人口（万人）	耕地面积（万亩）	粮食种植面积(万亩)	粮食总产量（万吨）	平均亩产（公斤）	人均占有量（公斤）	国民生产总值(亿元)
杨凌示范区	2010	19.04	9.19	11.82	5.24	443.07	275.21	47.29
	2020	19.19	7.5	2.07	0.93	451.00	48.46	151.71
	增长率(%)	0.79	-18.39	-82.49	-82.25	1.79	-82.39	220.80
全省	2010	3873.87	4290.80	4799.03	1164.90	245.80	300.70	10123.48
	2020	3954.7	4515.78	4501.58	1274.83	283.20	322.35	26181.86
	增长率(%)	2.09	5.20	-6.20	9.44	15.22	7.20	158.63

注："耕地面积"2020年无统计数据，此处用的是2019年的耕地面积数据。

2001年，陕西省被国家确定为产销平衡省份，但一直未能实现粮食产销平衡。2020年，陕西省主粮（小麦、水稻）的自给率仅51.21%，全国排第17位（见表5）；2021年，陕西省粮食自给率为80.3%，全国排第20位。

表5　2020年全国各省份粮食自给率

省份	小麦原粮（万吨）	小麦净粮（万吨）	水稻原粮（万吨）	水稻净粮（万吨）	净粮产量（万吨）	可养活人口（万人）	现有人口（万人）	自给外可养活人口（万人）	主粮自给率（%）
河南	3501	2660.76	531.5	372.05	3032.81	14441.95	9559.13	4882.82	151.08
安徽	1411	1072.36	1459.3	1021.51	2098.87	9970.81	6254.80	3716.01	159.41
黑龙江	21.8	16.57	2199.7	1539.79	1556.35	7411.23	3788.70	3622.53	195.61
江苏	1174	892.24	1952.5	1366.75	2258.99	10757.10	8079.30	2727.80	133.97
江西	2.6	1.98	2027.2	1419.04	1421.02	6766.74	4622.10	2144.64	146.40
湖南	9.4	7.14	2644.8	1851.36	1858.50	8850.02	6860.20	1989.82	129.01
湖北	420.9	319.88	1810.7	1267.49	1587.37	7558.92	5902.00	1656.92	128.07
云南	906	688.56	659.7	461.79	1150.35	5477.86	4800.50	677.36	114.11
新疆	698.3	530.71	65.1	45.57	576.28	2744.18	2444.67	299.51	112.25
吉林	0.1	0.08	630.1	441.07	441.15	2100.70	2117.43	-16.73	99.21
西藏	23.4	17.78	0.5	0.35	18.13	86.35	337.15	-250.80	25.61
青海	84.1	63.92	0	0.00	63.92	304.36	598.38	-294.02	50.86

省份	小麦原粮（万吨）	小麦净粮（万吨）	水稻原粮（万吨）	水稻净粮（万吨）	净粮产量（万吨）	可养活人口（万人）	现有人口（万人）	自给外可养活人口（万人）	主粮自给率（%）
宁夏	39.6	30.10	60.8	42.56	72.66	345.98	681.79	-335.81	50.75
海南	0	0.00	153.3	107.31	107.31	511.00	925.76	-414.76	55.20
广西	0.9	0.68	1137.8	796.45	797.14	3795.92	4885.00	-1089.08	77.71
山东	2346.6	1783.42	95.1	66.57	1849.99	8809.46	10005.83	-1196.37	88.04
天津	59.8	45.45	11.3	7.91	53.36	254.09	1556.87	-1302.78	16.32
重庆	22.9	17.40	506.4	354.48	371.88	1770.88	3075.16	-1304.28	57.59
四川	426.3	323.99	1552.6	1086.82	1410.81	6718.13	8302.00	-1583.87	80.92
甘肃	281	213.56	3.1	7.17	215.73	1027.79	2625.71	-1598.47	39.17
内蒙古	15803	120.31	53.2	37.24	157.56	750.23	2628.61	-1778.36	29.67
陕西	458.1	348.16	91.9	64.33	412.49	1964.22	3954.7	-1871.22	51.21
贵州	61.7	46.89	417.5	292.25	339.14	1614.96	3580.00	-1965.04	45.11
上海	19.9	15.12	84.1	58.87	73.99	352.35	2418.33	-2065.98	14.57
北京	11.1	8.44	0.1	0.07	8.51	40.50	2170.70	-2130.20	1.87
河北	1435	1090.60	54.5	38.15	1128.75	5375.00	7519.52	-2144.52	71.40
福建	0.6	0.46	485	339.50	339.96	1618.84	3911.00	-2292.16	41.39
山西	271	205.96	0.5	0.35	206.31	982.43	3702.35	-2719.92	26.54
辽宁	2.7	2.05	467.7	327.39	329.44	1568.77	4368.9	-2800.13	35.91
浙江	35.1	26.68	576.1	403.27	429.95	2047.36	5657.00	-3609.64	36.19
广东	0.3	0.23	1088.4	761.88	762.11	3629.09	11169.00	-7539.91	32.49

注：水稻按70%的出粮率，小麦按76%的出粉率（特二级富强粉）；每人每年需要水稻600斤原粮，即420斤（210公斤）净粮。

（二）耕地面积减少且质量不高

据1996年公布的第一次全国国土调查（以下简称"一调"）成果，全省耕地面积为7710万亩；2014年6月公布的第二次全国国土调查（以下简称"二调"）成果，陕西省耕地面积减少为5996万亩；2021年第三次国土调查（以下简称"三调"）结果显示，耕地面积继续减少，仅为4401.51万亩，分别比"一调""二调"期间下降了42.91%和26.59%。耕地面积下降的主要原因，一是随着工业化、城镇化发展，建设用地不断增加。数据显示，"三调"期间，全省建设用地增加到 1830.66 万亩，分别比"一调""二调"期间增长了 60.73% 和 46.10%。二是部分耕地转为园地、林地。三是农民占用宅基地较多，还有部分移民搬迁后，宅基地未及时复垦。

耕地质量平均等级低。2020 年 5 月 6 日，农业农村部发布《2019 年全国耕地质量等级情况公报》（以下简称《公报》），将全国 20.23 亿亩耕地质量等级由高到低依次划分为一至十等，平均等级为 4.76 等。《公报》显示，评价为一至三等的耕地面积为 6.32 亿亩，占耕地总面积的 31.24%；评价为四至六等的耕地面积为 9.47 亿亩，占耕地总面积的 46.81%；评价为七至十等的耕地面积为 4.44 亿亩，占耕地总面积的 21.95%。[①]

2020 年陕西全省耕地质量平均等级评价为 5.68 等，明显低于 4.76 等的全国耕地质量平均等级，在全国处于中等偏下水平。全省评价为一至三等的高等级耕地占耕地总面积的 26.93%，四至六等的中等级耕地占 31.81%，分别比全国平均水平低 4.31 个、15.00 个百分点，七至十等的低等级耕地占 41.26%，比全国平均水平高出 19.31 个百分点。[②] 陕西省 2020 年底对 1421 万亩高标准农田，聘请第三方按照 2014 年的国标进行了评估，结果符合标准的只占 53.31%。由于过度使用化肥农药，有机肥用量减少，耕地土壤板结、有机质下降，部分地方出现耕地重金属超标的现象。

（三）粮食播种面积大幅萎缩

1949~1999 年，陕西省粮食播种面积有 12 年都在 7000 万亩以上，播种面积最多的 1956 年为 7409 万亩；2000 年以来，除 2000 年、2001 年、2002 年、2004 年、2005 年播种面积在 5000 万亩以上外，其余年份都在 5000 万亩以下；2014~2021 年徘徊在 4500 万亩左右（见表 6）。

---

① 中华人民共和国中央人民政府：《2019 年全国耕地质量等级情况公报发布》，https://www.gov.cn/xinwen/2020-05/13/content_5511129.htm。

② 喻建宏：《中国耕地质量等级调查与评定（陕西卷）》，中国大地出版社，2010。

表6　陕西省耕地及粮食种植面积历年变化情况（1949～2021年）

单位：万亩

年份	耕地面积	当年粮食播种面积
1949	6577.05	6315.00
1950	6577.31	6601.01
1951	6760.20	6862.01
1952	6805.01	6919.01
1953	6831.90	6998.00
1954	6828.71	7008.00
1955	6780.79	7041.00
1956	6673.39	7409.00
1957	6652.70	7279.01
1958	6360.11	7289.00
1959	6116.70	6490.01
1960	6099.60	6992.00
1961	6256.01	7104.00
1962	6255.90	7185.00
1963	6273.80	7169.00
1964	6396.80	7270.01
1965	6495.71	7322.00
1966	6422.60	7374.00
1967	6307.91	7011.00
1968	6269.00	6801.00
1969	6222.41	6852.00
1970	6123.60	6992.00
1971	6024.50	6653.00
1972	5974.91	6566.00
1973	5918.70	6572.00
1974	5888.60	6547.01
1975	5859.41	6553.01
1976	5809.61	6451.01
1977	5797.91	6628.01
1978	5780.40	6732.00
1979	5758.31	6457.01
1980	5723.51	6465.56

续表

年份	耕地面积	当年粮食播种面积
1981	5683.20	6119.00
1982	5663.00	6036.00
1983	5637.71	6073.01
1984	5529.30	6020.00
1985	5440.61	5948.00
1986	5385.41	5966.00
1987	5344.01	6162.00
1988	5326.61	6111.00
1989	5311.61	6159.00
1990	5299.50	6202.0
1991	5281.70	6133.01
1992	5231.51	6089.00
1993	5187.80	6074.00
1994	5131.50	6155.70
1995	5090.17	5711.60
1996	5038.47	6079.28
1997	4987.52	5717.19
1998	4953.71	6045.18
1999	4857.42	6040.46
2000	4670.94	5732.39
2001	4448.75	5276.45
2002	4282.22	5095.94
2003	4193.73	4735.92
2004	4193.28	5043.02
2005	4182.68	5415.00
2006	4174.95	4621.91
2007	4261.10	4661.69
2008	4272.56	4727.57
2009	4290.06	4756.89
2010	4290.80	4799.03
2011	4291.47	4718.27
2012	4296.44	4721.07
2013	4306.47	4629.14

年份	耕地面积	当年粮食播种面积
2014	4298.99	4544.46
2015	4356.17	4528.37
2016	4372.62	4715.94
2017	4521.57	4529.10
2018	4521.99	4508.97
2019	4515.78	4498.38
2020	无数据	4501.58
2021	4401.51（"三调"数据）	4506.51

注：全省1949~2021年共73年当中，粮食播种面积有12年为7000多万亩，35年为6000多万亩，9年为5000多万亩，17年为4000多万亩。其中最低的2019年为4498.38万亩，与最高的1956年的7409万亩相比，面积减少了2910.62万亩，下降了39.28%。

粮食播种面积下降的主要原因是耕地面积大幅度减少、撂荒地面积较大及粮食复种指数下降。全省粮食复种指数近10年来由1：1.45下降到1：1.25，以4500万亩为基数计算，等于年减少种植面积900万亩。

陕西省2020年与2010年相比，10个市的粮食播种面积除榆林市和铜川市分别增长44.25%和7.02%外，其余8个市皆有不同程度减少。其中西安、延安两市下降较多，分别下降了34.35%、30.10%。西安下降的主要原因是城镇化速度加快。延安下降的主要原因是退耕还林和发展山地苹果，虽然播种面积减少，但因大力实施治沟造地，耕地质量提高，粮食单产提高25.21%，高出全省同期10个百分点。

（四）水利资源先天不足，水利设施严重失修

陕西水资源总量少、分布不均衡，虽然修了不少水库，但仍没有从根本上解决问题。2020年，全国人均水资源占有量为2239.8立方米，而陕西省人均水资源只有1062.4立方米，是全国平均水平的47.43%，排在各省（区、市）第21位（见表7）。

表7 2020年全国各省（区、市）人均水资源量排行榜

单位：立方米/人，亿立方米

排名	地区	人均水资源量	水资源总量	地表水资源量	地下水资源量	地表水与地下水资源重复量
	全国	2239.8	31605.2	30407.0	8553.5	7355.3
1	西藏	126473.2	4597.3	4597.3	1045.7	1045.7
2	青海	17107.4	1011.9	989.5	437.3	414.9
3	黑龙江	4419.2	1419.9	1221.5	406.5	208.1
4	广西	4229.2	2114.8	2113.7	445.4	444.3
5	四川	3871.9	3237.3	3236.2	649.1	648.0
6	云南	3813.5	1799.2	1799.2	619.8	619.8
7	江西	3731.3	1685.6	1666.7	386.0	367.1
8	贵州	3448.2	1328.6	1328.6	281.0	281.0
9	湖南	3189.9	2118.9	2111.2	466.1	458.4
10	新疆	3111.3	801.0	759.6	503.5	462.1
11	湖北	3006.7	1754.7	1735.0	381.6	361.9
12	海南	2626.8	263.6	260.6	74.6	71.6
13	吉林	2418.8	586.2	504.8	169.4	88.0
14	重庆	2397.7	766.9	766.9	128.7	128.7
15	安徽	2099.5	1280.4	1193.7	228.6	141.9
16	内蒙古	2091.7	503.9	354.2	243.9	94.2
17	福建	1832.5	760.3	759.0	243.5	242.2
18	甘肃	1628.7	408.0	396.0	158.2	146.2
19	浙江	1598.7	1026.6	1008.8	224.4	206.6
20	广东	1294.9	1626.0	1616.3	399.1	389.4
21	陕西	1062.4	419.6	385.6	146.7	112.7
22	辽宁	930.8	397.1	357.7	115.2	75.8
23	江苏	641.3	543.4	486.6	137.8	81.0
24	河南	411.9	408.6	294.8	185.8	72.0
25	山东	370.3	375.3	259.8	201.8	86.3
26	山西	329.8	115.2	72.2	85.9	42.9
27	上海	235.9	58.6	49.9	11.6	2.9
28	河北	196.2	146.3	55.7	130.3	39.7
29	宁夏	153.0	11.0	9.0	17.8	15.8
30	北京	117.8	25.8	8.2	22.3	4.7
31	天津	96.0	13.3	8.6	5.8	1.1

资料来源：华经产业研究院（www.huaon.com）。

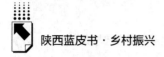

陕西省水资源总量约 420 亿立方米，其分布为陕南 300 亿立方米，关中 80 亿立方米，陕北 40 亿立方米。而全省 76% 的人口、81% 的耕地、87% 的经济总量集中在关中和陕北，但两大区域水资源总量只占全省的 29%，人均水资源量只有 382.8 立方米，是全国人均水平的 17.09%。

一些地方水利设施严重失修，旱不能灌、涝不能排。近两年陕西省有 27 座水库报废。2014 年 6 月公布的"二调"结果显示，陕西省水田、水浇地合计面积为 1855.5 万亩，而到 2021 年底"三调"结果公布后，全省水田、水浇地合计面积为 1455.08 万亩，比"二调"减少了 400.42 万亩，下降了 21.58%。新型节水灌溉不到灌溉面积的一半，不少地方还在大水漫灌，造成水资源浪费。

（五）种子科研等农业科技贡献率偏低

陕西省种业过去在全国处于"领跑"位置，但近年来已由"领跑"变为"并跑"甚至"跟跑"。省内一些良种无法满足需求，如玉米良种自给率只占 40%。2020 年陕西农业科技贡献率比全国的 60.7% 低 1.5 个百分点。

（六）农民种粮积极性不高

与从事非农产业和打工相比，种粮比较效益明显偏低，这是农民种粮积极性不高的根本原因。有的地方土地无人耕种，部分在外务工人员将土地看作"保障田"，宁愿撂荒也不愿流转。目前，陕西省的土地流转率大约为 27%，比全国低 10 个百分点，这又造成粮食适度规模经营发展缓慢，粮食规模生产效益低下。

三　确保陕西省粮食安全的建议

从现在到"十四五"末，主要通过提高复种指数等措施，增加粮食播种面积 450 万亩，增产粮食 90 万吨以上，总产达到 1360 万吨以上，缓解产销矛盾；在此基础上，再用 5 年时间，即到"十五五"末，主要通过兴修水利、提高土地质量、发展农业科技等措施提高单产，总产量达到 1650 万吨以上，基本实现陕西省粮食产销平衡。从长远看，国家南水北调西线工程开始实施后，陕西省将有条件新增耕地 1000 万亩，粮食播种面积进一步扩大，粮食总产将可能达到 2000 万吨以上，实现粮食自给有余。

（一）实现以水破题

在土地资源等因素不变的条件下，发展陕西省粮食生产主要制约因素是水，必须以水破题。

以大中型水利工程建设为重点，进一步完善关中水网布局，使八百里秦川重新成为"天府之国"。一是关中东部扩能增效。着力抓好关中（渭北旱腰带）东部现有水库群及抽水泵站的优化调度；下一步以国家黄河古贤水利枢纽建设为契机，全面加强关中东部水利布局的优化调整。黄河古贤水利枢纽工程建成后，可增加灌溉面积 448 万亩。二是关中中部全面覆盖。计划 2026 年竣工的东庄水库库容 32.76 亿立方米，占全省现有水库总容量的 1/3 左右、有效库容的一半以上，可增加灌溉面积 168 万亩。"引汉济渭"工程建成后在保障生活及工业用水的同时，将归还原被大量挤占的 400 万亩耕地用水。三是关中西部挖潜改造。以宝鸡峡、冯家山、引红济石等水利工程为重点，采取架设管道输送、引（扬）水上山、实施新型节水灌溉技术等综合措施，尽力使灌溉受益面向渭北旱腰带西进北扩。

陕北要抓紧新上水利工程配套及引黄规划工程的实施，在优先保障工业生产和生活用水的同时，尽力增加灌溉面积。积极实施治沟造地水利设施完善配套工程，通过打井、修渠、挖窖、配套完善高效节水灌溉等措施，做到旱能灌溉、涝可蓄排。继续推广新型淤地坝建设。陕南要紧密结合高标准农田建设，抓好大中型灌区的扩能增效和塘堰工程的修复改造，确保"旱可浇，涝可排"，确保陕南粮食生产稳定发展。

全面开展水利设施挖潜扩能及提升改造工作，大力推广新型高效节水灌溉技术。目前，陕西全省共有水库 1089 座，总库容 105.29 亿立方米，设计灌溉面积 2057 万亩。"三调"结果显示，全省现有水田、水浇地总面积为

1455.08 万亩，新型节水灌溉不到灌溉面积的一半，不少地方还在大水漫灌。新型节水灌溉一亩地用水量只是大水漫灌的 1/3 左右。建议政府出台相应政策，设立专项、严格验收、以奖代补，对全省库、渠、井、窖、塘等水利设施进行全面检查，除险加固、加强养护，挖潜扩能、提升改造。以数字灌区为抓手建设水调控系统，因地制宜建设水系连通与引、蓄、灌、排等供用水工程体系，大力推广喷灌、滴灌、微灌、压管渗灌及"水肥一体化"等新型节水灌溉技术，变"浇地"为"浇苗浇根"，让每一滴水都能发挥增产效益。

（二）严格保护耕地

习近平总书记强调，保护耕地要像保护文物那样来做，甚至要像保护大熊猫那样来做。第一，要强化耕地用途和数量管控，严禁违规占用耕地从事非农建设，严禁违法违规批地用地。永久基本农田只能种粮，不得转为林地、草地、园地等其他农用地及农业设施建设用地。优先保护优质耕地，尽可能不占用耕地，或者尽量少占。尽快划定全省耕地红线。第二，坚决防止占多补少、占优补劣、占水田补旱地的现象，规范补充耕地指标调剂管理。第三，坚持节约集约用地，提高建设用地使用效率。对各类开发区已征用的土地要开展全面清查，对一年以上不能上马的项目用地，原则上由原来的承包农户继续无偿耕种。要明确耕地利用优先顺序，解决耕地"非粮化"问题。严格执行"一户一宅"制度，切实解决一户多宅问题。加大移民搬迁腾出的宅基地和老村庄复垦力度。第四，强化耕地保护地方责任，实行党政同责、终身追责。下达带位置带责任的耕地保有量和永久基本农田保护目标任务，并签订耕地保护目标责任书。针对"天眼"发现的非法实质性占用耕地，建立完善"增违挂钩"机制，将违法用地数量与土地计划指标挂钩。第五，加大投入，按照国家 2023 年 3 月新颁标准，建设名副其实的高标准农田。土地出让收入要优先用于高标准农田建设。学习推广延安市治沟造地和横山区修造宽幅梯田经验。坚持不懈地搞好淤地坝建设。

（三）扩大播种面积

严格贯彻执行国务院办公厅印发的《关于坚决制止耕地"非农化"行为的通知》《关于防止耕地"非粮化"稳定粮食生产的意见》精神，综合运用行政、技术、经济、法律手段，严格耕地种植用途管控，确保4500万亩播种面积的底线不得跌破。有条件的地方要提高复种指数，到"十四五"末，由现在的1∶1.25恢复到1∶1.35，就可扩大播种面积450万亩。继续严格清理撂荒地，对连续撂荒两年以上且不流转的农户给予一定处罚。建议由陕西省农业农村厅对提高复种指数和清理撂荒地情况进行专项检查。

（四）确保地有人种

充分发挥陕西省农垦集团作为粮食安全国家队的骨干作用。鼓励支持陕西省农垦集团与粮食生产大市、大县合作，大面积流转或托管土地，建立分场，使之成为粮食规模化经营、机械化作业、现代化管理的典范。有条件的粮食生产大市也可组建高水准的机械化国有农场，如榆林。以优厚的待遇吸引农学专业学生毕业后到省农垦集团、市县国有农场等农业科技龙头企业就业，除做好粮食作物种管收外，常年进行高标准农田建设和相关科研生产工作，成为发展现代农业的主力军。

大力加强农业职业技术教育，着力培养高素质农业劳动者和技术技能人才。据了解，西北农林科技大学在校学生有3万多人，杨凌职业技术学院和全省各市职业技术学院涉农专业在校学生有近2万人。建议在全省推广榆林市对农学专业学生免收学杂费的做法，扩大涉农专业招生数量，鼓励和引导他们学农、爱农，毕业后积极投身农业科研生产第一线。建立体现技能水平和贡献大小的收入分配制度，鼓励他们成为技术强、能力强、贡献大、收入高的现代农业科技工匠。

积极引导社会资本进入农业科研、生产、流通领域，培育种粮大户、家庭农场、农民合作社，积极推进粮食生产经营主体现代化。积极发展农业社会化服务组织，降低农户发展粮食生产成本。引导和鼓励农民规范有序流转

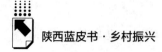

土地,推广榆阳区"一户一块田"的经验,大力发展托管经营,着力提高粮食生产规模化经营、机械化水平和规模效益。建议政府出台政策,将现有种粮综合补贴划出20%,重点支持种粮大户、家庭农场(关中陕南100亩以上、陕北200亩以上)和种粮企业(关中陕南2000亩以上、陕北5000亩以上)。农机购置补贴、水利设施配套、高标准农田建设政策也要向他们倾斜。

(五)振兴农业科技

进一步充分发挥省部共建优势。目前,全国农业高新技术产业示范区数量增加到9个,但实行省部共建体制的示范区仍只有杨凌1家。要百倍珍惜和充分发挥省部共建优势,切实加强陕西省、杨凌示范区与22个参与共建的国家部委的联系,把做好省部共建工作纳入其年度考核重要内容,指派精兵强将,专门了解掌握有关部委政策投资重点方向,瞄准"能够列入部委工作要点的、值得予以重点扶持的、跻身国家重大项目的"相关信息,做好项目储备,跟踪对接,主动汇报沟通,争取年年共建有目标、有项目、有资金、有成果,不断增强杨凌示范区发挥好带头示范作用的实力。

切实加强种质资源保护利用和良种繁育工作。建议尽快争取国家立项、重点支持、省部共建,在杨凌建设国家区域种质资源保护利用中心,使之成为能够满足30万份以上农作物及畜禽、水产、农业微生物等种质资源保护利用的现代化种质资源库。市级农科院所和涉农企业要从实际出发,建设种质资源中期库、短期库、种质圃等。在关中、陕北、陕南建设小麦、玉米、水稻、油菜良种繁育基地,着力改变陕西省良种自给不足的被动局面。

积极实行良种、良法、良技一起上,加快发展智慧农业。充分发挥西农大专家工作站的示范效应,改善条件,充实人员,学校和所在县区都要加大投入力度。继续大力推广玉米增密度"5335"、小麦宽幅沟播"3335"、玉米大豆套种等集成先进技术。大力推广枝条秸秆堆肥、秸秆还田、建设淤地坝等技术和措施,大力改造中低产田,改良土壤、培肥地力,减少化肥农药施用量,解决好土壤重金属超标问题,提升土地质量等级。把物联网技术运用到传统农业中,加快实现无人化、自动化、智能化管理。推广汉中市

"一亩地,千斤粮,万斤蛙,十万元"的龙亭经验,实施稻鱼、稻虾、稻蟹、稻蛙共养,既保粮食安全,又帮群众增收,一举两得。建议陕西省尽快研究解决省农科院的相关问题。

通过实施上述措施,到"十五五"末,粮食播种面积稳定在5000万亩以上,平均亩产达到330公斤以上,总产量达到1650万吨以上,实现省内粮食产销平衡。

(六)建设"陕北粮仓"

据了解,南水北调西线工程有望于"十四五"末正式启动。有关权威专家测算,西线工程每年将为黄河流域增加近400亿立方米水,其中约200亿立方米水将用于黄河中上游周边大片沙化旱化土地的改造和生态改善。如果在这些土地上建设规模化设施农业,按每亩年需水100~200立方米计算,近200亿立方米水可将1亿亩沙地旱地改造为优质农田,这对陕西农业发展和粮食生产是千载难逢的重大机遇。

总面积6000万亩左右的毛乌素沙漠,约一半面积在榆林市境内。建议陕西省委省政府建立专门班子,科学布局,统筹规划,申报建设"陕北粮仓"国家重大项目,在毛乌素沙地建设1000万亩良田的国有农场。启动毛乌素沙漠沙地改耕地工程试点工作。在当下或近期具备通水灌溉条件的榆林黄河东线马镇引水工程(神木)、王圪堵水库至靖边引水工程(靖边)、陕甘宁盐环定扬黄定边供水提升改建工程(定边),以及横山、榆阳区几座水库灌区内的毛乌素沙地先行试点。1000万亩良田建成后,亩产按400公斤计,将新增粮食产量400万吨,全省粮食总产将达到2000万吨以上,粮食生产供求关系将发生根本转变,由产销平衡变为产大于销,为全国粮食安全做出陕西贡献。

(七)各方协同发力

一是深化思想认识,提高各级抓粮食安全的自觉性、大局观和执行力。二是出台陕西省粮食安全党政同抓具体实施意见。三是把粮食安全的主要指

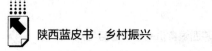

标，包括耕地数量质量、粮食播种面积、粮食总产单产、粮食自给率、粮食生产投入等，全部纳入年度目标责任考核，并提高权重。四是加大对30个粮食主产县和20个粮食保障县的支持力度，主销区的粮食总产要确保只升不降。五是大力加强全民教育，坚持粮食增产、节约两手抓，从播种、收割、保管、餐桌等各个环节，减少和杜绝粮食浪费。六是完善各项惠农政策，调动和保护农民种粮的积极性。调整种粮补贴发放办法，让真正的种粮者受益。各级发改部门要优先保证粮食生产项目，财政部门要确保高标准农田配套投入，金融部门要通过改革把承包地经营权抵押贷款政策落到实处。七是要认真做好粮食收购、贮存工作，在稳定粮食价格、确保市场供应、应对突发状况等方面切实发挥好职能部门的重要作用。

B.3
共同富裕目标下陕西促进小农户
与现代农业发展有机衔接的对策研究

张 敏 何 方*

摘 要: 共同富裕是中国式现代化的重要特征,加快农业农村现代化、建设农业强国必须充分考虑"大国小农"的基本国情。随着我国工业化、城镇化程度不断提高,特别是全球农业产业呈现深度融合发展态势,我国小农户长期处于农业产业链、价值链末端,实现持续增收目标面临前所未有的挑战。因此,促进小农户与现代农业发展有机衔接是一项亟待解决的重大课题。本报告在梳理政策背景的基础上,阐述了小农户与现代农业发展有机衔接的重要性和必要性,并以陕西实践探索为例分析了小农户与现代农业发展有机衔接的实现形式,深入探讨了"家庭农场+小农户""农民专业合作社+小农户""农业产业化龙头企业+小农户""农业社会化服务组织+小农户""农村集体经济组织+小农户"五种带动模式,最后从优化政策环境、加快基础设施建设、强化自我发展能力、提高组织化程度等方面提出促进小农户融入现代农业的对策建议。

关键词: 小农户 现代农业 共同富裕 乡村振兴

一 背景

党的十九大作出实施乡村振兴战略的重大决策部署,明确提出"实现

* 张敏,博士,陕西省社会科学院农村发展研究所副研究员,主要研究方向为农业经济管理;何方,岚皋县农村经营工作站副站长、农艺师,主要研究方向为农村经济。

小农户和现代农业发展有机衔接"，这是改革开放以来党的文件首次提出
"小农户"的概念，[①] 从理论层面肯定了小农户长期存在的价值，[②] 为我国
在小农户基础上实现农业农村现代化提供了明确方向和基本遵循。2018年
中央一号文件对促进小农户和现代农业发展有机衔接做出了具体安排，提出
"统筹兼顾培育新型农业经营主体和扶持小农户，采取有针对性的措施，把
小农生产引入现代农业发展轨道"。2019年2月，中办、国办印发了《关于
促进小农户和现代农业发展有机衔接的意见》，指出"当前和今后很长一个
时期，小农户家庭经营将是我国农业的主要经营方式"，要"提升小农户发
展现代农业能力，加快推进农业农村现代化，夯实实施乡村振兴战略的基
础"。2021年6月1日施行的《中华人民共和国乡村振兴促进法》强调"要
培育新产业、新业态、新模式和新型农业经营主体，促进小农户和现代农业
发展有机衔接"。2023年中央一号文件在拓宽农民增收致富渠道方面也特别
强调了要"带动小农户合作经营、共同增收"。这一系列政策和法规的出
台，体现了党中央对小农户家庭经营的高度重视，以及对新发展阶段农业农
村现代化内涵特征的深刻把握。因此，促进小农户与现代农业发展有机衔
接，按照"服务小农户、提高小农户、富裕小农户"的要求将小农户纳入
现代农业发展之中，既是推进中国特色农业现代化的基本任务，也是实现全
体人民共同富裕的必然要求。

二　小农户与现代农业发展有机衔接的
重要性和必要性

（一）"大国小农"的基本国情：决定小农户长期存在

我国小农户是指实施家庭联产承包责任制以来，以家庭为基本单位，以

---

① 陈锡文：《实施乡村振兴战略，推进农业农村现代化》，《中国农业大学学报》（社会科学
版）2018年第1期。
② 姜安印、陈卫强：《小农户存在的价值审视与定位》，《农业经济问题》2019年第7期。

家庭成员为主要劳动力，在所承包土地上独立进行生产经营的农业微观主体。第三次农业普查数据显示，全国有2.3亿农户，户均经营规模7.8亩，小农户数量、从业人员、经营耕地面积分别占农业经营主体的98%以上、农业从业人员的90%、总耕地面积的70%。[①] 按照农村土地流转面积年均增速3%~4%测算，到2030年，经营耕地面积50亩以下的小农户为1.7亿户，到2050年仍有1亿户左右。[②] 可见在当前和未来很长一段时期内，小农户的家庭经营仍然是我国农业的主要经营方式，在大规模小农户的基础上发展现代农业，促进小农户与现代农业发展有机衔接，是"大国小农"这一基本国情下的现实选择。

（二）现代农业发展的现实条件：小农户地位被弱化

现代农业是在工业化基础上运用先进的科学技术和机械装备，以及现代的生产经营方式发展农业，进一步提高资源利用率、土地生产率、劳动生产率和农产品商品率。我国土地细碎化问题突出，广大小农户应用现代生产要素能力不足，再加上文化素质偏低、老龄化等问题突出，缺乏一定的市场竞争力和抗风险能力。另外，我国在坚持家庭承包经营基础上强调发挥多种形式适度规模经营的引领作用，出台了一系列扶持新型农业经营主体发展的政策，积极培育新型农业经营主体，农业新产业新业态层出不穷。截至2023年6月，全国农民合作社数量达223.4万家，家庭农场397万个，农业社会化服务组织104万个，[③] 全国县级以上农业产业化龙头企业9万余家。[④] 随着农民专业合作社、农业龙头企业等新型经营主体的不断发展壮大，以劳动力密集投入为主的小农户经营模式与追求集约高效的现代农业之间的矛盾日

---

① 《促进小农户和现代农业发展有机衔接〈意见〉新闻发布会》，http：//www.moa.gov.cn/hd/zbft_news/xnhxdnyfz/。

② 《屈冬玉：以信息化加快推进小农现代化》，http：//www.71.cn/2017/0605/950264.shtml。

③ 《国新办举行2023年上半年农业农村经济运行情况图文实录》，http：//www.scio.gov.cn/xwfb/gwyxwbgsxwfbh/wqfbh_2284/49421/50235/wz50237/202307/t20230724_729717.html?flag=1。

④ 晓眷：《让更多精准服务惠及新型经营主体》，《人民日报》2023年9月1日。

益凸显，小农户面临被边缘化的风险，在一定程度上掣肘了小农户与现代农业的有机衔接。

（三）乡村振兴的重要主体：小农户是农耕文明的传承者

习近平总书记2022年12月在中央农村工作会议上指出，"我国拥有灿烂悠久的农耕文明，必须确保其根脉生生不息，做到乡村社会形态完整有效，文化基因、美好品德传承弘扬"。我国有五千年的农耕文明史，长期以来，小农户作为农耕文明的传承载体，不断实践和创新，保留了传统的农业生产知识和技术体系，继承了农耕文明蕴含的优秀思想观念、人文精神、道德规范等乡土文化，让丰富多彩的非物质文化遗产能够延续至今、走向世界。截至目前，我国共有全球重要农业文化遗产19项，居世界首位（见表1），中国重要农业文化遗产138项，这些农业文化遗产至今仍在使用，并且是当地小农户的主要生产方式和经济来源，具有经济、社会、文化、生态等多重价值。在全面推进乡村振兴的过程中，促进小农户和现代农业发展有机衔接，不仅对实现产业振兴的意义重大，更有利于传承、发展、提升中华农耕文明，为世界现代农业发展提供中国借鉴。

表1 中国全球重要农业文化遗产（19项）

序号	项目名称	FAO认定年份	所在省份
1	浙江青田稻鱼共生系统	2005	浙江
2	云南红河哈尼稻作梯田系统	2010	云南
3	江西万年稻作文化系统	2010	江西
4	贵州从江侗乡稻—鱼—鸭系统	2011	贵州
5	云南普洱古茶园与茶文化系统	2012	云南
6	内蒙古敖汉旱作农业系统	2012	内蒙古
7	河北宣化城市传统葡萄园	2013	河北
8	浙江绍兴会稽山古香榧群	2013	浙江
9	陕西佳县古枣园	2014	陕西
10	福州茉莉花与茶文化系统	2014	福建
11	江苏兴化垛田传统农业系统	2014	江苏

序号	项目名称	FAO 认定年份	所在省份
12	甘肃迭部扎尕那农林牧复合系统	2018	甘肃
13	浙江湖州桑基鱼塘系统	2018	浙江
14	山东夏津黄河故道古桑树群	2018	山东
15	中国南方山地稻作梯田系统	2018	福建、江西、湖南、广西
16	福建安溪铁观音茶文化系统	2022	福建
17	内蒙古阿鲁科尔沁草原游牧系统	2022	内蒙古
18	河北涉县旱作石堰梯田系统	2022	河北
19	浙江庆元林—菇共育系统	2022	浙江

（四）共同富裕目标的必然要求：推动小农户持续增收

党的二十大报告系统阐释了中国式现代化的理论内涵，指出"中国式现代化是全体人民共同富裕的现代化"。在消除绝对贫困后，促进共同富裕，最艰巨最繁重的任务仍然在农村，尤其是低收入群体主要集中在农村地区。尽管城乡居民人均可支配收入比从 2013 年的 2.81∶1 稳步下降到 2022 年的 2.45∶1（见表 2），但城乡居民收入差距仍然高于世界平均水平，与印度、越南等发展中国家相比，也处于较高水平。[1] 同时，城乡居民收入绝对差距还在扩大，2013 年城乡居民人均可支配收入绝对差额为 17037 元，2022 年扩大到 29150 元，扩大了 1.71 倍（见表 2）。除了农业本身是受自然灾害和市场波动影响较大的高风险产业外，与新型经营主体相比，小农户自身存在抵抗风险能力弱、机械化程度低、科学技术推广应用难等劣势，特别是由于经营规模有限，针对小农户的金融保险和政策工具较少，面对自然风险和市场风险时，小农户收入的脆弱性和不稳定性进一步加剧。因此，促进小农户和现代农业发展有机衔接，是推动小农户持续增收、提升小农户经济稳定性的重要路径，对于实现共同富裕目标意义重大。

---

① 郭燕、李家家、杜志雄：《城乡居民收入差距的演变趋势：国际经验及其对中国的启示》，《世界农业》2022 年第 6 期。

表2　2013~2022年城乡居民人均可支配收入及差距

年份	城镇居民家庭人均可支配收入(元)	农村居民家庭人均可支配收入(元)	城乡居民人均可支配收入之比	城乡收入绝对差(元)
2013	26467	9430	2.81:1	17037
2014	28844	10489	2.75:1	18355
2015	31195	11422	2.73:1	19773
2016	33616	12363	2.72:1	21253
2017	36396	13432	2.71:1	22964
2018	39251	14617	2.69:1	24634
2019	42359	16021	2.64:1	26338
2020	43834	17131	2.56:1	26703
2021	47412	18931	2.5:1	28481
2022	49283	20133	2.45:1	29150

资料来源：根据国家统计局数据整理。

三　陕西推动小农户与现代农业发展有机衔接的实现形式

(一)家庭农场带动小农户

我国家庭农场指的是以家庭成员为主要劳动力，以家庭经营为基本单元，从事农业规模化、集约化、商品化生产经营，并以农业为主要收入来源的新型农业经营主体，其核心是基于家庭经营并具备一定经营规模。与小农户相比，家庭农场集约化、机械化、现代化水平更高，更愿意进行农业投资，引进新品种新技术，开展品牌化经营，在帮助小农户改进生产技术、提高产量、降低成本、拓宽增收渠道、融入现代农业等方面发挥着重要的示范引领作用。近年来，陕西以推进示范家庭农场、家庭农场示范县创建为契机，全面提升家庭农场发展水平，联农带农能力不断增强。截至2022年底，全省家庭农场总量已达96154家，各类示范家庭农场9524家，带动10万户小农户发展现代农业。^① 目前，全省已创建县级以上示范家庭农场 3488 个；省级示范县（区）12 个（见表 3），示范县（区）家庭农场总数达 12880 个。^② 以全国典型榆林市榆阳区耀国家庭农场为例，耀国家庭农场拥有家庭成员 4 人，土地经营面积达 1200 余亩，通过充分发挥自身人才、技术、设备优势，带头改善沙土耕作条件，配套良种良法实现粮食规模化、机械化种植。同时耀国家庭农场为周边 5 个乡镇 1100 户小农户提供全程托管服务，通过订单农业与 3 万户小农户建立合作关系，带动小农户每亩增收 300~500 元。

表 3　陕西省家庭农场省级示范县

项目	认定时间	省级示范县
第一批	2021 年	渭南市合阳县、延安市志丹县、汉中市汉台区、安康市汉阴县、商洛市丹凤县
第二批	2023 年	宝鸡市眉县、咸阳市兴平市、渭南市华州区、延安市黄龙县、榆林市靖边县、安康市汉滨区、商洛市山阳县

（二）农民专业合作社带动小农户

《中华人民共和国农民专业合作社法》第一章第二条对农民专业合作社做出了明确界定，"是指在农村家庭承包经营基础上，农产品的生产经营者或者农业生产经营服务的提供者、利用者，自愿联合、民主管理的互助性经济组织"。农民专业合作社的主体是农民，成员中农民的数量必须占 80% 以上，主要开展的业务也必须与农业生产经营活动相关。在自愿联合、民主管理的基础上，农民专业合作社有助于克服小农户分散经营、规模不经济、组织化程度低、市场信息不对称等难题，组织小农户"抱团"对接市场，增强小农户的话语权。近年来，陕西农民专业合作社数量稳步

---

① 吴莎莎：《【省农业农村厅】我省两家家庭农场入选农业农村部典型案例》，http://www.shaanxi.gov.cn/xw/ldx/bm/202302/t20230228_2276310_wap.html。
② 牟晓平、吴彩鑫、胡胜利：《质效并重　多维施策　陕西家庭农场示范县创建成效明显》，《中国农民合作社》2023 年第 2 期。

增长、产业类型日趋多样、服务功能不断增强、规范化水平明显提升，在组织小农户、服务小农户、带动小农户方面发挥着重要作用。截至 2021 年底，全省共有农民专业合作社 6.5 万家，入社农户达到 206 万户；各级示范社达 6416 家，包括国家级示范社 299 家、省级示范社 1148 家（省级百强示范社345 家）。① 以全国典型平利县宏俊富硒种养殖专业合作社为例，合作社共有成员 68 户，通过探索"蚕桑养殖—蚕沙肥田—桑枝培菌—桑芋间套"的循环发展模式，实现亩收益 2 万元以上，同时带动周边 300 余户小农户发展清洁蚕桑养殖，辐射种桑养蚕面积 4000 余亩，户均增收万元以上。

（三）农业产业化龙头企业带动小农户

农业产业化龙头企业（以下简称龙头企业）是新型农业经营主体中经营规模较大、生产集约高效、资本技术实力雄厚、管理水平先进、能够有效带动农业产业链发展的一类主体，在打造农业全产业链、构建现代乡村产业体系、促进小农户和现代农业发展有机衔接中发挥着不可替代的重要作用。龙头企业主要从事农业产业一体化经营，通过签订合同或者订单的方式与上游小农户建立利益联结机制，并通过自建基地、示范带动将新品种、新技术、新装备引入现代农业，对小农户生产经营进行科学指导，实现小农户与市场的有效对接。随着农业产业化深入发展，农产品加工业迅速推进，陕西已经进入依托龙头企业引领现代农业发展的新阶段。截至 2022 年底，全省龙头企业总数达 2108 家，包括国家级 55 家、省级 650 家，② 累计服务带动 206.5 万户小农户嵌入现代农业产业链。③ 以全省果业龙头企业的典型代表陕西果业集团为例，陕西果业集团通过自建、合作共建等多种方式推进果业

---

① 《陕西省农民合作社发展情况速览》，https：//new.qq.com/rain/a/20220420A01DW400。

② 石永波：《陕西已认定农业产业化龙头企业 2108 家 辐射带动 60.34 万农户》，https：//baijiahao.baidu.com/s？id＝1761692720335792385&wfr＝spider&for＝pc。

③ 程伟：《做足特色做深融合做实联带强支撑——陕西全力推进产业帮扶工作纪实》，http：//sn.people.com.cn/n2/2023/0711/c186331-40489038.html。

基地建设，通过示范带动提升果农种植技术，四年内在全省 42 个县（区）建立标准化果业示范基地 30 万亩，带动小农户建园 30 多万亩，充分发挥了龙头企业的平台带动作用。

（四）农业社会化服务组织带动小农户

农业社会化服务组织是指提供农业产前、产中、产后各环节生产服务的各类经营性服务组织，包括专业公司、农民合作社、农村集体经济组织、供销合作社、服务专业户等。农业农村部《关于加快发展农业社会化服务的指导意见》明确指出，"发展农业社会化服务，是实现小农户和现代农业发展有机衔接的基本途径和主要机制"，"以服务小农户为根本，把引领小农户进入现代农业发展轨道作为发展农业社会化服务的主要目标"。随着现代农业加快发展以及农村劳动力老龄化趋势加剧，服务组织的专业化服务不仅能够解决"一家一户"小农户生产解决不了的问题，为小农户提供全产业链的低成本、高效率服务，还能将先进适用的品种、技术、装备等现代要素导入小农户生产经营中，切实带动更多小农户进入现代农业发展轨道。目前，陕西各类社会化服务组织共 2.75 万个，托管服务面积达 5020.4 万亩次，累计惠及小农户 227.7 万户。[①] 以全国农业社会化服务典型西安长丰农机专业合作社为例，合作社具备小麦玉米生产耕种收等全程机械化作业及综合农事服务功能，托管土地 3 万亩，覆盖长安区 6 个乡镇 6000 户农户，带领小农户实现种地赚钱"两不误"。

（五）农村集体经济组织带动小农户

农村集体经济组织是以土地集体所有为基础，依法代表成员集体行使所有权，实行家庭承包经营为基础、统分结合双层经营体制的地区性经济组织。农村集体经济组织以股份为纽带在集体和成员之间建立紧密关系，结成

---

① 艾永华：《才将粮归仓 又见耕种忙——陕西秋收秋播扫描》，《陕西日报》2022 年 10 月 17 日。

利益共享、风险共担的利益共同体，在"统"的层面更容易将小农户有效组织起来，实现劳动、资本、技术和管理等资源整合，有利于构建小农户与现代农业发展有机衔接的长效机制。近年来，陕西持续深化农村集体产权制度改革，加快发展壮大新型农村集体经济，农村集体经济组织已经成为带动小农户共同富裕的重要载体。截至2021年底，全省97.75%的行政村（社区）实现集体经济经营收益"零突破"，集体经济组织成员分红总额达10.2亿元。① 以省级新型农村集体经济典型岚皋县大道河镇东坪村股份经济合作社为例，东坪村积极探索"支部+村集体+公司+农户"的发展模式，与小农户签订种植合同，指导小农户进行茶园种植和田间管理，并高于市场价收购农户采摘的茶叶鲜叶，通过订单收购、劳务用工、土地流转、入股分红等，带动小农户户均增收4000元以上。

四 促进小农户与现代农业发展有机衔接的对策建议

（一）创造有利于小农户生产的政策环境

立足我国"大国小农"的基本国情以及小农户经营将长期存在的现实，在坚持农业家庭经营模式的同时，亟须加大面向小农户的政策支持力度，深化农村土地制度改革，切实保护小农户权益，着力破解小农户生产经营困境，引导小农户发展适度规模经营，为小农户与现代农业发展有机衔接创造更稳定的政策条件。一是做好第二轮土地承包期到期后再延长30年试点工作，在切实维护小农户承包权的基础上，探索建立放活土地经营权的有效机制，鼓励小农户采取互换并地、土地整理等方式解决承包地细碎化问题，引导小农户以土地转包、出租、股份合作、代耕代种等多种方式提升土地经营规模，促进土地资源要素集聚，真正做到保护小农户经营、鼓励规模化经

---

① 艾永华：《做大集体"蛋糕" 奔向共同富裕》，http://www.shaanxi.gov.cn/xw/sxyw/202210/t20221014_2255592_wap.html。

营。二是深化农村集体产权制度改革成果，充分发挥农村集体建设用地与农村"三产融合"协同联动的效能，利用集体建设用地聚集现代农业生产要素，建立健全收益分配机制，让小农户共享资产增值收益和产业链增值收益。三是创新金融服务提升小农户融资能力，建立健全小农户信用信息征集和评价体系，运用大数据与云计算等技术探索无抵押、无担保的小农户小额信用信贷，创新符合小农户需求的涉农信用、抵押、担保产品。进一步提高小农户农业保险覆盖面，大力发展地方优势特色农产品保险，开发保费更低、小农户有能力购买的农业保险产品，加大农业保险宣传力度，激发小农户投保积极性。

（二）加快面向小农户的农业基础设施建设

农业基础设施建设是现代农业发展的重要保障，由于小农户经济实力较弱，投资参与农田水利、农业信息化、农业科技推广、农业物流等基础设施建设的积极性不足，先进技术和现代装备应用较少，亟须进一步改善小农户生产设施条件，助力小农户进入现代农业发展轨道。一是全面改善小农户的生产条件，以集中连片、节水高效、稳产高产的高标准农田建设为核心，加快补齐小农户生产经营基础设施短板，推进小农户急需的通田到地末级灌溉渠道、机耕生产道路、农业面源污染治理等设施建设，合理布局面向小农户的农产品贮藏保鲜、集中烘干等公共设施，帮助小农户节本增效。二是加强农业科技创新，加快研发推广小农户适用的农业技术和实用轻简型装备，搭建小农户、企业、科研机构、政府等农业科技推广相关主体的信息交流平台，引导小农户运用优良品种、先进技术等发展现代农业。加强农业科技推广体系建设，完善市、县、乡三级农技推广服务体系，鼓励科研人员、技术人员下乡开展技术培训，向小农户集成示范推广适用技术和先进装备。三是加快农村数字基础设施建设，推广探索"互联网+农业"新模式，运用物联网、云计算、大数据、人工智能等实现种养殖、灌溉等过程的自动化、智能化，大幅提升小农户生产效率。打造智慧农业平台，面向小农户实现数据信息共享，更有针对性、更有效地为小农户提供产前、产中、产后等综合服

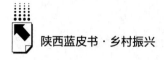

务。提升小农户数字化水平，以数据链带动和提升农业产业链、供应链、价值链，建立小农户与消费端的有效对接机制，破解小农户与市场信息不对称问题。

（三）强化小农户融入现代农业的自我发展能力

小农户作为我国现代农业生产的基本单元，其转变农业发展方式、提升生产经营能力已经成为当务之急。要引导小农户以现代理念经营农业，加强培训，不断提高小农户自我发展能力。一是转变小农户的生产观念，在充分保证群众利益、尊重小农户意愿的前提下，以打破田埂、田沟界限为核心，以提高农村土地利用率为目标，积极开展"小田变大田"改革探索，通过土地集中连片整治提高农业机械化、智能化应用水平，为小农户发展现代农业打开新思路、提供新路径。二是大力培养新型职业农民，围绕主导产业发展和农民实际需求加大对小农户的培训力度，科学设置种养殖技术、经营管理、智慧农业、电子商务、法律法规等方面的专业课程，更新小农户的知识结构，提高小农户的生产能力、经营能力以及接受新生事物的能力，切实提高小农户的自我发展能力。积极培育小农户中有经济头脑、有工匠精神、有企业家才能的能人成为带头人，充分发挥他们在现代农业发展中的引领带动作用。三是搭建农业创新创业平台，瞄准新业态培育"新农人"，推动传统小农户向高素质、高科技、专业化新型小农户转变，引导小农户立足当地资源优势以三产融合为创新创业重点，发展新业态、构建新模式、拓展新领域，深度融合现代农业全产业链。

（四）提高小农户对接大市场的组织化程度

随着市场经济和现代农业产业的发展，农业生产的各环节分工越来越明确，产业链条越来越长，小农户已经由自产自销、自给自足转变成面对消费市场的商品生产者，分散的个体小农户与错综复杂的市场体系之间的矛盾日益突出。因此，促进小农户融入现代农业发展轨道不仅要提升小农户在农业生产领域的发展能力，更要把提高小农户的组织化程度作为重要抓手，帮助小农户融入现代农业全产业链，让小农户分享更多产业链增值收益。一是坚持把培育新型农业经营主体作为一项长期战略任务来抓，不断发展壮大家庭农场、农民专业合作社、龙头企业等新型农业经营主体，推进家庭经营、企业经营、合作经营、联合经营、集体经营等多种经营方式带动小农户共同发展，提升小农户连片种植、规模饲养、应用现代农业装备的能力和水平。重点完善风险与收益相匹配的利益联结机制，将小农户与新型农业经营主体的利益进行紧密联结，通过按股分红、二次返利、保底收购、务工就业等形式让小农户共享产业增值收益。二是积极探索资源发包、物业出租、居间服务、资产参股等多样化途径发展新型农村集体经济，通过资源整合、要素集聚、规模提升，盘活农村沉睡资源资产，增加小农户财产性收入。引导和支持农村集体经济组织与家庭农场、龙头企业、农民专业合作社等新型农业经营主体联合发展，创新村企合作模式，组建集要素整合、混合经营、全链生产于一体的产业联盟，把组织优势转化为带动小农户融入现代农业的发展动能。三是大力发展以生产托管服务为主的农业社会化服务，引导农业社会化服务组织根据小农户和农业生产个性化需求，因地制宜提供单环节、多环节、套餐式、全程托管等多种服务模式，通过专业化、规模化服务降低小农户农业生产成本。加快推动农业社会化服务智能化信息化发展，充分发挥农业社会化服务组织在农业新品种、新技术、新装备和新模式引进中的重要载体作用，将现代生产要素有效导入小农户生产，以服务过程的现代化促进小农户和现代农业发展有机衔接。

参考文献

胡凌啸、王亚华：《小农户和现代农业发展有机衔接：全球视野与中国方案》，《改革》2022年第12期。

韩春虹：《小农户参与现代农业发展：现实特征、实现基础与机制构建》，《世界农业》2022年第3期。

孙新华、曾红、周娟：《乡村振兴背景下我国小农户的命运与出路》，《农村经济》

2019 年第 9 期。

王晓毅、罗静：《共同富裕、乡村振兴与小农户现代化》，《北京工业大学学报》（社会科学版）2022 年第 3 期。

刘兵：《在乡村振兴中促进小农户和现代农业发展有机衔接》，《农业经济》2022 年第 10 期。

B.4
乡村振兴战略背景下陕西
农村消费扩容升级路径研究

李　晶*

摘　要： 消费是拉动经济增长的重要驱动力，扩大消费是满足人民群众对美好生活向往的必然要求。乡村振兴战略背景下，提振农村消费是加快构建双循环新发展格局、推动经济健康发展的重要举措。陕西农村消费市场潜力很大，很多消费需求还未得到充分满足。为促进陕西农村居民消费扩容升级，应多部门协同联动，加大政策扶持力度，稳定大宗消费，拓展农村新型消费，健全市场监管机制，优化农村消费环境，补齐制约消费的短板，发展乡村特色产业，助推农产品进城，促进农民增收。同时完善农村基本医疗和养老保障等，引导村民建立正确的消费观，促进农村当期消费。

关键词： 乡村振兴　陕西农村　消费扩容　消费观　陕西

　　近年来，消费作为经济增长主要驱动力的作用凸显。乡村振兴战略实施以来，农村居民收入持续增长，农村消费潜力逐渐释放，并向发展型、品质型消费转型升级。2023 年，国家发改委发布恢复和扩大消费二十条措施，提出增强消费能力，改善消费条件，创新消费场景等，为陕西农村消费扩容升级提供了重要指引。

---

* 李晶，西安文理学院经济管理学院教授，主要研究方向为农村经济社会发展。

一 陕西农村居民消费现状

陕西是农业大省，农耕历史悠久，耕地面积4401.51万亩。[①] 全省乡村人口1424万，占陕西常住人口的35.98%。进入21世纪以来，陕西省农村经济平稳发展，农村居民家庭人均可支配收入、人均消费水平呈增长趋势，且涨幅明显。消费结构持续升级优化，村民收入来源多元化，城乡居民在陕西农村区域内发生的各类消费活动越来越多，农村市场消费潜力日益显现。

（一）消费能力逐年提高

收入是决定农村居民家庭消费能力的核心因素，根据2012~2022年统计数据可知，陕西农村居民家庭人均可支配收入、人均消费支出不断增长，因收入增长带动的农村居民消费倾向和支付能力逐年提高，如表1所示。

表1 2012~2022年陕西农村居民家庭人均可支配收入及消费情况

年份	人均可支配收入（元）	人均消费支出（元）	平均消费倾向	恩格尔系数
2012	5762.5	5114.7	0.8876	0.2972
2013	7092.2	6487.6	0.9148	0.2731
2014	7932.2	7252.4	0.9143	0.2912
2015	8688.9	7900.7	0.9093	0.2784
2016	9396.4	8567.7	0.9118	0.2693
2017	10264.5	9305.6	0.9066	0.2598
2018	11212.8	10070.8	0.8982	0.2559
2019	12325.7	10934.7	0.8871	0.2590
2020	13316.5	11375.7	0.8543	0.2798
2021	14744.8	13158.0	0.8924	0.2899
2022	15704.3	14094.2	0.8975	0.2971

资料来源：《陕西统计年鉴》（2012~2023年）。

---

① 数据来源：《陕西省第三次全国国土调查主要数据公报》。

陕西农村居民收入来源由单一转向多元化，目前主要由工资性收入、经营净收入、财产性收入和转移净收入四部分构成，收入总量不断增长。从2016～2023 年的数据来看，工资性收入占比最高，经营净收入次之，转移净收入再次，财产性收入最少。2016 年陕西省农村居民工资性收入为 3916元，主要来自外出务工收入；经营净收入为 3057.9 元，主要包括农林牧渔和批发零售、住宿餐饮等非农业生产经营收入；转移净收入为 2263.4 元，包括养老金、社会救济和补助、惠农补贴等；财产性收入为 159 元，包含转让承包土地经营权租金、储蓄收入等。到 2023 年，工资性收入为 7077 元，经营净收入为 5013 元，转移净收入为 4619 元，财产性收入为 283 元，如图1 所示。

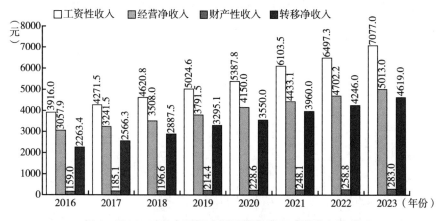

图 1 2016～2023 年陕西农村居民人均可支配收入构成

资料来源：《陕西统计年鉴》。

（二）消费结构持续改善

国家统计局将农村居民家庭消费结构划分为生存型消费、发展型消费和享受型消费。其中，生存型消费涵盖食品、衣着和居住等消费；发展型消费包括交通通信和医疗保健等消费；享受型消费是指家庭设备、用品及服务、文教娱乐用品及服务和其他消费等。从陕西农村居民家庭消费结构及其变动情况来看，目前农村消费结构持续改善，已由生存型消费向发展型消费及享受型消费转变。

1. 生存型消费支出占比下降

从人均生存型消费的绝对量来看，2016～2022 年陕西农村居民家庭人均生存型消费整体呈上升趋势，由 2016 年的 4844.4 元增长至 2022 年的 8060.2 元，增长了 0.66 倍，年均增长率为 8.91%，如图 2 所示。从人均生存型消费支出占比来看，2016～2019 年陕西农村居民人均生存型消费占比总体呈下降趋势，2016 年占 56.54%、2017 年占 54.73%、2018 年占 54.95%、2019 年占 54.43%。2020～2022 年生存型消费占比略有反复，2020 年 57.21%、2021 年占 57.67%、2022 年占 57.19%，由此表明，陕西省农村居民生存型消费支出占比整体呈下降趋势，消费提档升级趋势显现。

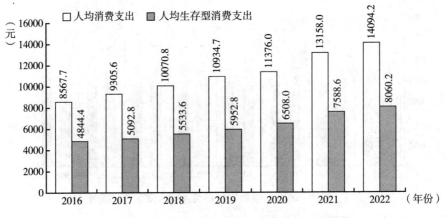

图 2　陕西省农村居民家庭人均消费与生存型消费

资料来源：历年《陕西统计年鉴》。

2. 发展型消费支出占比提升

随着乡村振兴战略的全面实施，人均发展型消费比重由 2016 年的 22.46% 增至 2022 年的 26.10%，可见在农村居民收入持续增长前提下，农村居民生活水平和条件逐步改善，农村居民产生更多的交通、通信、医疗保健消费，消费类别由生存型消费向发展型消费延伸，消费层次稳步提高（见图 3）。

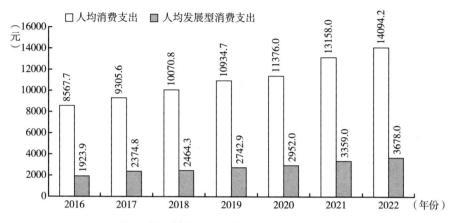

图3 陕西省农村居民人均消费与发展型消费

资料来源:《陕西统计年鉴》。

3. 享受型消费支出占比持平

在陕西广阔的农村地区,生活服务、教育、文化、娱乐等享型消费成为村民新的消费增长点。如图4所示,2016~2019年,陕西农村居民人均享受型消费比重约占20%,其中2016年占21.00%、2017年占19.75%、2018年占20.58%、2019年占20.48%。由于新冠疫情影响,2020~2022年农村居民享受型消费占比较之前有所下降,分别是2020年占16.84%、2021年占16.80%、2022年占16.72%。

(三)消费层次逐年提升

一般用食品类消费支出比重和非食品类支出比重的升降来描述消费层次的变化,食品类消费支出比重(即恩格尔系数)下降或者非食品类消费支出比重上升,都可以看作农村居民消费升级的外在表现。图5显示了2010~2022年陕西省农村居民家庭恩格尔系数。

一般认为,恩格尔系数在0.3以下的家庭为富裕家庭,陕西农村家庭消费恩格尔系数2011年以后全部低于0.3,且呈不断下降趋势,因新冠疫情影响,2020~2022年恩格尔系数上升,但从未超过0.3。

图 4　陕西省农村居民人均消费与享受型消费

资料来源：《陕西统计年鉴》。

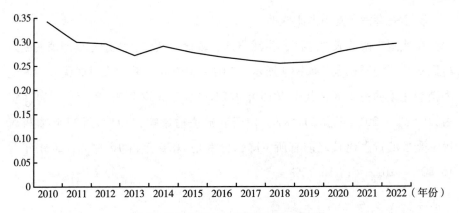

图 5　陕西省农村居民家庭恩格尔系数

资料来源：《陕西统计年鉴》。

　　数据表明，当前陕西省农村居民家庭消费已经日渐迈入追求较高生活质量的阶段，说明陕西农村居民家庭消费层次逐步提高，消费水平不断提档升级。

二 陕西农村居民消费存在的问题分析

21 世纪以来，农业税减免、粮食直补等一系列前所未有的惠农政策，以及新农村建设、乡村振兴战略等全面推进，使得农民收入大幅度提高，促进了农村消费，陕西农村呈现比城市同期更快的消费增速。在肯定农村消费发展成绩的同时，也应注意到一些问题，诸如农村消费整体仍处于相对较低水平，现实中还存在一些制约农村消费增长的因素。

（一）当期消费不足，消费总量偏少

国家统计局陕西调查总队的数据显示，2023 年上半年，陕西城乡居民人均可支配收入稳步增长，达 15902 元，同比名义增长 6.7%，增速高于全国 0.2 个百分点；扣除价格因素，实际可支配收入增长 6.2%。其中，城镇居民人均可支配收入 22150 元，同比增长 5.5%；农村居民人均可支配收入 8450 元，同比增长 7.9%。2023 年上半年，陕西农村居民人均可支配收入增速快于城镇 2.4 个百分点，城乡收入差距继续缩小，收入比为 2.62 : 1，较 2022 年同期缩小 0.06。2023 年第二季度末，陕西农村外出从业劳动力总量 585.4 万人，比 2022 年同期增加 13.9 万人，同比增长 2.4%。收入增长带动陕西居民生活消费支出快速增长，2023 年上半年，陕西居民人均生活消费支出 10897 元，同比增长 14.0%。其中，城镇居民人均生活消费支出 13491 元，农村居民人均生活消费支出 7803 元，与城市相比，农村居民消费总量显然偏少，农村中低收入群体消费能力仍然较弱。

造成这一问题的原因有以下几方面。一是农业防灾抗灾能力弱，单靠从事农业生产，增收空间非常有限。村民常用"靠天吃饭"来形容农业收入的不稳定性，倘若农资价格上涨，又要抵消掉相当一部分农业利润。当村民想从事副业经营却没有资金时，商业银行不愿贷，农村信用社力量弱，邮政储蓄机构只存不贷，加之自身缺乏担保抵押物，很多农户只得放弃经营及增收机会。二是农村看病难、养老难等问题仍然存在，农民对未来收入与支出

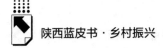

的预期非常不确定，即使手中有钱也不敢消费。此外，农村居民受传统观念影响较深，存在"重未来、轻现在"的消费选择偏好。受"积谷防饥、有日思无"传统观念影响，农民有钱后，更倾向于储蓄而非消费，所以近年来陕西农村居民的储蓄量增长幅度较大，甚至超过了农村居民人均纯收入增长速度，导致持续的消费拖延和当期消费不足。

（二）基础设施建设滞后，消费环境欠佳

2023年3月13日，中国消费者协会发布《2022年农村消费环境与相关问题调查报告》，调查结果显示，我国农村居民对当前农村消费环境的综合满意度为75.35分，农村消费普遍存在的问题有：农村电商服务点和快递点较少，物流配送慢，快递点不能到村，售后服务缺失，服务不规范，等等。农村网络通信信号差、上网费用偏贵等问题，影响了线上消费和新零售。

陕西农村消费环境也存在以上普遍性问题。农村电商发展慢，零售业不发达，大多数农村零售点是传统"夫妻店"，规模小、层次低、物品少，多数大件商品还得到县城去买，主要原因在于城市购物体验好，城里的产品种类更全、品质更优，由此出现农民收入低但购买成本高于城市的困境。另外，大量留守农村的老年人品牌意识弱，不具备消费维权意识，不懂得分辨商品的真伪和查看保质期，购物图便宜，假冒伪劣商品时有出现。

同时，陕西农村基础设施仍然不够完善，电力设施和网络相关设施建设不足，难以满足农村消费扩容升级的需要。目前，农村水、电、路、气等基础设施建设滞后的情况依然存在，电力和通信网络保障能力弱，乡村电压不稳甚至经常停电，有的偏远村庄还未通自来水，农民无法使用空调、冰箱、洗衣机等家电，部分村民小组仍不通水泥路，不可能去消费高跟鞋等时尚鞋靴服饰。

（三）消费新模式新业态区域发展不平衡不充分

2022年伊始，中央网信办、农业农村部、国家乡村振兴局等10部门联合印发《数字乡村发展行动计划（2022~2025年）》，对"十四五"时期数字乡

村发展作出部署安排。数字乡村建设有助于打破城乡物理时间与空间上的限制，将城市先进的生产技术和消费理念带到农村地区，激活乡村沉睡资源，催生乡村数字新业态新模式，开创消费场景，导入新型消费，变革传统消费，从而拓宽农民增收渠道，提高农民可支配收入，提升农民的消费能力。

总体来看，陕西数字乡村发展态势良好，数字技术的高创新性、强渗透性和广覆盖性，打通了乡村消费时空堵点，重塑了乡村消费交互方式，优化了农村消费结构，释放了农村消费潜力。为促进农村电商发展、加快农村消费升级，2021年陕西省发改委发布《陕西省关于以新业态新模式引领新型消费加快发展的若干措施》，提出拓展商品流通领域新型消费空间，推广农产品"生鲜电子商务+冷链宅配""中央厨房+食材冷链配送"等服务新模式。2022年陕西省发改委、省商务厅落实4000万元，用以支持发展农村电子商务；落实中央服务业发展资金1.38亿元，用以支持县域商业体系建设。农村电商快速成长，城乡要素双向流动加快，带动更多优质农资和消费品下乡进村。

"线上下单，线下30分钟送达"的即时零售等新兴业态，从大城市不断下沉到县域，但与县域的数字化建设水平相比，农村数字化消费新模式新业态发展相对滞后，突出表现为区域发展不均衡不充分问题突出。例如，陕北清涧有"盒马村"，但在陕南山区，电商等新业态发展则相对较慢，区域不平衡问题非常突出。

三 推动陕西农村居民消费扩容升级的路径

（一）多部门协同联动，加大政策扶持力度，提振农村消费

建议由商务主管部门主导，多部门协同联动，制定消费政策，并积极部署，将有效市场和有为政府更好结合，进一步激发各类市场主体活力，畅通经济循环，使城乡要素与商品在城市和乡村双向流动，推动工业品下乡、农产品进城，逐步解决农村居民"买难"与"卖难"问题，提振农村消费，

激活乡村消费潜力。

加大财政政策扶持力度，继续推进"万村千乡市场工程"。① 加大政策扶持力度，实施差别补贴负担机制。在实施耐用消费品财政补贴制度时，需考虑陕西乡村地域差距，尤其是不同乡村经济发展程度的差异，加大对相对贫困村庄的支持力度，实施差别化补贴政策。在制定具体补贴标准过程中，可以结合各乡镇（村）农民人均纯收入、平均每百户耐用消费品拥有量等参考指标，划分不同的补贴负担比例，减少经济较发达乡村的财政补贴比例，相应增加经济落后乡村的财政补贴比例，尽可能释放农村消费潜力。

除了粮食直补、良种补贴、农机具购置补贴等降低农民生产成本的惠农政策以外，还可结合农村生活消费需求，统筹利用财政资金，向农村中低收入群体定向发放消费券，增加食品饮料买赠促销补贴，推广家电家具、建筑装潢材料等耐用品消费补贴政策，采取现金补贴和价格补贴两种形式，充分激发农村居民消费意愿和消费潜力，提高农村居民的消费水平，降低农村居民储蓄率，提振当期消费。

（二）稳定大宗消费，拓展农村新型消费

稳定汽车、建材、家电等大宗消费。改善农村居民生活交通居住条件，深入实施"家电下乡""新能源汽车摩托车下乡""绿色建材下乡"等启动农村消费的政策措施，支持农村居民购买绿色智能家居产品，开展家庭装修。对家电以旧换新予以补贴，对新能源汽车和绿色建材消费予以贷款贴息，带动农民消费积极性，培育农村消费增长点。

壮大农村数字消费。支持线上线下商品消费融合发展，打造数字消费业态、智能化沉浸式服务体验，丰富乡村消费场景，发展乡村新业态，并拓展

---

① 万村千乡市场工程由商务部 2005 年 2 月开始启动，工程的主要内容是，通过安排财政资金，以补助或贴息的方式，引导城市连锁店和超市等流通企业向农村延伸发展"农家店"，力争用三年的时间，孕育出 25 万家连锁经营的农家店，构建以城区店为龙头、乡镇店为骨干、村级店为基础的农村现代流通网络，使标准化农家店覆盖全国 50% 的行政村和 70% 的乡镇，满足农民消费需求，改善农村消费环境，促进农业产业化发展。

新型消费。加快传统消费数字化转型，抓好国家级、省级电子商务进农村综合示范县建设，开展电商综合服务，对电商创业就业人员、工贸企业人员进行综合性培训，培养农产品网红主播，培育直播带货能人，提升农村居民电商应用水平。完善县、镇、村三级电商服务体系，打造农村电商示范站、农产品网络销售示范店铺。开设天猫地方特产馆和京东地方特产馆，塑造农产品网销品牌。开展农村电商服务体系升级改造工程，支持对接大型供应链企业，全面提高农产品销量。支持乡镇企业将产品销往境外，鼓励企业入驻亚马逊等平台进行跨境销售，支持乡镇企业在保税区建立线上线下店铺。

（三）健全市场监管机制，优化农村消费环境，补齐制约消费的短板

充分发挥政府职能，健全市场监管，协调相关部门开展产品质量、食品安全、农资打假等专项整治活动，加大农村市场违法行为整治力度，发挥社会信用联合惩戒机制的作用，将企业侵害消费者合法权益的行为纳入企业信用信息公示平台。依法打击农村消费领域假冒伪劣、偷工减料、价格欺诈等行为，不断优化农村消费环境。保护消费者权益，完善售后服务，创建放心市场、放心商店、放心网店、放心餐饮、放心景区、放心工厂，加快形成质量追溯、明码标价、监管、评价退换货等放心消费制度闭环。引导市场主体诚信经营，加强移动支付安全监管，实施农村消费环境综合整治，营造放心消费环境，让农村消费者买得放心，用得舒心。

拓宽陕西乡村消费新空间，基础设施提档升级是首要条件。陕西需逐步推进农村5G互联网全域覆盖，完善农村电网，建设足够的公共充电站、公共充电桩。完善水、电、路、气、信、邮等基础设施建设，优先支持交通建设，打造"一刻钟"便民生活圈。加强乡镇商业场所建设，增加农村零售网点密度，改造升级乡镇商贸中心、集贸市场，建设冷链物流项目，包括生鲜农产品冷藏库、气调库、贮藏窖和移动式冷库等。进一步完善农村末端配送网络和县、乡、村三级快递物流配送体系，在村一级建设物流综合服务站。推广社区智能配送柜等现代仓储物流设施，在人口较多的乡村布设智能快件箱，整合邮政、快递、供销、电商等资源，推行集约化配送，鼓励农村

客运车辆代运邮件快件,打通农村商品流通"最后一公里",降低物流配送成本。

增加农村普惠金融支持力度,为广大农民提供消费贷款,并普及储蓄、保险、金融投资和电子支付等方面的知识,形成农村消费长效机制,补齐制约消费的短板。

(四)发展乡村特色产业,助推农产品进城,促进农民增收

收入是最直接、最具决定性的消费前提,必须拓宽农村劳动力就业增收渠道。一要提供工作岗位,让更多农村劳动力有活干,有钱挣。充分利用乡村公益岗位,帮助有劳动能力的脱贫人口及时就业;在农业农村基础设施建设和生态管护等涉农项目中,推广以工代赈方式,吸纳更多农村居民就地近就业;组织好劳务输出工作。二要提高农产品收购价格,适当补贴化肥、种子等农资,让种粮农户多盈利。三要延长农产品产业链,以种养业为基础,大力发展农林特产品精深加工,开展产销对接活动,深化拓展消费帮扶,提升农产品附加值,增强市场竞争力,让农民最大限度获益。四要助推具有地域特点、民族特色、乡土特征的农产品进城,积极举办农副产品博览会、民俗节、购物节、特色集市等活动;依托互联网等新技术,大力发展农村电子商务,依托农村电商平台发展直播电商,实时推介销售无公害农产品、绿色食品、有机农产品,拓展订单农业,拓宽特色农产品上行通道,促进乡村特色农产品在线上线下顺畅销售。五要利用本地资源禀赋,发展乡村特色产业,盘活乡土文化资源,开发乡村旅游市场,推进农业与旅游、教育、文化、健康养老等产业深度融合。大力发展休闲度假、旅游观光、养生养老等,丰富农村消费场景,因地制宜打造美丽田园、景观创意农业、农耕体验等新业态,开发田间步道、健康氧吧、乡村嘉年华、品质民宿等旅游项目,引导农民就地创业,持续增加收入。六要大力拓展农村创业空间,培育壮大农村经营主体,支持返乡下乡人员创新创业,鼓励利用新理念、新技术、新模式、新渠道开发农业农村资源,发展优势特色产业,带动农民增收致富,增强消费能力。

（五）完善覆盖全体村民的保障体系，引导村民树立正确消费观

社会保障不足是农村居民储蓄率高而消费率低的主因，要促进农村消费扩容，需进一步完善医疗、养老保障体系和低收入人口常态化帮扶等机制。建议增加农村财政转移支付，加大新农保覆盖县乡区域，完善农村基本医疗和养老保障，建立健全巩固拓展脱贫攻坚成果的长效机制、农村低收入人口常态化帮扶机制和农村低收入人群补贴长效保障机制，消除农村居民不敢花钱的消费顾虑。同时，还应健全农民收益保障机制，保障农民工及时取得劳动报酬，提振农村消费信心。

进一步扩大农村消费，还需引导村民树立正确的消费观。在自给自足的小农经济模式下，多数农民仍受传统生活习惯、陈规陋习等的影响，导致消费观念落后，过奢和过俭消费并存。婚丧嫁娶、人情往来过度消费，而日常生活过于节俭，这些行为严重影响了农民消费扩容和结构升级。还须通过村委会、基层自治组织宣传示范，引导农民认知生存型消费、发展型消费和享受型消费，改变消费观念，提高生活质量。要引导农民拓宽消费领域，主动购买家电、通信产品、交通工具等现代化生活设施，增加文化、教育、娱乐等服务性消费，将家庭消费重心逐步转向发展及享受型消费，将潜在消费需求转化为当下消费需求，切实提升幸福感和获得感。

参考文献

郭晓君：《促乡村消费与"数"同行》，《经济日报》2023年4月24日。

付江：《多渠道激发农村消费活力》，《经济日报》2023年8月12日。

王慧玲：《金融素养、正规借贷与农村居民家庭消费》，西北农林科技大学博士学位论文，2022。

《2022年农村消费环境与相关问题调查报告》，https：//www. cca. org. cn/jmxf/detail/30621. html。

《数字乡村发展行动计划（2022~2025年）》，http：//www. cac. gov. cn/2022-01/

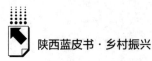
25/c_ 1644713315749608. htm。

《陕西省关于以新业态新模式引领新型消费加快发展的若干措施》，http：//sndrc. shaanxi. gov. cn/news/content. chtml？id＝ieiUnm。

陕西省统计局、国家统计局陕西调查总队：《陕西统计年鉴2016》，中国统计出版社，2016。

陕西省统计局、国家统计局陕西调查总队：《陕西统计年鉴2017》，中国统计出版社，2017。

陕西省统计局、国家统计局陕西调查总队：《陕西统计年鉴2018》，中国统计出版社，2018。

陕西省统计局、国家统计局陕西调查总队：《陕西统计年鉴2019》，中国统计出版社，2019。

陕西省统计局、国家统计局陕西调查总队：《陕西统计年鉴2020》，中国统计出版社，2020。

陕西省统计局、国家统计局陕西调查总队：《陕西统计年鉴2021》，中国统计出版社，2021。

陕西省统计局、国家统计局陕西调查总队：《陕西统计年鉴2022》，中国统计出版社，2022。

陕西省统计局、国家统计局陕西调查总队：《陕西统计年鉴2023》，中国统计出版社，2023。

B.5
陕西预制菜产业发展调研报告

陕西省社会科学院课题组*

摘　要：　在多重因素催化作用下，近几年，预制菜成为产业新风口和新赛道。2023 年中央一号文件首次明确提出"培育发展预制菜产业"。预制菜产业发展有利于促进城乡居民消费、食品加工业转型升级，有利于提升农产品附加值，促进乡村产业振兴。本报告从中国预制菜产业发展机遇出发，分析了陕西预制菜产业发展的优势与基本情况，指出了陕西预制菜产业发展存在的问题，并提出了加快陕西预制菜产业可持续发展的相关建议。

关键词：　预制菜　产业发展　陕西省

2022 年中国预制菜市场规模达到 4196 亿元，同比增长 21.3%（见图 1）。2023 年中央一号文件首次明确提出"培育发展预制菜产业"。大力发展预制菜产业对促进城乡居民消费、食品加工业转型升级，实现乡村产业振兴都具有重要意义。

---

* 课题组组长：于宁锴，主要成员：赖作莲、黄懿、马建飞、智敏、魏雯、王静。执笔人：于宁锴，陕西省社会科学院农村发展研究所所长，主要研究方向为"三农"理论与政策；黄懿，陕西省社会科学院农村发展研究所助理研究员，主要研究方向为生态农业；赖作莲，陕西省社会科学院农村发展研究所副研究员，主要研究方向为农业经济；智敏，陕西省社会科学院农村发展研究所助理研究员，主要研究方向为电子商务；马建飞，陕西省社会科学院副研究员，主要研究方向为宏观经济；魏雯，陕西省社会科学院副研究员，主要研究方向为生态经济；王静，陕西省社会科学院农村发展研究所博士，主要研究方向为农业经济管理。

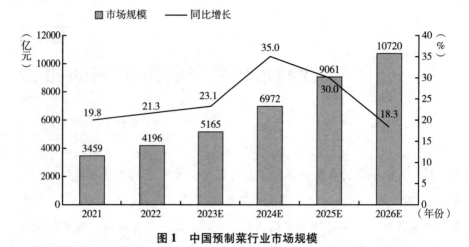

图 1　中国预制菜行业市场规模

注：E 指预测数据。
资料来源：艾媒数据中心。

一　预制菜产业发展机遇与陕西预制菜产业发展现状

（一）预制菜产业发展机遇

1. 预制菜产业进入快速发展时期，市场前景广阔

当前，我国预制菜产业正迎来历史性的黄金发展期。预制菜既满足了餐饮业节省出餐时间的需求，也满足了家庭快速制作美食的需求，适应了人们越来越快的生活节奏，因而市场需求巨大。许多传统的食品加工企业、餐饮连锁企业、商超企业，甚至装备制造企业等也纷纷进军预制菜产业（见图 2）。近几年，预制菜行业吸引了大量资本涌入。新冠疫情之后，面向 C 端的预制菜被热捧，新品牌不断涌现，预制菜行业投融资额持续攀升。2021 年 4 月 27 日，味知香在上海证券交易所正式上市，成为 A 股第一家预制菜上市公司。2022 年以来，中国预制菜行业融资事件 20 余起，融资金额达数百亿元。

2. 预制菜产业获得国家重点支持，取得多项政策利好

2023 年中央一号文件《中共中央　国务院关于做好 2023 年全面推进乡

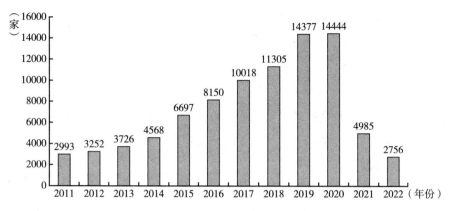

图2　中国预制菜企业新增注册数量

注：2022年为前5月数据。

资料来源：艾媒数据中心。

村振兴重点工作的意见》首次提出，"提升净菜、中央厨房等产业标准化和规范化水平。培育发展预制菜产业。"《全国乡村产业发展规划（2020~2025年）》明确提出，在产区和大中城市郊区布局中央厨房、主食加工、休闲食品、方便食品、净菜加工和餐饮外卖等加工，满足城市多样化、便捷化需求。广东、山东、福建等多地都出台了加快预制菜产业发展的文件。在此背景下，陕西省多部门协作共同推进预制菜产业发展，省政府办公厅发布《关于加快推动预制菜产业高质量发展的意见》。

3.预制菜产业仍处于市场发展初期，抢占市场先机

当前预制菜产业仍处于发展初期，还存在标准不完善、加工技术创新能力欠缺、部分菜品还原度不高、食品安全保障欠缺、产品同质化严重、冷鲜物流配送成本较高等问题。行业内企业规模较小，生产分散，地方特征显著，缺乏具有全国影响力的大型企业。抢抓先机、抢占市场，对于陕西的餐饮行业、食品加工业都是难得的发展机遇。

（二）陕西预制菜产业发展优势

1.农产品资源丰富

陕西是农业大省，是全国苹果种植面积最大、产量最多的省份，也是全国奶山羊产业最具优势的地区。农业产业集群发展加快，苹果、奶山羊、茶叶、猕猴桃产业已成为国家级农业优势特色产业集群。2022年，陕西省粮食产量达到1297.89万吨，蔬菜及食用菌、园林水果、禽蛋、生鲜乳、水产品等产量充足。农业品牌化发展加快，绿色食品、有机农产品、地标农产品、纳入全国名特优新农产品名录的特色产品不断增多。充足的农产品原材料供应能力，为预制菜产业的高质量发展奠定了坚实基础。

2. "千年陕菜"享誉全国

陕西饮食文化特色鲜明，餐饮企业产品品牌基础好。陕菜包括各种精致菜肴、面点、饮品与民间小吃。陕菜菜肴传统始于西周时期，经秦汉隋唐诸朝发展而形成陕西地方风味菜。从地域分布看，陕菜包括关中菜、陕北菜、陕南菜；从历史传承看，包括仿周秦汉唐菜、传统菜和创新菜；从经营模式看，包括宫廷菜、官府菜、市肆菜、寺观菜、家常菜等。牛羊肉泡馍、葫芦鸡、葫芦头、甑糕、油酥饼、肉夹馍、凉皮、岐山臊子面等陕西特色美食享誉全国。

3. 预制菜科技力量雄厚

陕西省是现代农业科技和对外开放的优势区，陕西杨凌农业高新技术产业示范区是全国第一个农业高新技术产业示范区，也是全国唯一的农业自贸区，以西安交通大学、西北农林科技大学、西北大学、陕西科技大学等为代表的教育科研机构实力雄厚，拥有90多个省部级以上科研平台和7000多名农业科教人才，在预制菜设备、包装、杀菌、冷冻冷藏、保鲜、营养等方面取得了一系列重大研究成果，引领预制菜产业科技创新。

4. 冷链物流畅通高效

陕西省不断融入国际国内冷链物流大通道建设，已经形成了"农产品国内物流通道＋国际物流通道"的格局。国内依托连霍、沪陕、京昆、包茂、福银、银昆等高速公路交通干线，联通冷链物流重要节点，基本构建了"三纵四横"的冷链物流通道；国际冷链物流通道形成以海公联运为主，海铁联运、空陆联运为辅，陆路冷链补充的多维体系。陕西省已拥有宝鸡、延安两个国家骨干冷链物流基地，西安国家骨干冷链物流基地也在积极建设中。目前,陕西省冷链行业市场主体达 1500 多个,冷链仓库容量总计约 2400 万立方米。

(三)陕西预制菜产业发展基本情况

1. 企业数量快速增长,产业初具规模

突发的新冠疫情成为我国预制菜爆发式增长的催化剂,主要电商平台预制菜销量同比增长达到 85%~300%。根据陕西省预制菜产业协会的统计,截至 2023 年 9 月,陕西省已拥有预制菜加工企业近 400 家,包括益海嘉里(兴平)公司、石羊农业集团、陕西粮农集团、西安饮食集团、深鲨集团、及时雨、陕西秦吼食品、杨凌诚智食品、汉中植圆食品、宝鸡方硕食品等龙头企业。

2. 产品类型不断丰富,呈现多元化发展

陕西省推出多样化的预制菜产品。一是具有鲜明陕西地方特色的传统名小吃预制品,包括岐山擀面皮、臊子面、牛羊肉泡馍、凉皮、搅团、甑糕等。二是家喻户晓的陕西蒸碗,如四喜丸子、带把肘子、黄焖鸡、粉蒸肉、八宝甜饭等。三是卤制品,如酱牛肉、腊牛肉、五香猪蹄等。四是陕菜名菜预制菜和家常菜预制菜,如紫阳蒸盆子、麻婆豆腐、鱼香肉丝等。西北农林科技大学、陕西科技大学等高校依托现代化预制菜研究试验平台,开发了红烧、炖煮、清蒸、炒制、拌菜等各类预制菜肴。

3. 聚集式园区化发展,行业组织相继成立

预制菜企业向园区集聚发展的趋势日益明显。西安石羊食品工业园区汇聚了西安放心早餐、小六汤包、百胜配送中心等知名企业,入园企业已达 30 余家。及食雨、深鲨集团菜字头、柏盛魔芋、自嗨锅等企业已入驻石泉县富硒食品(预制菜)产业园,园区已形成较完整的蔬菜、魔芋等预制菜生产体系。宝鸡特色食品产业园先后有宝鸡方硕擀面皮产业园、宝鸡杂八得擀面皮研学基地、宝鸡张辉餐饮中央厨房和陕西瑞琪高档烘焙食品中心等入驻。陕西预制菜科技产业园已有陕西秦吼食品、西安缘聚食品、咸阳秦鸿食品、西安十二少餐饮、陕西美碗飘香食品、陕西五丰尚食和陕西科仪阳光检

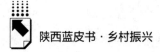

测等企业入驻。陕西省预制菜产业协会已登记注册，陕西省预制菜产业发展联盟亦在筹备之中。

4. 标准化品牌化建设，品牌效应逐渐显现

预制菜加速向品牌化发展，诸多头部企业强力推进品牌建设。目前，全国在预制菜的四大细分品类都形成了众多品牌，包括即食预制菜品牌、即烹预制菜品牌、即配预制菜品牌等。在此基础上，陕西省已形成了"西安饮食""刘一泡""及食雨""深鲨""自嗨锅""丰厨"等知名度较高的预制菜品牌。

二 陕西预制菜产业发展存在的问题

（一）产业发展基础存在较大差距

根据《2021 中国预制菜产业指数省份排行榜》，陕西省预制菜产业发展水平在全国居第 20 位，处于中游偏下水平，与广东、山东、福建、江苏、河南等排名前列的省份相比，差距很大。从市场主体数量来看，山东预制菜相关企业 9246 家，河南 6894 家，江苏 5863 家，陕西只有近 400 家，差距较大。同时，陕西预制菜企业规模普遍较小，技术和管理水平较低，在渠道建设、全链品控、物流管理、品牌塑造等方面的能力欠缺。

（二）产业发展环境面临多重困难

顶层设计缺位，政策体系不健全。预制菜产业链条长、涉及企业多，但陕西省尚未从省级层面构建起产业发展统筹协调机制。对打造具有鲜明陕西特色和核心竞争力的预制菜产业，省级层面专项意见或行动方案还未出台，缺乏对于产业发展思路、目标要求、重点任务的精准设计与系统谋划。

标准规范欠缺，质量监管难度大。作为新兴业态，预制菜产业标准体系建设整体滞后。在缺乏国家标准和行业标准的情况下，陕西省地方标准、团体标准和企业标准建设步伐缓慢，在原料生产、加工工艺、包装、标识、储存、冷链运输、微生物指标、添加剂指标、农药残留指标等各个方面，"无标可依"成为常态，给质量监管带来较大难度。

人才科技支撑不足，协同创新滞后。陕西预制菜企业多处于县域，难以引进并留住高层次创新人才和创新团队，企业自主创新能力差。高校及科研院所的科研活动导向受其自身因素制约，与企业需求存在错位，产学研协同创新平台建设滞后。尤其是食品工业方面的人才稀缺。优质食材绿色生产技术、菜品加工和营养搭配技术、智慧化销售技术等关键技术缺乏集成突破平台，企业生产工艺创新难度大。

（三）产业发展外部竞争压力加大

多省份纷纷出台相关政策，积极布局、多措并举大力打造预制菜产业新高地。广东省提出加快建设在全国乃至全球有影响力的预制菜产业高地，推动广东预制菜产业高质量发展走在全国前列。河南省提出建设全国重要的预制菜生产基地、全国有影响力的预制菜生产大省，培育食品工业高质量发展新增长极。山东省提出打造一批预制菜产业高地和产业集群，推动全产业链高质量发展。此外，还有福建、上海、山西、重庆、浙江等省市都高度重视预制菜产业发展，出台利好政策、标准规范，加快推进产业基地建设、骨干企业培育、公共品牌打造。这些必然将加剧预制菜产业的市场竞争，陕西省预制菜产业发展面临巨大的竞争压力。

三　陕西预制菜产业发展建议

（一）构建产业链标准体系，推动预制菜产业健康发展

1. 加强陕西预制菜产业标准体系的顶层设计

以构建全产业链为目标，建立和完善标准体系，规范引导陕西省预制菜产业健康、有序、可持续和高质量发展。面向社会和行业公开征集预制菜地方标准参编单位，高效整合全产业链优势资源，成立由标准化、农业农村、

商务流通、供销等行业管理人员、技术专家组成的预制菜标准化工作委员会，开展陕西预制菜标准化研究。建立完善预制菜标准化体系，将预制菜产业纳入产业标准化政策扶持范围，鼓励预制菜头部企业制定企业标准，带动陕西预制菜产业标准化发展。制定陕西预制菜产业园区建设指南地方标准，将预制菜产业园纳入省级现代农业产业园，标准化引领产业园区建设。

2. 推动预制菜产业食品机械标准化数智化发展

发挥陕西智能制造优势，推动预制菜食品机械标准化、数智化发展，引领预制菜产业高质量发展。以风味和健康为导向，系统研究预制菜品质保真保鲜关键加工技术、危害物控制以及节能减排自动化装备创制与应用，加强预制菜杀菌技术和装备研发，建立预制菜食品机械装备设计优化及虚拟装备专业化一体化平台，增强食品装备的数字化设计，解决智能感知、智能决策系统等关键技术在预制菜装备业中的应用。以标准化、模块化、系列化的设计理念，推动机器人装备智能化在预制菜产业中的研究，将自动驾驶、环境感知、在线监测等技术运用于预制菜产业仓储和运行维护系统，解决预制菜产业物流装箱的问题。

3. 构建预制菜产品安全质量监管标准化体系

严把预制菜产品质量关，加强预制菜全链条质量安全监管，保障群众"舌尖上的安全"。按照源头准入、全程管控、质量可追溯的要求，提升预制菜产业准入门槛，引导企业导入先进质量管理体系。加快制定预制菜分类基础标准、预制菜品质评价检测标准等基础通用标准，突出预制菜食品安全标准、预制菜冷链物流运输要求的制定。鼓励有关社会团体和企业主导或参与制定预制菜团体标准、企业标准，形成具有地方特色的预制菜产业标准体系，推进预制菜产业标准化、规模化发展。强化市场监督管理部门对预制菜的检查检测，定期组织有资质的第三方检测机构开展抽检，避免预制菜行业出现重大不利舆情。建立预制菜产业链供应链常态化质量安全评估体系，探索构建集预制菜生产加工、安全监管、产业服务于一体的大数据中心，数字化、标准化、规范化监管预制菜产业。

（二）建设创新产品研发平台，做新做活预制菜

1.增强科技引领预制菜产品创新发展

加大科技政策对预制菜产业倾斜力度，引导预制菜产业高质量发展。组织预制菜产业政策培训会、政银企对接会等活动，解读高企认定、研发费用归集、科技金融等科技政策，促进预制菜企业科技创新。将具备一定条件的预制菜企业纳入科技型中小企业库，积极指导龙头预制菜企业申报高新技术企业。支持高等院校、科研院所、陕菜老字号餐饮企业、农业龙头企业及行业协会共同建立预制菜联合研发平台，开展关键核心技术的产学研联合攻关，支持建立预制菜检测公共技术服务平台，支持建设预制菜研发重点实验室、工程技术研发中心。引导支持龙头企业与高校在科技成果转移转化、新产品研发、标准制定、人才培养等方面深化合作，鼓励开展仓储物流体系及冷链运输技术的研发，开展预制菜全产业链研究，推动预制菜产业提档升级。

2.挖掘陕西独特历史地域文化内涵

深入挖掘陕西厚重的周秦汉唐历史文化，引导历史学界、烹饪界、企业界合作，致力于古代菜肴的复原工作。设立学术研究课题，系统整理出版历史美食文献，奠定仿古菜的理论基础。烹饪学界致力于烹饪方式的复原，既可以秉持原汁原味，也可以进行适合现代人口味的适度改良。鼓励景区"腾笼换鸟"，根据文化定位展示相应历史菜品，如"诗经里"可以开发经营《诗经》中的美食，"长安十二时辰"可以开发经营大唐盛世的菜品，重点是唐代宫廷菜品复原。秉承地方民俗，带动地标性美食产品进入预制菜产业。建立陕西非遗美食预制菜研发平台，还原陕西非遗美食，实现非遗美食生产的标准化及可重复性，推动陕菜味道、三秦文化"走出去"，进一步提高陕菜的品牌影响力和美誉度。

（三）培育大中小企业生态圈，做大做强预制菜全产业链

1.积极支持"头部企业+中小企业"生态圈建设

坚持抓龙头、树标杆，积极支持陕西预制菜龙头企业发展，发挥龙头企

业示范领跑作用。建立预制菜产业重点企业培育库，支持企业新上预制菜产业项目。遴选一批规模大、发展快、对产业链影响大的企业，着力培育一批涵盖生产、冷链、仓储、流通、营销、进出口以及装备生产等环节的全产业链预制菜示范企业。支持符合条件的预制菜企业上市挂牌融资、发行债券，对在境内外资本市场上市挂牌的企业，给予一次性奖补。开展预制菜优质企业梯次培育行动，支持企业实施跨区域、跨行业、跨所有制整合，有计划地扶持一批转型升级、科技创新、质量品牌提升的预制菜中小企业项目，建立起从原始食材到预制菜品工业化量产的现代化生产体系，引导预制菜中小企业成为"专精特新"企业。

2. 因地制宜分类建设各类预制菜产业园区

坚持集约化、规模化发展，打造功能完善、设施完备、服务配套的预制菜产业集聚区。着力打造"原料生产、产品加工、冷链物流、科技研发、品牌推广、农旅融合"全产业链发展的咸阳、安康、杨凌、宝鸡等预制菜现代农业产业园，采取"园中园"的方式规划建设市级预制菜产业园、民族特色预制菜园区。鼓励各县（市、区）建设预制菜专业产业园。鼓励预制菜产业园区开展跨区域合作，发展互利共赢的区域经济模式。支持石泉县富硒预制菜产业园、陕西杨凌预制菜科技产业园和西安石羊（预制菜）食品园等产业园发挥带头示范作用。开展预制菜产业集群区域品牌试点示范，列入范围的预制菜产业集群及龙头企业，优先推荐申报国家和省级专项资金，优先纳入各类政府性基金项目库，优先布局国家和省级研发中心、工程中心、技术创新中心、检测中心和重点实验室等公共服务平台。

3. 聚焦扶持全产业链培育预制菜产业集群

以标准化生产基地、培育加工企业、发展冷链物流、推动产业集群集聚为重点，建设预制菜"生产—加工—流通"全产业链。打造"雁阵形"产业集群，支持预制菜领军企业、大型企业集团牵头，建立包括设计、研发、生产、加工、冷藏、仓储、分拣、配送等完备的预制菜产业体系。鼓励中小企业加快转型发展，积极与知名品牌、头部企业合作，实现品牌溢出效应。支持企业加大研发投入，通过鼓励资产重组、技术创新、对外协作等有效途径，促进专业化分工协作发展，积极培育单项冠军企业、瞪羚企业。加快建设中央厨房，整合科研院所、装备制造、种植养殖及食品加工、冷链运输等领域的力量，推动预制菜生产中的清洗、切配、加热、冷冻、包装等各环节向机械化、自动化转型升级。强化精准招商引资，瞄准国内外知名食品加工、餐饮龙头企业，依托陕西预制菜产业发展基础和区域特色资源优势，精准招引产业链上下游的配套企业和产业预制菜龙头企业。

（四）整合资源聚合力，建设预制菜原材料供应基地

1. 选优建强，科学谋划预制菜原材料基地

依托陕西"3+X"特色农业产业布局，加快推进蔬菜（含食用菌）、生猪、肉牛、肉羊、家禽、水产品、粮油、调味品等预制菜原材料产业集聚，资源集合，持续提升农业综合生产能力，并导入预制菜产业链，培育建设一批粮油生产基地、果菜菌标准园、畜禽养殖标准化示范场、水产健康养殖示范场，打造标准化的"原材料车间"，提升原材料供应组织化、规模化、标准化、专业化水平，为预制菜产业发展提供优质食材供给和品质保障。

2. 节能降碳，加快建设绿色高效供应基地

积极开展"绿色食品生产基地和产品""有机食品生产基地和产品"认证工作，持续推进化肥农药减量增效，推广绿色生产技术，生产开发营养安全、方便实惠的食用农产品，打造高品质预制菜原材料供应基地。

3. 联农带农，打造内外循环原材料供应基地

鼓励市（区）、县（市、区）因地制宜、统筹资源，支持企业以技术、资本、资源、品牌为纽带，提高产业集中度和要素配置效率，通过村企结对、"企业+现代农业产业园"、"企业+合作社+农户"和"企业+菜篮子基地"等模式，发展订单农业，带动农民就地就近就业，培育一批规模化、标准化原材料供应基地，保障农产品生产加工数量，提升农产品原材料品质。引导预制菜企业参与东西部协作和省内对口帮扶，鼓励建设外延原材料生产基地，使陕西省成为西部地区乃至全国重要的优质预制菜原材料基地、直供基地、交易中心。

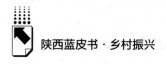

（五）拓宽品牌营销渠道，做靓做响陕菜预制菜

1. 挖掘地域特色，加大品牌培育创建力度

围绕特色优势产业、中华老字号和非物质文化遗产等特色单品，结合各类农产品品牌、餐饮品牌，以挖掘陕西美食特色、提升产品档次与质量水平、加强标准化品牌化建设、完善线下体验与线上销售渠道、推进品牌认证与关联发展、强化食品安全管理为着力点，以龙头企业带动、骨干企业培育、特色产品打造为主线，培育陕西特色预制菜品牌。挖掘预制菜品牌文化内涵，提升附加值和软实力，推进美食品牌、网红产品关联发展。鼓励预制菜企业及其产品参与陕西区域公共品牌评定，支持预制菜企业争创国家级和省级知名品牌，引导品牌代加工企业发展自有品牌，鼓励预制菜龙头企业申报驰名商标，打造一批有影响力的本土预制菜品牌。

2. 拓展延伸，完善预制菜市场营销网络

搭建预制菜全产业链供需桥梁，集聚行业、企业资源要素，实现预制菜产业信息互通、资源共享，全方位展示宣传陕西预制菜品牌，大力拓展市场销售渠道。组织筹办国内外预制菜专场推介活动，组织预制菜企业参加丝博会、农高会等重点展会和预制菜产销对接会。依托5G、大数据等新一代信息技术，搭建预制菜产业全方位展销平台，创新发展农商直供、直播直销、社区团购、会员制、个人定制等预制菜网络营销模式。培育预制菜出口企业，鼓励陕西预制菜企业建立面向境外的加工和营销基地，探索建立跨境服务团队，为预制菜企业提供海外市场对接、出口通关等服务，增强预制菜原材料全球采购能力和产品全球营销能力，紧抓"一带一路"建设的历史机遇，助推陕西预制菜"走出去"。

（六）完善仓储冷链物流体系，提升预制菜流通水平

1. 强化冷链物流网建设，构建高效稳定的预制菜冷链物流体系

抓住国家冷链物流骨干通道建设的有利时机，鼓励交通运输、邮政快递、供销合作、电商等企业共建共用冷链物流设施，利用陕西省供销合作总

社、陕西果业集团现有的农产品冷链物流设施及体系，京东冷链物流、顺丰冷链物流体系，构建高效稳定的冷链物流体系。打造"一网多链"的农产品冷链物流体系，将农产品冷链物流体系建设与预制菜产业园区、预制菜原材料基地建设紧密结合，提高预制菜冷链物流服务效率。

2. 创新驱动，持续优化预制菜冷链仓储服务供给保障

推进立体化农产品冷链物流通道建设，建设智能化冷库区、常温库区，为预制菜冷链物流提供集约、高效服务。支持仓储冷链物流企业与预制菜生产企业对接，研发预制菜专用设施装备，创新推广农产品冷链共同配送、生鲜电商+冷链宅配、中央厨房+食材冷链配送等经营模式。培育一批跨区域的预制菜仓储冷链物流龙头企业，为预制菜企业提供功能复合型服务。培育一批现代化物流园区和物流企业，鼓励物流企业与预制菜企业共建共享供应链设施。

3. 大力发展"互联网+冷链物流"，推动预制菜仓储冷链物流智慧系统建设

推进云计算、物联网、大数据等在预制菜产业中的运用，加快构建"互联网+预制菜"商贸流通新格局。搭建预制菜集冷链物流信息采集、存储、跟踪、共享、发布、在线交易等功能于一体的全省冷链物流公共信息平台，把预制菜加工企业以及食品机械、冷链物流等相关行业企业纳入工业互联网建设，统筹推进平台化设计、智能化制造、网络化协同、个性化定制、服务化延伸和数字化管理，整合产品、冷库、冷藏运输车辆等资源，持续为预制菜产业赋能、赋智、赋值，实现市场需求和冷链资源之间高效匹配对接，提高冷链资源综合利用率。

B.6
陕西乡村文化特色产业发展现状、
问题与对策研究*

刘 静 赖作莲**

摘 要: 培育乡村文化特色产业发展是通过文化资源带动乡村产业发展的有效举措,对高质量实现陕西乡村文化建设与产业振兴具有重要作用。本报告从乡村文化特色产业发展内涵中的"在地性、差异性、原生性"特征出发,分析陕西乡村文化特色产业发展现状及面临的市场发展质量仍需提高、产品同质化问题仍待破解、乡村文化特色技术设施仍待完善等问题,提出从特色市场推广、特色品牌加持、特色技术铺网三个层面探索陕西乡村文化特色产业发展对策。

关键词: 乡村文化特色产业 乡村振兴 陕西省

乡村文化特色产业发展是加快构建具有陕西特色的全产业链农业产业体系的重要环节,也是国家全面推进乡村振兴的有力保障。陕西省认真贯彻落实《国务院关于促进乡村产业振兴的指导意见》,大力扶持乡村优势特色产业,取得了良好效果,为陕西乡村振兴全链升级奠定了坚实的基础。在政策带动下,乡村文化特色产业迅速发展,助推乡村特色产业形成、扩张、成熟并转移,构建出乡村文化特色市场、特色产品、特色技术

---

* 本报告系 2023 年度陕西省哲学社会科学研究专项青年项目"数字经济驱动陕西文化产业高质量发展路径研究"(项目编号:2023QN0355)的阶段性研究成果。

** 刘静,陕西省社会科学院农村发展研究所助理研究员,主要研究方向为乡村文化、数字文化产业;赖作莲,陕西省社会科学院农村发展研究所副研究员,主要研究方向为农业经济管理。

全产业链，其"在地性、差异性、原生性"特征明显，充分展现了乡村文化特色产业的地域属性、功能属性和价值属性，是乡村文化与特色产业融合的有效途径。

一 陕西乡村文化特色产业发展现状

近年来，乡村特色产业成为陕西乡村振兴的新引擎。其中，陕西乡村文化特色产业发展形势向好、稳中有进，体现在乡村文化特色市场稳健运行、乡村文化特色产品初具规模、乡村文化特色技术力度加大三个层面。

（一）乡村文化逐步渗透，特色市场稳健运行

乡村文化渗透力持续加大，进一步释放出陕西文化资源的产业价值。陕西乡村文化资源丰富繁多、分布广泛、区域差异性较大，主要包括乡村物质类文化资源与乡村非物质类文化资源两大类。物质类文化资源包括村落古生物、古代建筑等乡村有形文化，非物质类文化资源包括乡村民俗、传统戏剧、民间杂技等乡村无形文化。乡村文化资源转化为乡村特色产业市场优势，并形成不同乡村文化渗透模式。

一是乡村文化"原貌呈现"模式。这一模式特指乡村文化资源能够较为丰富、真实、完整地展示，如古村落实景呈现。截至 2022 年 10 月，省内保存较好的传统古村落共 69 处。陕西省充分挖掘运用这些乡村文化景观，体现在其对传统乡村文化资源的保护传承力度不断加大。二是乡村文化"深度融合"模式。"深度融合"强调乡村保留文化资源的所有权，将其与特色市场有机结合的发展模式。陕西快速发展的乡村产业园区、乡村度假村、乡村体验馆等成为文化资源与特色市场相互融合的实例。三是乡村文化"开发利用"模式。即乡村文化资源的开采使用完全运用市场化的经营模式。例如，陕西乡村文创产品的产加销各环节采取市场化运营模式，通过文化资源的市场竞争，加速了资本的流动性。总之，乡村文化资源的逐级渗透，为陕西乡村特色市场提供了物质积累与产业基础。

乡村文化对特色市场带动作用总体保持稳定，但存在市场投资结构性差异。如图1所示，从市场总值看，2017~2022年陕西省乡村文化特色市场运行呈现稳步增长态势，生产总值从2017年的3794.0亿元逐年提升，2022年达到5705.7亿元，连续6年稳步提升，体现了陕西乡村文化资源在特色市场中发挥的有效作用。其中，2019~2020年，乡村文化特色市场受到新冠疫情冲击较为严重，市场生产总值曾一度出现增速放缓，但2021年后市场复苏。2017~2022年乡村文化特色市场的年均生产总值稳定在4700亿元左右，对陕西省第三产业稳产增收、熨平经济周期波动性产生积极影响。从市场投资看，2017~2022年乡村文化特色产业投资力度经历了持续发力、融资冷却、减量提质三个阶段。在2017~2018年持续发力阶段，陕西乡村文化特色市场中长期投资增加，2018年创出新高，投资增速为29.7%，比2017年高9.6个百分点。在2019~2020年融资冷却阶段，受投资信心与经济形势影响，文化投资大幅萎缩，刺激文化生产相应收窄。在2021~2022年减量提质阶段，考虑到文化投资市场风险性与精准性，中长期与中小企业投资锐减，释放出乡村文化特色市场投资回归理性的降温信号。

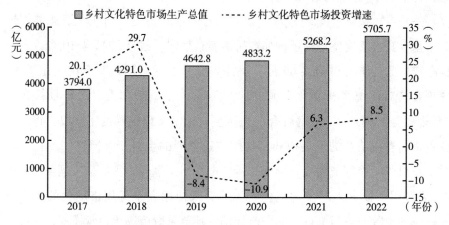

图1　2017~2022年陕西省乡村文化特色市场运行情况

资料来源：根据2017~2022年《陕西统计年鉴》及陕西省统计局统计公报计算整理。

（二）乡村文化特色产品不断涌现，初具规模

陕西乡村文化特色产品主要包括三大类，一是乡村历史文化特色产品，是指由乡村历史文化类资源开发而来的特色产品，如西安市草堂寺、宝鸡市新明泥塑工坊、凤翔木版年画等。这类产品依托陕西历史文化资源，不断推陈出新，形成新业态。二是乡村农耕文化特色产品，是指由农耕文化类资源开发而来的特色产品，如汉中市水田村莲藕种植产业园、镇巴土菜、安康市富硒茶、岚皋魔芋等。受自然地理因素影响，具有生态化、集约化、品牌化的乡村农耕文化特色产品，成为陕西农特产品新的经济增长点。三是乡村社会文化特色产品，是指由社会文化类资源开发而来的特色产品，如榆林市赵家峁度假村、赵庄乡村游、延安市纸房村雪地讲话红培基地等。伴随社会分工细化，陕西持续引导社会资源向关键农特产品聚焦，形成新产业。

乡村文化特色产品生产规模化，带来陕西各地区特色产业差异化发展。如表1所示，陕西乡村文化特色产品种类丰富，分布在关中、陕南、陕北各区域。截至2022年底，陕西乡村文化特色产品总量位居全国前列。省内各地区涵盖不同种类文化特色产品，其中，关中地区的乡村历史文化特色产品、陕南地区的农耕文化特色产品、陕北地区的乡村社会文化特色产品数量较多，区域品牌知名度与美誉度较高。

表1　陕西乡村文化特色产品

地区	产品
西安市	宋村遗址、关中书院、草堂寺、北院门农民画、蔡侯造纸田园、唐三彩烧制、古砖艺术雕刻、民间社火、长安道情、龙窝酒、户太葡萄、周至猕猴桃
宝鸡市	胜利村乡村旅游、新明泥塑工坊、凤翔木版年画、爱萍刺绣、皮影戏箱、岐山转鼓、岐山臊子面、西秦刺绣、华艺手工艺品、古太酒、千阳八打棍
汉中市	水田村莲藕种植产业园、棕制品制作技艺、藤编、智果悬台社火、八庙风光、镇巴民歌、宁强羌族刺绣、羌英罐罐茶、茶产业、镇巴土菜
安康市	堰坪村农旅项目、紫阳民歌、渔鼓筒、双铜技法、手工竹篮、木刻版画、百花民间艺术、富硒茶、岚皋魔芋、紫阳毛尖、石泉桑蚕茧

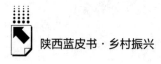

续表

地区	产品
榆林市	赵家峁度假村、赵庄乡村游、红碱淖炖鱼、府谷剪纸、清涧道情、定边道情皮影戏、府谷二人台、榆林小曲、千年古枣园、樱桃园、郝家桥红色旅游
延安市	纸房村雪地讲话红培基地、延川剪纸、延安秧歌、黄陵抬鼓、补丁艺术、洛川苹果、延川红枣、洛川面花、洋芋擦擦、中华蜂蜜、黄龙核桃

资料来源：根据第五批国家级非物质文化遗产代表性项目名录、陕西"一县一品"特色文化艺术典型案例推荐公示名单整理。

（三）乡村文化结合特色技术，力度持续加大

在互联网、大数据、人工智能的影响下，陕西数字乡村建设步伐加快，乡村文化特色技术的开发与应用程度不断提升，乡村文化与特色技术的结合度逐渐加大。陕西紧抓数字乡村建设机遇，加快新型基础设施建设步伐，5G网络、广电乡村工程等基础设施迅速研发推广。陕西省统计局统计数据显示，2022年文化服务业中的互联网信息服务业比2021年同期增长46.0%，带动行业增长7.4个百分点。在乡村文化智能管理方面，重点围绕智慧园区、智慧农业、智慧项目，陆续出台各地区乡村文化特色产业智能化发展规划，通过智能化铺设、整合、调控，不断优化乡村文化特色产业布局。在乡村文化电子商务方面，发挥乡村特色文化带动作用的产业终端出现变化，乡村电子商务文化产业持续领跑，文化资源融合电子商务服务业，成为陕西乡村投资新动力。截至2021年底，陕西省有电子商务活动的企业数达到3252个，带动相关产业快速增长。

高新技术迅速发展，乡村文化数字化进程加快。一方面，乡村文化特色技术促进产业增收。陕西部分企业紧抓乡村文化技术资源开发利用的政策利好，迅速建立乡村文化特色产业生产、加工、销售网点。统计数据显示，2022年陕西省规模以上文化企业营业收入达1169.29亿元，同比增长2.9%，比全国高出2.0个百分点，表明在推动数字赋能乡村文化特色产业高质量发展中，技术创新产生了关键性作用，为乡村创造了更多就业岗位，增加了文

化特色产业效益。另一方面，乡村文化特色技术催生行业分化。数字经济促进乡村文化消费模式发生颠覆性变化，特色领域、新兴行业、云端模式等成为重启陕西传统乡村文化经济发展的新动力，为陕西恢复文旅特色产业打开机遇之门。例如，云端特色农庄观展、乡村文化场景数字再现等新业态大幅增加。此外，后疫情时期，无接触式线上服务与线下技术融合发展，新消费需求倒逼乡村文化特色技术体系不断完善革新。

二 陕西乡村文化特色产业发展面临的问题

陕西乡村文化特色产业发展总体向好。在乡村文化振兴的推动下，文化消费复苏提速，但乡村文化特色市场发展质量仍需提高，乡村文化特色产品同质化问题仍待破解，乡村文化特色技术设施仍待完善。

（一）乡村文化特色市场发展质量仍需提高

一是市场定位不清。乡村文化特色产业前期投入较多，文化资本沉淀较大，一旦不能精准确定市场突破口，回款周期延长，市场风险增加。从企业实际调研中可知，不少乡村文化资本因盲目投入、客群模糊，导致市场关键利润点缺失，文化资源配置混乱。二是市场聚焦不够。部分传统文化产业与新兴文化业态产能过剩，乡村文化特色市场出现恶性竞争。陕西省出台了一系列旨在促进乡村文化建设、农业特色产业发展的政策措施，个别地区跟风上项目、扩规模，特色资源无法集中在关键市场。三是市场潜力挖掘不够。2022 年全省规模以上的乡村文化企业共有 1674 家，数量相对较少，并且投资增速低于疫前水平，表明企业对乡村文化特色市场的投资信心正处于恢复调整阶段，尚存投资开发空间，潜在市场有待进一步挖掘。

造成以上问题的主要原因在于运行机制不完善，影响了乡村文化特色市场的良性发展。交易成本理论认为，企业存在的原因在于节约交易费用。基于此，乡村文化特色市场效率取决于文化企业遵守市场秩序的程度。但近些年，乡村文化特色资源浪费的现象仍然存在，乡村文化特色市场也缺乏集约化管理，导致持续发展面临困难。2023年，陕西省顺应文化经济发展趋势，提出"文旅强省"战略，但市场资源的有效配置力度不够，造成激励不兼容。另外，尽管疫情对陕西文化市场的负面影响正逐渐消退，但仍给身处乡村文化特色市场中的民营经济与中小企业造成冲击，加之农业龙头企业、科技型企业等实体单位数量有限、服务机构过多，文化特色生态产业链的安全性难以得到保障。

（二）乡村文化特色产品同质化问题仍待破解

乡村文化特色产品同质性包括产品性能同质性、产品品种同质性、产品外形同质性三种类型。首先表现在具有相同产品特性与产品效能的乡村文化产品并存。特别是以历史文化资源为依托的乡村历史文化特色产品，其开发过程极易因资源交互使用造成相互模仿、逐步趋同。其次表现在产品品种存在同质性。尤其是西部乡村农耕文化特色产品，在生产销售过程中，往往忽视产品的地域性、品质性、民族性特征。部分地区因缺乏专业指导和合理布局，擅自降低农耕文化特色产品的生产标准及使用价值，影响了地区乡村文化特色产品经济效益。最后表现在产品外形同质性显现。乡村社会文化特色产品面临的同质性状况更为普遍。据统计，全国A级景区中，九成以上的同质性文化景区出现供大于求的局面。陕西省正值乡村文化特色产品提档升级、深度合作的关键时期，优化乡村社会文化特色产品布局和规划设计的任务紧迫。

乡村文化特色产品创新难，第一个原因在于历史文化资源具有相似性。陕西被誉为"天然历史博物馆"，大遗址总数约占全国的1/4。仿古建筑具有多元性，是乡村文化特色产品的重要来源，也是打造"古村镇""古城景区""民俗文化村"的重要文化资源。第二个原因在于农特资源挖掘不够。一方面，不少农业特色产品未经开发，另一方面，同种乡村文化特色产品却在多个文旅市场售卖，出现"一条街道两个开发商，一个品牌多个市场源"的资源错配现象。陕西农业特色资源的多样性在部分文化市场中尚未被充分开发出来，特色产品市场构建仍面临挑战。第三个原因是开发模式固化单一。文化因素是乡村社会文化特色产品的内核，多元场景展示形成其外延，二者构成完整的文化特色产品体系。当乡村文化特色产品景观差异度较小时，可能造成文化市场消费者审美疲劳、乡村文化特色产品过度商业化、文化特色产业链松散。

（三）乡村文化特色技术设施仍待完善

一是乡村数字基础设施投入总量不够，区域文化特色产业覆盖面差异性大。中国互联网络信息中心 2023 年 8 月 28 日发布的第 52 次《中国互联网络发展状况统计报告》显示，截至 2023 年 6 月，我国农村地区的互联网普及率仅为 60.5%，比城镇地区低 24.6 个百分点。这种情况说明我国不仅存在乡村网络覆盖总量缺口，在数字基础设施铺设方面也存在城乡差异与数字鸿沟。

二是乡村智慧管理存在技术瓶颈，综合性专业技术人才欠缺。技术瓶颈体现在文化特色产业技术系统的开发程度跟不上产业需求。例如，陕西省部分乡村文化特色景区中用于订票、核销类的管理系统不完善，各类平台端口不统一，相互连接存在障碍，给景区生产运营带来很大困扰。但与此相对应的是，有情怀、懂技术、会经营的复合型专业技术人才较为匮乏，当景区出现此类技术难题时，往往只能临时抽调技术专家，费时耗力，无法解决关键性的技术问题。

三是乡村电子商务配送体系不健全，特色文化传播速度受限。城市地区的物流电商理念已深入人心，但农村地区的互联网思维相对滞后，难以找到与文化特色产业的连接点，缺乏产业链带动力。如何能够使电商与产业全面融合、运行规范、配套完善，是陕西省乡村文化特色产业经营者未来将面临的课题。

总体来看，技术协同度不高不利于乡村文化特色产业增收与行业多元化发展。如前所述，技术协同度与产业利润额成正比，当科技板块出现下行迹象，将影响文化产业结构优化，降低乡村特色文化生产的创收能力。另外，技术供给不足使得一些乡村文化特色行业发展相对缓慢。以 AR（Augmented

Reality，增强现实技术）应用为例，目前，大范围、精准化、多目标的 AR 定位技术尚未实现，乡村文化特色产业的 AR 展示只能局限于特定领域及部分行业。

三　陕西乡村文化特色产业发展对策

重点围绕陕西乡村文化特色产业体系构建，以中长期视角推广乡村文化特色市场，抓住乡村文化特色品牌加持的有利契机，顺应乡村文化特色技术铺网的必然态势，推动乡村文化特色产业高质量发展。

（一）以中长期视角推广乡村文化特色市场

从市场走向看，陕西乡村文化特色市场面临的困难是中长期的。为平衡特色市场短期收益与乡村文化产业中长期投资杠杆水平，将乡村文化特色资源与乡村文化市场中长期发展结合起来是必然趋势。只有以中长期视角审视投资收益比，才能避免急功近利的文化资源投资，并通过乡村本土经营、产业辐射、全链融合的做法，实现特色发展。

一是培育地域特色文化，做实乡村市场运营的"进城出省"中长期规划。细分陕西饮食、民俗、技艺、景貌等乡村文化特色资源，植入乡村本土文化生产要素，孵化陕西市场、本地市场，辨识特色乡村文化市场客户，挖掘与陕北、关中、陕南传统特色文化产生共鸣的人群。在陕西省相关市县开设乡村文化特色产业工作专班，推进乡村文化公司进城计划，实施对外商业输送出省模式。

二是推进乡村土地入市流转及人才资本下乡，达到市场分配的有效均衡。坚持以中长期发展导向统筹农村集体土地入市流转，按步骤、有计划、分层次开放乡村文化特色市场的宅基地租赁权，合理确定土地收益比例，切实保障村民在乡村文化特色市场的合法利益。同时，吸纳人力资本，为乡村文化特色产业储备力量。根据不同特色行业发展需求，强化乡村文化人才输送计划，不断壮大乡村具有规范资质、规模经济的龙头企业，提升雁群效应。为应对乡村小商户起步经营困难的问题，加快创建乡村文化特色产业生产经营合作社，依据盈利点，按照拟定的产业投资营收比，合理分配商户利益，使乡村文化特色产业经营者共享创收利润，回馈村民。

三是实行市场多元化，构建用文化产业带动工业产业，最终促进农业发展的全产业链格局。以完善地区土地分配政策为基础，鼓励乡村调动周围地块资源，创立村级文化特色产业公司，集结文化特色市场生产加工、社区经营、物流配送、冷链仓储等环节一体化，盘活乡村文化特色市场本土资源，打造乡村文化特色产业链增值空间，推进产业市场稳定健康发展。

（二）抓住乡村文化特色品牌加持的有利契机

从产品估值看，品牌缺乏外溢效应将影响乡村文化特色产业高质量发展。品牌加持方依托乡村文化特色主导品牌、差异化产品、优势品牌等，才能加速产业运营时效。

一是挖掘优质农副产品的品牌价值。借助陕西省在各市（区）开展特色产业全产业链标准化试点工作安排的有利契机，加快制定陕西乡村文化特色产品名录、分类标准、行业准入及名优特色品牌监管制度，增加乡村文化产品"陕派品牌"的知名度、辨识度和认可度。在此基础上，充分结合陕西乡村特色农业资源特点，开发质优物美的农副产品，发挥乡村集体经济优势，借助社会资本投资做大做强农副产品系列品牌。在乡村之外开展文化特色品牌的对外宣传，在乡村之内以课堂形式引导村民维护文化特色品牌价值，全方位提升陕西乡村文化特色产品品牌价值。

二是实施品牌差异化策略，提高产品品牌运营要求。鼓励乡村文化特色产品开发商呈现乡村原生态古遗址古建筑，支持农户展示文化特色园区的原貌生产生活方式，避免乡村文化特色品牌一刀切现象。在品牌系列研发过程中，乡村文化特色产品经销商力争实现"单户单品、单店单架、单项单收"的特色品牌独立运营模式，通过慎重选择文化特色品牌加盟的方式，吸引乡村创客、乡村文旅投资人追加优质文化资本，一方面扩大品牌竞争力，另一方面严格甄选特色文化产品，保障提升产品品质。在品牌维护上，减少乡村文化企业辐射过程的同质化现象，严禁搭售文化特色产品、虚假销售等影响品牌美誉度的行为。

三是打造陕西乡村文化特色产品安全体系闭环，形成优质品牌载体。参考陕西省内乡村文化特色产业典型发展经验，基于公众对农特产品"生态环保、营养健康、无添加剂"的诉求，引导自然村庄、村企、村民成为运营主体，向消费者及时、透明化、全方位呈现乡村文化特色产品原料产地、产品价值、生产工艺、加工方式、运输流程等，以此汇集品牌流量，建成乡村文化特色商业街区。通过搭建乡村文化特色商业品牌平台，保障产业链完整性，打造乡村文化特色产品安全体系闭环。

（三）顺应乡村文化特色技术铺网的必然态势

有效运用现代化信息技术是乡村文化特色产业发展的不竭动力，通过构建数字化、智能化网络可延长乡村文化特色产业链。

一是完善硬件设施，实施智慧交通工程。新兴基础设施投入将扩大陕西文化特色市场内需，引致乡村生产方式变革。在此背景下，需全面提升乡村网络基础设施覆盖程度。在乡村集体经济投资的公共基础设施中，明确产权归属，允许按比例实行技术入股。借助大数据系统，动态评估乡村文化特色产业项目的投入产出比，并实施文化特色产业基地高速路口扩容工程，实时进行标准化智慧管理，调配商流、客流、信息流。

二是实行沉浸式园区智能化管理，立体展现乡村文化特色产业原生态生活方式及场景。推进乡村文化特色公共产品信息化展示工程，如乡村历史文化古迹的修复工程等。搭建与乡村环境匹配、高效便捷、打破时空界限的乡村智能化文化特色产业平台。鼓励乡村各文化企业建设室内外特色文化场馆，智能识别、远程调控、数字生成乡村文化特色产品，调动客群体验文化特色产业的工艺流程、制作过程、传播历程，还原乡土文化感知度。促进乡村文化机构与科技人才签订人力资本技术合约，强化乡村文化特色技术专项培训，加大科研院所相关专业人才培养力度，增设乡村文化特色产业方向专项课题，为陕西乡村文化特色产业储备人才资源及科研力量。

三是铺设电子商务网络专线，设置线上线下门店。按照"城市布局、县域带动、社区设点"的思路，在城市布局电商指挥中心。以陕西省 10 个市为枢纽，统一调控全省乡村文化特色类电商资源，形成资源池、信息池、资金池，提高乡村文化技术行业集中度，促进行业规范性、安全性、稳定性发展，弥补乡村普遍欠缺大型电子商务调配中心的空白。在陕西物流资源较为丰富的县城进一步铺设电商分销渠道，构建市区与社区间文化特色市场的连接器。在城乡社区开设电商销售网点，将具有陕派乡土特色的饮食、服饰、技艺等文化产品，如搅团、凉皮、织染、刺绣、曲艺、杂技等，通过云端技术专线推广至城乡社区、单位、家庭，提高产业利润额，带动农民增收致富。

参考文献

吕进鹏、贾晋：《"革命老区+民族地区"叠加区域乡村振兴的多维困囿、现实契机与行动路径》，《中国农村经济》2023 年第 7 期。

王玉玲、施琪：《破解乡村特色文化产业的发展困境》，《人民论坛》2022 年第 4 期。

吕文涓：《西北地区特色文化产业发展研究》，人民出版社，2023。

鲁元珍：《文化产业：为振兴路上的乡村留住乡愁》，《光明日报》2022 年 4 月 24 日。

史鹏飞、裴苒迪：《发展特色产业　带动农民增收》，《人民日报》2023 年 8 月 30 日。

王文超：《城乡文化产业融合赋能乡村振兴》，《中国社会科学报》2022 年 12 月 1 日。

B.7
陕西推进乡村治理工作的
主要成效、问题及对策

雷晓康　于林霞　沈冰洁　王明慧　王举荟*

摘　要： 乡村治理是国家治理的基石，是实现国家治理现代化的重要保证。为了夯实这一基础，筑牢国家治理的基层防线，陕西省不断完善政策体系，推进自治、法治、德治"三治"相融合，取得了一定的治理效果，但还存在治理主体内生动力不足、村集体经济实力薄弱、"三治"协同机制有待健全等问题。本报告从优化乡村治理结构、健全"三治"融合机制、完善评价监管体系三方面提出改进陕西省乡村治理工作的对策建议。

关键词： 乡村治理　"三治"协同　陕西省

乡村治理是国家治理的基石，是实现国家治理现代化的重要保证。党的二十大报告提出要"完善基层治理平台，健全城乡社区治理体系"，2022年中央农村工作会议强调要"完善党组织领导的自治、法治、德治相结合的乡村治理体系"，2023年中央一号文件明确指出"要健全党组织领导的乡村治理体系"。为了探究陕西省在乡村治理主体、治理过程、治理理念中遇到

---

* 雷晓康，西北大学公共管理学院院长，教授，博士生导师，陕西省中青年社科拔尖人才，陕西省委理论讲师团特聘专家、陕西省人民政府立法专家、陕西省人大常委会社会建设工作专家，主要研究方向为基层治理与公共政策；于林霞，讲师，西北大学公共管理学院博士研究生，主要研究方向为基层治理与公共政策；沈冰洁，西北大学公共管理学院硕士研究生，主要研究方向为基层治理与应急管理；王明慧，西北大学公共管理学院硕士研究生，主要研究方向为基层治理与社会保障；王举荟，西北大学公共管理学院硕士研究生，主要研究方向为基层治理与行政管理。

的瓶颈与突出问题，健全党领导的自治、法治、德治相结合的乡村治理体系，构建陕西省共建共治共享的善治新格局，课题组结合陕西省近几年乡村治理工作实践，形成如下研究成果。

一　陕西推进乡村治理工作的主要成效

为了提高陕西省的乡村治理成效，陕西省各地区全面坚持党的领导，积极响应省委省政府关于乡村治理工作的战略导向，不断探索创新乡村治理的新理念、新方法、新路径，使得乡村治理工作取得了一定的成果。

（一）政策靶向指引乡村治理工作新进路

2019 年，陕西省委农村工作领导小组办公室、省农业农村厅等 6 部门印发《关于开展乡村治理体系建设试点示范工作的通知》，开展"乡村治理体系建设试点示范"活动。2020 年，省委办公厅、省政府印发《关于加强和改进乡村治理的若干措施》，开展"三治"融合的乡村治理体系建设。2021 年，陕西省将乡村治理纳入全省经济社会发展总体规划和实施乡村振兴战略规划"大盘子"。2022 年，省决咨委向省委省政府提出《关于进一步加强我省乡村治理体系建设的建议》，同年，省农业农村厅启动"耕耘者"振兴计划，用 3 年时间面向基层、面向一线，集中培育乡村治理骨干带头人，以达到培育一批、带动一片的治理效果。

乡村治理的体制机制进一步完善。省委农村工作部门牵头总抓，组织、宣传、政法、公安、农业农村等相关部门统筹规划，协调推进，并把乡村治理作为各地各部门实施乡村振兴战略实绩考核的重要内容，逐级考核市县党政领导班子，将考核结果作为市县党政领导班子年度考核和干部选拔任用、评先评优的重要参考依据。乡村治理的典型案例逐渐增多。汉阴县的"三线两化一平台"成为乡村治理的经典模式，汉中的"乡贤文化"探索了乡村自治的新主体，榆阳区大河塔镇"拴正人家"积分治理模式成为乡村德治的模范样板，渭南的"四情工作法"、安康的"平利实践"为乡村法治提供了更多新思路，西安市阎良区的"数字+党建"以智慧赋能基层治理。2021年宝鸡市凤县凤州镇、延安市安塞区高桥镇、汉中市留坝县火烧店镇3个镇成为全国乡村治理示范镇，2022年全省乡村治理示范镇达到62个，这些村镇分布在陕西省的北部、中部、南部，基本形成以点带面的治理格局。

（二）多元主体构建乡村自治新合力

党的领导是乡村治理的主心骨、压舱石，陕西省坚持以党建引领乡村治理。安康市汉阴县探索出"三线两化一平台"的乡村治理模式，以基层党组织为核心，以"党员联系群众、人大代表联系选民、中心户长联系村民"为纽带，以管理网格化、服务精细化为路径，助力乡村治理实现善治。安康市汉滨区探索出了"三联+"机制，以支部为核心，以企业、合作社为依托，以"主题党日+"等形式为载体，推行党员"+人居环境提升""+社会治理""+文明实践"等模式，坚持党组织在乡村治理中的引领作用。汉中市宁强县探索实施"一核六金五美"模式，推动基层党建资源整合、功能聚合、业务融合，对全村68名党员分类设定"工作岗位"使其"有责、有位、有岗"，领办创办各类经营主体6个，党员能人"助攻团"作用得到充分发挥。

乡土人才与引进人才是乡村治理中"活的血液"，不仅可以提升治理主体的知识水平，也有助于优化治理主体的结构。土生土长的乡土人才熟知本地的风土人情，擅长用"土方子"治病。榆林市吴堡县积极"盘活乡土人才"，激活"存量"，用好"增量"，提升"质量"，对185名村级后备干部进行分类管理、跟踪培养、实战轮训，委托榆林职业技术学院定向委培吴堡籍农牧专业技术人才142名，择优选聘24名农技人员下沉包抓12个农业科技示范户，并搭建平台"筑巢引凤"，让越来越多的"田秀才""土专家"破"土"而出，真正成为农村产业发展的带领者；安康市汉阴县通过"师徒帮带"计划，引导农村工作"熟手"与驻村帮扶"新兵"结成师徒，做好"传帮带"，交好"接力棒"，推动全面乡村振兴；宝鸡市扶风县设立村级"人才议事厅"，不定期开展农民技能培训，共开展电焊工、缝纫工等技能培训班 45 期，3260 人参与培训，先后引进博士研究生 13 名，柔性引进专家教授 67 名，每年举办"扶商回家"春节恳谈会，并对扶风籍"亚洲羊绒王子"薛惊理、长期扎根扶风培育小麦育种专家赵瑜等授予"扶风英才"称号；渭南市富平县的"人才引擎"以及咸阳市秦都区的"双引擎"工程，引导各类在外优秀人才集聚乡村、回馈乡村、建设乡村，为乡村治理聚智聚才。

退役军人与乡贤是乡村治理的生力军。延安市充分发挥并深入挖掘退役军人所蕴含的巨大潜能，推动退役军人从军事人力资源向乡村生力军转变，坚持在优秀退役军人中选拔培养村"两委"后备力量，积极引导优秀退役军人党员担任"兵支书"，不断凝聚退役军人投身乡村振兴的磅礴力量。2020 年在全市新增 1331 名村党组织书记后备力量中，退役军人占比达到了 46%。2022 年，继续选拔 623 名政治素质好、致富能力强、群众威信高的优秀退役军人党员纳入村"两委"后备力量人才库。通过有效的方法举措，确保退役军人在农村有平台、能作为，切实打造一支永不撤走的乡村振兴骨干队伍。汉中城固县比较重视乡贤的建言献策，城固县委县政府先后审议通过《城固县乡贤文化促进会章程》《乡贤代表资格审查报告》《城固县乡贤文化促进会理事选举办法》，为乡贤文化的建设发展提供政策保障。"乡贤文化促进会""乡贤榜""乡贤文化广场""流动乡贤馆"集中展示优秀乡贤的先进事迹，引导镇村、社区的广大居民向乡贤学习，以乡贤教化乡民淳朴乡风。"乡贤说事大院"成为村民参与自治的"主载体"，也是村民调解矛盾、维护公平、议事论事的"主阵地"，受益群众达 1.3 万人。此外，城固县以一大批优秀乡贤的典型事迹为参考，以乡贤文化为主题，创作出微电影《乡贤》，荣获第三届中国潍坊（峡山）金风筝国际微电影大赛优秀作品奖（二等奖），在国际层面让更多的人感受到了更为真实、真切、真挚的乡贤文化。

（三）法治建设规范治理过程新秩序

陕西省积极践行新时代"枫桥经验"，通过群众说事、法官说法、干部联村，及时了解社情民意、发现信访问题、化解信访矛盾，努力实现"小事不出村、大事不出镇、矛盾不上交"。

完善基层法治是实现乡村治理良法善治的基本前提。2022年陕西在全省重点乡村实施"法律明白人"培养工程，打磨出具有陕西特色的乡村"法律明白人"培养体系，创设了"一个中心、八个基地、一百个教学实践点、一百个师资队伍、一百个实践人"的培养模式，将"良法善治"融入乡村治理理念当中。截至2023年，陕西省借助"法律明白人"资源开展普法宣传活动达18052场次，参与排查化解矛盾纠纷8.1万件。① 安康市汉阴县、汉中市略阳县通过"法律明白人"的方式以案释法，本着普法宣传、矛盾调解的职责活跃在农村大大小小的"麻烦事"中。咸阳市长武县彭公镇全面推进"一村一辅警"法律服务模式，实行"综治维稳中心+派出所"的双重管理，发挥辅警巡逻治安和专职网格员为民排忧的两个作用，引导村民用法治思维和法治方式参与公共事务，主动化解矛盾纠纷，维护自身的合法权益。除此之外，律师也是法治工作中的重要参与主体，法律顾问团队还会通过法治宣传、召开院落会等形式，强化群众法治意识，引导群众遵纪守法。截至2023年，法律服务团队已先后接受农业市场主体法律咨询260人次，上门宣传90余次，帮助解决法律问题140件次。② 宝鸡市凤县推出矛盾纠纷多元化解"236机制"，在全县9个镇成立了镇一级矛盾纠纷多元化解工作领导小组，建成了9个镇级矛盾纠纷化解中心，对3个基层派出法庭进行规范化改造，完善各项机制制度，明确职能定位、工作职责，形成了更加完善的矛盾纠纷调处化解网络。

基层法治脉络的疏通是确保乡村治理良法善治的重要保障。安康市平利县探索建立了"一个市场主体一名法律顾问"的工作机制，由法律顾问牵头对园区定期进行"法律体检"，并在不断开展法治建设工作中，创新组建公益性法律服务共同体，以帮助农业市场主体解决生产经营的涉法难题。渭

---

① 龚仕建：《陕西实施乡村"法律明白人"培养工程》，《人民日报》2023年2月17日。

② 董盼盼、熊荣军：《陕西安康：新时代乡村治理的"平利实践"》，https：//zfw.ankang.gov.cn/Content-2495760.html。

南市富平县将"四情工作法"贯穿于金银花产业发展的全过程，通过知党情、晓民情、懂村情、怀亲情的系列活动，突出党支部在乡村治理中的核心作用，监督企业、行政单位、村民等在金银花产业的发展中守好底线思维，切实维护各方利益，确保金银花产业的健康规范化发展，该县大樊村获评2023年度"全国民主法治示范村"。

（四）柔性治理营造乡村德治新风尚

德治作为一种"软治理"，是"三治结合"乡村治理体系的价值基础和道德支撑，它的存在能为自治和法治赢得情感支撑和社会认同。[①] 陕西省在德治建设方面主要形成了以汉中的"道德积分银行"和榆林的"拴正人家"为代表的乡村德治新模式。

"道德积分银行"以一种创新的德治方式激发村民对于道德风尚行为的内生动力，其依托现有的生活超市，将村民的各种善行义举和好人好事登记在册，经道德行为评定委员会按照已有的道德行为评定标准评分后，村民们便能获得相应的积分，并使用该积分兑换生活用品。汉中市留坝县也基于这一模式建造"德美屋"，运用"加减积分"量化道德风尚，提出"以分换物"深化道德激励。"德美屋"设有道德积分记录员，村民们通过收集废品、接受表彰、搞好环境卫生等富有"真善美"特征的方式兑换相应积分，该积分不仅能够用于兑换生活用品，还与年终集体分红有关。反之，村民们若有失信、失范、失德等行为，将会采取相应的减分机制，通过公示"红黑榜"让大家共同监督、共同进步，让德治这一项"看不见、摸不着"的软治理，通过"德美屋"这一载体走进人们的生活。[②]

2022年，榆林市榆阳区大河塔镇制定并印发《大河塔镇"拴正人家"星级积分制管理实施方案》，详细规定了"拴正人家""拴正村庄"积分细

① 黄君录、何云庵：《新时代乡村治理体系建构的逻辑、模式与路径——基于自治、法治、德治相结合的视角》，《江海学刊》2019年第4期。
② 农业农村部农村经济合作指导司：《发展壮大集体经济　提升乡村治理能力——陕西省留坝县探索成立村级扶贫社》，《乡村治理动态》2020年第22期。

则、参评方式等，充分激发群众以行动换积分、以积分转习惯、以习惯化新风的内生动力。"拴正人家"将人居环境整治和乡风文明建设两大类16项指标纳入积分管理，如对考上大学、当兵入伍等具有模范作用的好行为予以积分奖励，对老赖上榜、红白事大操大办等不良表现进行鞭策整改。农户通过完成小程序中的任务或镇村推荐获得积分，镇督查评议委员会按月核定积分、按季开展线上投票评比。排名靠前的农户获得"拴正人家"表彰，连续四个季度获奖即为五星级"拴正人家"。村组"拴正人家"比例达到60%以上可以参评"拴正小组""拴正村庄"。截至目前，全镇已评选出"拴正人家"363户，其中二星级"拴正人家"46户，积分兑换1503户，"拴正小组"2个，电视、洗衣机、电冰柜等物质奖励30余万元，村组建设资金奖励10万元。大河塔镇在10个村建成"拴正驿站"，并创新"两说一商"机制。"拴正驿站"建立以来，累计宣传政策法规100余次，共民商民议重大事项69件，化解邻里纠纷矛盾36起。

（五）"数治"探索丰富乡村治理新方式

为顺应时代潮流，满足时代需求，弥补"数字鸿沟"带来的治理困境，陕西各地积极探索"数字乡村"的发展举措，重塑乡村社会关系和社会结构。

"数字党建"将信息化技术运用于基层党建工作中，有效提升了基层党建的工作效率。西安市阎良区以党建为引领，积极构建乡村治理中的"两平台三机制"，全面加强社会治理综合指挥平台和党务、村务、财务"三公开"平台，常态化落实村级议事协商、乡村建设、民主管村"三项机制"，将"两平台三机制"体系融入乡村治理所有细枝末节，全力打通乡村治理的"任督二脉"，充分激发乡村基层治理实效性、融合度。咸阳市旬邑县将党员干部教育工作、产业基地建设工作和乡村治理工作与互联网平台融合，开启了"远程培养""远程电商""远程治理"的数字化乡村治理模式，并在镇头村、西头村、纸坊村三个站点推进现代化远程教育教学的试点工作，分别形成了以"智慧党建""智慧农业""智慧治理"为代表的数字乡村治理平台示范引领点。① 土桥镇镇头村党组织依托集学习、办公、管理功能于一体的智慧党建平台开展工作，该平台整合了人民网、学习强国和《人民日报》等平台资源，动动手、刷刷视频的功夫就能够完成政治理论学习和成果反馈收集。不仅如此，流动党员还可以通过智慧党建平台参与重大事项的决议，党组织也能通过平台更加有效地培养干部、管理党员、发动群众，以党建引领数字乡村治理，显著提升了党组织的组织力、凝聚力和战斗力。咸阳市张洪镇着力构建"网格化管理、精细化服务、信息化支撑"体系，将全镇划分为 1 个一级网格、21 个二级网格和 89 个综合网格、18 个专属网格，整合村干部、党员、法治工作者、乡贤及志愿者等五支力量镶嵌在治理网格上，履行宣传员、信息员、劝导员、调解员、组织员等职责，有效处置化解群众诉求、矛盾纠纷、安全隐患 380 余件，构建起"政策共学、事务共商、环境共创、平安共建"的基层善治新格局。

"数字治理"将数字技术运用于乡村治理工作中，减少了信息传递过程中的能量消耗。张洪镇西头村试行集体经济苹果产业示范园"整合资源、抱团发展"模式，即整合 11 个村集体经济发展项目资金，实现集中流转土地。在此基础上，西头村打造出具备果品溯源、全程监控、安全防范等重要功能的"5G 智慧果园"，通过扫描果树上的"二维码"不仅能够全程追溯果树从发芽到结果的各种生长、施肥、销售等信息，还能让顾客与果树"配对"，通过"认领一棵树"的创意环节增加互动，让果园成为现实中的"QQ 农场"，专家也会通过观测果树的生长信息一起"云会诊"。城关街道纸坊村的党员干部利用远程网络的信息化优势，为当地的独居老人配发"智能手表"，只需轻轻一按就能实现打电话、测血压、发送报警信号等独特功能，这一"服务无盲区，群众不出村"的数字化乡村治理举措不仅为独居老人的人身安全提供了保障，还极大地提升了乡村治理效能。

---

① 贾妮娜、旬邑：《"远教+数字乡村"开启乡村治理新模式》，http://www.xianyang.gov.cn/xyxw/xqdt/202309/t20230906_1672968.html。

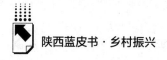

二 陕西推进乡村治理工作面临的突出问题

近年来，陕西省乡村治理工作取得了阶段性成果，但由于治理体量大、空间跨度广、涉及行业多以及区域间经济发展不平衡等现实问题，陕西省的乡村治理工作依旧任重而道远。

（一）治理主体的内生动力不足

当前的乡村治理主体已经从单一主体治理向多元共治转变，除了传统的乡镇政府、村"两委"之外，农民群体以及乡贤也成为乡村日常事务管理的重要决策群体。但农村基层组织建设不健全、基层民主决策机制不够完善，部分地区基层组织软弱涣散，领导力不强，基层治理水平不高，在治理过程中存在"形式化""走过场"现象，未能充分发挥村民委员会自治作用和村党组织的示范引领作用，村民对村干部的信任程度偏低，乡贤作为独立于村委决策主体又与乡村居民不尽相同的特殊群体，其参与乡村治理的通道不甚明晰，参与决策体制也有待优化，在权责利的承担方面缺乏相应的制度保障。

另外，基层干部待遇偏低、上升空间有限使得现有村干部对乡村治理工作缺乏一定的积极性，这也是乡村青年人才流失的重要原因，农村人才后备队伍面临"引不进""留不住"的现实困境。随着基层干部选拔新政策的出台，驻村干部的压茬交接、按期轮换成为常态，村"两委"干部在乡村治理中的行为动机变得复杂而多元，"短期见效"逐步取代"农民满意"，成为部分村"两委"干部决策时最主要的考量。原有村民受限于传统思想的束缚，其主体意识、管理意识淡薄，以一种"事不关己高高挂起"的心态看待乡村事务，较低的文化素养、治理经验的缺乏使村民在协商时易于受到权威人士影响而形成群体迷思，不能保障意见的广泛性和真实性，进一步限制了其参与决策的内生动力。①

---

① 梁丽芝、赵智能：《乡村治理中的农民主体性困境：样态、缘起与突破》，《中国行政管理》2022 年第 6 期。

（二）村集体的经济实力不够雄厚

目前，陕西省农村集体经济实力还不够雄厚，突出表现在村集体管理能力有限，自我造血能力不足。据统计，截至 2022 年，全省经营收益 5 万元以下的"薄弱村"占比为 25.5%，5 万~10 万元村占比也有 29.7%。① 由于经济实力薄弱，村集体缺乏足够的资金存量，难以进行大规模投资和扩张，无法将先进的现代信息技术手段运用到生产和管理实践中，导致农业生产的精细化、科学化水平不高。农业产业难以有效降低其生产成本，很难在市场竞争中保持竞争力，村集体经济由此陷入"低水平恶性循环陷阱"，无法实现农村产业的迭代升级，阻碍了农村经济的进一步发展。

充足且优质的人力资本是经济可持续发展的原动力，随着国际化大市场的形成与深化，乡村青年群体更倾向于选择去大城市甚至国外寻求高薪工作，这在处于西北内陆的陕西省表现得尤其明显。《陕西统计年鉴 2023》数据显示，2018 年乡村人口数达 1586 万人，而 2022 年乡村人口数为 1424 万人，人口比重较 2018 年下降了 4.37 个百分点。② 从局部地区来看，陕西紫阳县全县人才相对集中的事业单位专业人才 3362 人，只占全县总人口 33.4 万人的 1%；③ 宝鸡市扶风县、陇县、麟游县、金台区 4 个县区的乡镇事业单位共流失 1347 人，其中辞职 82 人，占流失人才总量的 6.1%。④ 青年人才的流失使得陕西省乡村经济主体呈现"空心化"和"老龄化"，现有乡村居民受传统思想的束缚以及有限的文化水平影响，自身素质低下，"等、靠、要"思想严重，往往寄希望于外界的援助，向政府要救济、向村干部要帮扶，唯

① 陕西省人民政府：《陕西新型农村集体经济步入较快发展阶段》，http：//www. shaanxi. gov. cn/xw/ldx/bm/202309/t20230928_2302162. html。
② 陕西省统计局、国家统计局陕西调查总队：《陕西统计年鉴 2023》，中国统计出版社，2023。
③ 杨志贵：《构筑乡村振兴人才新高地—紫阳县创新人才开发推进乡村振兴调查报告》，http：//www. sxcxldjy. com/show-52-17797-1. html。
④ 陕西省宝鸡市委组织部：《基层人才流失现状分析及对策建议——以陕西省宝鸡市为例》，https：//www. sohu. com/a/445234028_100114158。

独不向自身要能力，缺乏自力更生的思想觉悟及先进可靠的知识技术。另外，村民个体由于相互之间存在利益冲突，很难在群体内部形成"自组织力"，难以转变自然人口为人力资本，无法形成助推乡村经济发展的合力，从而制约了乡村经济发展的高效性、专业性和可持续性。

（三）"三治"的协同机制有待健全

以家族为单位，以血缘为纽带的家族性政治依然是目前乡村治理的现实状况，基层村干部往往来自这些家族内部，他们在公共资源的分配、公共事务的决策中带有很大的利益倾向性，"任人唯亲"的管理方式在一定程度上破坏了村民自治中的民主性和合法性。

"自治"主体的动力不足、能力低下，村民思想受传统文化的束缚，民主观念稀缺，主体意识淡薄，加之精壮劳动力的外流，农村空心化现象严重，导致其参与自治的动力不足，参与村级事务的积极性不高，出现管理上的缺位。"法治"的作用机制有限，传统乡土社会环境下形成的固化思维无形中指导着村民的行为方式，这种无秩序、非理性的思维方式使村民难以在合法的情况下处理社会矛盾、利益争端，这偏离了乡村治理的既定目标。基层法治队伍力量薄弱，基层干部运用法律武器化解矛盾、维护稳定的能力不足使得法治乡村的实现困难重重。[①] "德治"教育体系还不完善，典型示范不多，标杆引领不够，乡村婚丧嫁娶大操大办时有发生，赌博恶习依旧存在，乡贤在乡村治理中没有受到足够的重视，游离在治理主体之外，德治应有的价值没能得到很好地发挥。

三　推进陕西乡村治理工作的对策建议

创新乡村治理工作是推进国家治理体制机制、实现治理能力现代化的重要环节，也是健全党领导的自治、法治、德治相结合的乡村治理体系，构建

---

① 王世军：《健全自治、法治、德治相结合的乡村治理体系》，《中国农业资源与区划》2022年第7期。

共建共治共享的善治新格局的必由之路。为此，陕西省应当在既有的阶段性成果的基础上，充分协调各方力量、调动各方资源，切实解决乡村治理工作中的堵点与痛点问题，进一步提高乡村治理成效。

（一）优化治理主体结构，提升乡村治理效率

良好的乡村治理水平是党执政能力的重要体现，健全的组织体系是乡村治理效果的重要保证。一方面，适应乡村振兴与农业农村部门机构改革的新形势，成立由省委省政府领导的乡村治理领导小组，设立专门的组织机构或部门负责乡村治理的统筹协调工作，制定切实可行的政策措施，明确工作职责和目标，建立健全乡村治理工作的长效机制，确保乡村治理工作能够得到有效推进。同时，加强对基层乡村治理的指导和培训，加强人才培养和引进，提高乡村治理领域的专业化水平；另一方面，借助物联网、互联网、云计算、区块链、人工智能等技术，依托乡村社区的空间尺度，通过整合乡村社区内各种资源，建立综合性智能服务系统，为乡村居民提供政务、商务、医疗等多种服务，提高乡村治理的智能化水平，提高管理和服务的效率。推行乡村党建治理积分制，通过创建在职党员 App 系统、微心愿等公益服务平台，使在职党员参与到社会服务和社会治理中，提高乡村治理主体的公共服务能力。[①]

（二）健全"三治"融合机制，提升乡村治理效果

在乡村治理中，"自治"的实现能够有效协调基层政府和村民之间的关系；"法治"旨在协调各方利益，推动治理过程的民主化、透明化；"德治"主要通过柔性治理的方式，唤醒个体的自觉意识，树立积极向上的价值观，增加治理主体间的良性互动，促进乡村共同治理理念形成；三者的融合发展是提高乡村治理工作有效性的重要保证。

在自治环节，坚持党对乡村治理工作的领导，完善基层乡村治理体制机

---

① 宗成峰、潘琼阁：《智慧党建引领多元主体整体提升乡村治理效能——中国农业大学博士生导师宗成峰教授访谈》，《社会科学家》2023 年第 6 期。

制，鼓励乡贤谏言献策乡村基本事务的管理，引导村民正确参与基层事务的决策工作，推动形成"党的领导+乡贤谏言+村民参与"的多元治理主体，丰富乡村治理工作的顶层设计理念，实现决策过程的民主化、决策结果的科学化。在法治方面，地方政府可以设立"一村一律师"，指导农民通过法律手段处理土地纠纷、合同纠纷和劳动纠纷等问题，提高农民的法律意识和维权能力，针对性地开展婚姻家庭咨询和法律援助服务；相应地，也可以通过公开办案来警示村民，增强其对公共秩序、规章制度的敬畏心，达到"办理一案、教育一片、治理一域"的实践效果。在德治方面，地方政府可以建立"道德点评台""红黑榜"，对于表现突出的村民进行表彰奖励，对于不良行为进行处罚和批评，公开评价乡村治理者的道德表现和工作成绩，促使他们规范行为，守法律、守纪律、守道德。

（三）完善评价监管体系，动态监测治理效果

完善的评价监管体系是乡村治理工作顺利进行的重要保证，及时有效的正向反馈可以促进乡村治理工作的稳步推进。首先，要健全乡村治理工作评价监管机制，明确责任分工和监管的具体职责，制定相应的管理规定和操作流程，确保监管工作的有效开展。其次，建立多元化的监督机制，包括社会监督、媒体监督、公众监督等方式，对乡村治理的评价监管工作进行监督，确保评价监管的公正性和有效性。同时，构建数据信息共享平台，实现评价监管的数据共享和信息互通，提高评价监管工作的效率和准确性。再次，建立科学、公正、透明的乡村治理评价考核制度，设定合理的评价指标和考核标准，对乡村治理工作进行定期、综合的评价和考核，对评价结果进行公示，形成激励机制，也让广大农民、社会组织和专业机构参与到乡村治理的评价监管中来，为他们提供反馈和投诉的渠道，以此提高评价监管的客观性和公正性。最后，提高村务监督委员会的地位和待遇，加大对村务监督委员会的宣传和培训力度，提高委员会成员的参与意识和履职能力，并给予他们一定的报酬和福利，提高参与和监督的积极性。

陕西乡村治理人才队伍建设研究

李思静 张雪梅 史晓筠*

摘　要： 乡村治理是实现农业农村现代化、全面推动乡村振兴的重要环节，加强乡村治理人才队伍建设，引导优秀人才流动到基层一线，让各类人才关注农村、走进农村、建设农村，可以为实现乡村治理体系现代化提供坚强的人才支撑，持续提升乡村治理质量和效率。本报告对陕西乡村治理人才队伍建设现状进行调研分析，梳理陕西省的实践探索及存在的问题，并提出夯实基层干部队伍建设、充分发挥村民主体作用、强化人才引育留机制、构建共建共治共享格局等对策建议，以期为建设综合素质高、梯队结构合理、可持续发展的乡村治理人才队伍提供借鉴。

关键词： 乡村振兴　乡村治理人才　共建共治共享

全面建设社会主义现代化国家，最艰巨最繁重的任务仍然在农村。党的二十大擘画了全面建成社会主义现代化强国宏伟蓝图，对农业农村工作作出总体部署：未来5年"三农"工作要全面推进乡村振兴，到2035年基本实现农业农村现代化，到21世纪中叶建成农业强国。全面推进乡村振兴是党的"三农"工作的历史性转移，对于巩固拓展脱贫攻坚成果，实现农业农村现代化有着承上启下的重要意义。乡村治理是乡村振兴的基础和保障，为乡村产业振兴、人才振兴、文化振兴、生态振兴和组织振兴等提供了必要的

---

* 李思静，陕西省社会科学院人事处干部，主要研究方向为人才建设；张雪梅，陕西省社会科学院人事处副处长，主要研究方向为人力资源管理和档案管理；史晓筠，陕西省社会科学院后勤管理处干部、馆员，主要研究方向为图书资料管理。

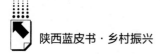

秩序供给。乡村治理人才队伍是农村经济社会文化发展和基层治理的中流砥柱，为保障乡村社会长治久安、促进中国式农业农村现代化建设、实现共同富裕提供了强有力的人才支撑。

一 乡村治理人才队伍建设概述

（一）政策背景

习近平总书记强调："激励各类人才在农村广阔天地大施所能、大展才华、大显身手，打造一支强大的乡村振兴人才队伍。"乡村治理人才作为基层建设的"一线力量"，关系到乡村振兴战略的实施效果。2019年6月，中共中央办公厅、国务院办公厅印发《关于加强和改进乡村治理的指导意见》，要求各级党委和政府要加强乡村治理人才队伍建设，充实基层治理力量，聚合各类人才资源，引导农村致富能手、外出务工经商人员、高校毕业生、退役军人等在乡村治理中发挥积极作用。2021年2月，中共中央办公厅、国务院办公厅印发《关于加快推进乡村人才振兴的意见》，提出要加快培养乡村治理人才，并对乡镇党政人才、村党组织带头人、农村社会工作人才、农村经营管理人才、农村法律人才等不同领域专业人才参与乡村治理提出具体的要求。《中共中央 国务院关于做好2023年全面推进乡村振兴重点工作的意见》提出，要"扎实推进乡村发展、乡村建设、乡村治理等重点工作"，健全党组织领导的乡村治理体系，强化农村基层党组织政治功能和组织功能。

在党的二十大开局之年，陕西省委省政府坚决贯彻落实党中央关于"三农"工作的决策部署，针对乡村振兴中的人才振兴推出一系列实施意见。陕西《关于做好2023年全面推进乡村振兴重点工作的实施意见》中提出，要健全党组织领导的乡村治理体系，发挥农村基层党组织战斗堡垒作用，加强和改进乡村治理。要加强乡村人才队伍建设，全面推动乡村人才振兴，支持培养本土急需紧缺人才，持续开展高素质农民和农村创业带头人培育，有序引导大学毕业生到乡、能人回乡、农民工返乡、企业家入乡。2023年 5 月 31 日，陕西省人民代表大会常务委员会通过了《陕西省乡村振兴促进条例》，指出要"建立健全党委领导、政府负责、民主协商、社会协同、公众参与、法治保障、科技支撑的现代乡村社会治理体制和自治、法治、德治相结合的乡村社会治理体系，建设充满活力、和谐有序的善治乡村"，要求建立健全各类人才返乡、入乡激励机制，支持各类人才返乡下乡服务乡村振兴事业，加强乡村治理等相关专业的乡村本土人才培育。

（二）人才队伍结构

乡村治理承载着协调乡村社会关系、规范乡村社会行为、化解乡村社会矛盾、稳定乡村社会秩序、实现乡村社会发展等多层功能，需要培养壮大一支扎根农村、富有创造力、高素质的人才队伍。随着乡村经济社会文化的快速发展和社会结构的不断变化，乡村治理人才队伍不断壮大，职业农民、"新农人"、新乡贤等各类人才逐步参与到乡村治理中，为协同治理贡献了积极力量。

1. 农业生产经营人才

主要来自家庭农场、农民专业合作社等村民自发组织的社会经济组织，是农业种植业、养殖业第一线人才。这类人才因综合素质高、职业化，逐步从本土农民中脱颖而出，广泛参与乡村治理相关事务，在自我管理、自我教育、自我服务、自我监督方面有着较高的觉悟，具有了解乡情、凝聚力高、灵活性强等优势，目前对这类人才的培养被给予越来越多的关注。

2. 农村二三产业发展人才

农村二三产业发展人才范围较广，包括农村创新创业带头人、农村电商人才、技艺传人、能工巧匠等，他们在挖掘农村传统资源、开发新产业方面贡献了积极力量，具有专业化、规模化、多元化、现代化的特点。农村二三产业人才将追求经济效益与农业农村建设有效结合并参与到乡村治理中来，为乡村产业振兴、乡村发展做出了积极贡献。

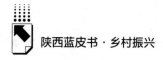
3.乡村公共服务人才

主要指在农村教育、医疗、文化旅游等方面具有一定经验和技能的专业人才,包括乡村教师、乡村医生以及来自高校、科研院所和智库机构的专门人才。这类人才在农业科技、绿色生态、数字经济、法律服务、文化历史、规划设计等方面具备专业的知识和技能,通过与当地政府部门、村集体经济组织、社会组织等合作的方式参与乡村治理,是乡村振兴的智力支撑和技术支撑。

4.乡村治理人才

第一类是农村基层党组织人才队伍,以村党支部和村委会干部为核心,还包括通过选调生、大学生村官、"三支一扶"计划等制度进入村"两委"工作的年轻干部,长期驻扎在农村的驻村第一书记和工作队员,市县下派的包村干部、乡村治理专干等。这类人才在乡村治理中发挥着带头和表率作用。第二类是新乡贤。一般包括籍贯、工作、亲属等与本地有密切联系的返乡创业能人、复退军人、退休或离职干部等。陕西省乡村振兴局在2022年6月发布了《关于进一步发挥乡贤作用助力乡村振兴的指导意见》,提出支持乡贤参与乡村治理,探索建立村民参与、乡贤参事的乡村治理新模式,以群贤治理促进乡村社会和谐稳定发展。

二 以人才建设促进乡村治理的典型实践

(一)"党建小网格"撬动乡村大治理

西安市蓝田县坚持践行新时代党的建设总要求和新时代党的组织路线,以党建引领基层治理,持续提升基层党组织的领导力,选优配强领头雁。在2021年的基层换届中,全县村(社区)"两委"班子高中以上学历占比提高32个百分点,平均年龄下降9岁,"一肩挑"比例达到100%,实现了"一升一降全覆盖"的换届目标,被评为陕西省村(社区)"两委"换届工作先进县。蓝田县董岭村在创新乡村治理工作中,实施党建引领,建立了

"决策共谋、发展共建、建设共管、效果共评、成果共享"的基层治理"五共模式"。建立"一约四会"村民自治组织,即村规民约和村民议事会、禁毒禁赌会、红白理事会、道德评议会,推出"道德教化+制度约束+市场手段"相结合的治理模式,道德评议会对环境卫生不定期检查、评比、公示,管住爱面子的人;签订环境卫生治理协议,规定每户村民责任区,强化制度约束;将环境卫生评比与道德积分、年底分红挂钩,奖优罚劣,治理成果与每位村民切身利益挂钩,大大提升治理效率。董岭村被评为第一批"全国乡村治理示范村"。

咸阳市礼泉县推出基层治理网格化管理模式,全县 213 个村共建立 506 个网格,由 213 名村党组织书记担任网格长,639 名村"两委"干部、921 名农村党员担任网格员,以党建小网格撬动乡村大治理,实现乡村治理各项工作"一网统管"。贯彻执行村规民约,支持道德评议会、红白理事会、村民议事会等"四会"开展工作,让优秀传统文化以及文明乡风在潜移默化中深植群众心中。阡东镇群星村创新形成"通理言和工作室",充分发挥人民调解"第一道防线"作用。昭陵镇任池村将德高望重的退职老干部选入"老年协会"和"产业调整小组"中来,将"巧姑娘""贤媳妇"选入妇女代表会,凝聚多方力量投身乡村治理。

(二)"拴正人家"机制激活乡村治理

榆林市榆阳区大河塔镇持续提升基层治理水平,建立"拴正人家"治理机制,形成了村、组、户、党员干部、驻地企业争相"拴正"的良好局面,全面建成镇村组三级网格,由镇党委书记、村书记、村小组长任网格长,凝聚 85 名告老还乡、走亲返乡、返乡创业、随迁入乡的"四乡"能人力量,调动 625 名党员、网格员、调解员、联络员、宣传员"五员"一线能手,形成"三四五"联动治理,为"拴正人家"的落地凝聚合力。积极探索建立"拴正人家"积分体系,指标体系包括人居环境整治和乡风文明建设两大类,具体下设 16 项积分指标,村民通过积分和评比争取"拴正人家"荣誉称号,连续四个季度获得荣誉称号的,成为五星级"拴正人家",

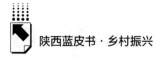

可列席镇政府"两干"会，并列为村"两委"的候选人，有效拓宽村民参与乡村治理的途径，激活了乡村治理的源头活水。大河塔镇"'拴正人家'激活乡村治理源头活水"被评选为陕西省首批乡村振兴典型案例。

（三）"村级扶贫互助合作社"助力基层治理

汉中市留坝县在乡村治理的探索实践中，建立了"村级扶贫互助合作社"，以发展壮大集体经济为重要抓手，不断强化治理主体、夯实治理基础，推动治理能力提升。村党支部承担村级事务管理和公益服务职能，实施"三队两会一屋一规"，"三队"指依托扶贫社建立的卫生保洁队、自来水管护队、道路管护队，在全县设立 343 个公益性服务队，其中 242 个公益岗由贫困户担任，负责村容村貌和基础设施的日常维护；"两会"指由党员、新乡贤组成的"道德评议委员会"和村民商事议事的"院坝说事会"，作为民主评议平台；"一屋"指"德美屋"，将村民纳入"德美屋"道德积分管理系统，以政府奖励和扶贫社公益资金为经济保障，村民可使用道德积分兑换生活用品；"一规"指村规民约，制定简单易懂、便于操作、有约束力的村规民约，具体执行与"德美屋"、扶贫社分红相挂钩，使村规民约的"软内容"有了"硬约束"。留坝县"发展村级扶贫社壮大集体经济 提升治理能力"被评选为第三批全国乡村治理典型案例。

三 乡村治理人才队伍建设面临的挑战

（一）干部队伍结构有待优化

党的十八大以来，党中央高度重视党的农村基层组织建设，建立选派第一书记长效机制，整顿软弱涣散村党组织，持续加强基层党建工作，夯实战斗堡垒作用。在 2022 年的全国村"两委"换届中，村班子结构特别是带头人队伍实现整体优化，村党组织书记大专以上学历的占 46.4%，提高了 19.9 个百分点，村"两委"高中（中专）以上学历的占 74%，提高了 16.7

个百分点；村"两委"平均年龄 42.5 岁，下降 5.9 岁，村党组织书记平均年龄 45.4 岁，下降 3.9 岁；村党组织书记中致富带富能力较强的占 73.6%，提高了 23.6 个百分点；妇女在村班子成员中占 28.1%，提高了 7.1 个百分点。从全国数据看，基层村班子结构较之前实现了整体提升，调研发现陕西同全国对比仍存在一些局限。一是梯队建设不够优化。受区域经济环境影响，部分村仍有年龄偏大、任职几十年的"老"支书，年轻干部较少，村干部队伍老、中、青梯队结构不合理，导致工作思路具有局限性，缺乏与时俱进的活力，贯彻新发展理念不够到位。二是受教育程度不够高。村干部队伍中学历为大中专的居多，但大学及以上学历的人员较少。基层干部受困于年龄、工作任务繁重等因素疲于学历提升，而学历较高的优秀年轻干部即使到农村工作，往往又因为更多的职业规划和个人选择而离开，导致难以形成稳定的高学历基层干部队伍。三是女性村干部的比例仍较低。女性具有亲和力强、处事耐心、心思细腻的工作特点，在调解矛盾纠纷、关爱照顾弱势群体、组织开展文体活动等方面具有不可替代的优势，目前农村家庭多为男性外出务工，老人、妇女、儿童常住农村，女干部比例较低不利于农村老妇幼工作的开展，难以充分发挥女性在乡村治理中的独特作用。

（二）村民参与自治主动性有待提高

村民是农村的主人，是乡村治理的主体和直接参与者，他们的主体意识和治理能力直接关系到基层民主自治的实效。近年来，村民自治范围不断拓展和延伸，陕西各村都逐渐探索建立了村民理事会、村民议事会、村民决策听证会等多形式议事协商平台，形成了民事民议、民事民办、民事民管的治理格局，体现了村民在村治理格局中的主体地位。作为农村数量最大的治理参与者，部分村民缺乏自我提升和发展的意识，缺乏作为乡村振兴建设者的主体意识，影响村民自治的实际效果。一方面，农村空心化导致治理主体缺失，为了追求更好的生活条件和教育、医疗等公共服务资源，很多村民常年在城市务工，在村重大事务民主议事时，部分在外村民并没有直接参与，导致最终决策结果部分村民未享有充分的知情权和决策权；另一方面，村民民主意识和主体意识较为淡薄，缺乏参与乡村治理的积极性、主动性，一些村民对相关法律法规和政策措施的了解不够及时和到位，并且受传统观念的影响，认为治理只是村委会和村干部的事，并不清楚自身能够发挥的主体作用，因此只是被动接受，缺乏主动参与，导致村民在乡村治理中参与程度较低。

（三）人才引育留机制有待健全

人才是乡村治理有效的关键，也是提升治理质量和效率的重要力量，但在乡村治理人才队伍建设中，人才流失、引才留才难、人才质量不高等问题仍然存在，导致人才基础薄弱。一是农村人力资源匮乏，引才难。国家统计局陕西调查总队调查数据显示，2022 年末，陕西省乡村总人口共 1424 万，在 2023 年第一季度，农村外出务工劳动力总量 582.6 万人，较上年同期增加 21.8 万人，外出务工人员占到乡村总人口的 41%，农村青壮年劳动力外流严重。通过走访调查发现，陕西某村村史馆记载本村考上大学的大学生有百余人，而近年来却无一人返乡就业创业，人才回流难。二是人才培育体系不完善，育才难。当前农村关于治理人才的培养机制尚不健全，缺乏科学性、系统性的人才培养长远规划和培育机制。在面对乡村治理中形成的工作困惑和实际难题时，需要通过定期培训提升能力和素质，但现实中培训不够及时、培训机会少，导致乡村治理人才的工作思路较窄。同时，培训内容针对性不强，专业程度较低，关于乡村治理的专业性知识培训不足，培训实效欠佳。三是保障激励措施不足，留才难。目前部分农村地区实施"筑巢引凤"工程，通过产业吸引人才，但受到基础设施、公共服务水平、生活条件、收益回报、发展前景等因素的影响，在没有足够的物质条件和精神激励的情况下，难以长期留住人才。

（四）多元治理格局有待完善

随着社会结构日渐开放，社会利益主体分化，治理的精细度与复杂性越来越强，乡村治理主体经历了由一元到多元的转变，治理主体不断丰富，发挥的作用日益增大，治理模式也由"一元管理"变为"多元治理"，现实中，农村基层党组织发挥着统揽全局的引领作用，而乡村多元治理主体协同发力的格局还有待完善。一是多元主体参与度较低。目前村"两委"是乡村治理的主导力量和领导者，村民、乡贤、社会组织等其他主体参与治理的平台较少，各主体参与程度仍存在一定差异，导致参与度较低、发挥的作用较小，难以充分发挥各主体的优势。二是多元主体参与治理的协同度不高。多元主体间缺乏及时、有效的信息共享和交流沟通渠道，导致主体之间沟通成本增高，协同治理效率偏低，治理中的矛盾和问题得不到有效解决。协同治理缺乏明确的规划与职责范围，容易出现权责不清晰、目标不明确、相互推诿等现象。三是多元主体参与治理的成效不突出。乡村治理的相关制度措施和法律法规没有及时落地生效，制约了多元主体协同治理的规范性和长效性，在一定程度上阻碍了治理现代化进程。此外，基层政府对村民和社会组织参与治理的态度不同，部分基层政府对社会组织信任度不够，或过度干预，导致社会组织自主性降低，影响社会组织真实、客观、公正反映治理问题的独立性，从而制约了社会组织参与农村社会治理能力的提升。

四 乡村治理人才队伍建设的对策建议

（一）夯实基层干部队伍建设

抓好基层党建是实现乡村治理体系现代化的关键所在，乡村治理要坚持党的领导，发挥农村基层党组织总揽全局、协调各方的领导核心作用，党员干部要充分履行了解民情、转达民意、解决民忧的职责，确保党的各项政策在基层落地生根，持续提升乡村治理能力。一要选优配强骨干队伍。持续推动村班子队伍结构优化提升，拓宽人才选拔渠道，注重选配懂产业、会管理、工作经验丰富的干部到村"两委"任职，发挥"领头雁"核心带头作用。形成有效的"传帮带"机制，通过老带新、老促新，扶一把、送一把等人才培养机制，解决村级党组织人才匮乏、班子后继乏人的问题。有计划地选派基层治理专干到村任职，推进乡镇工作重心下移，为乡村治理提供人才支持。二要发挥党员先锋模范作用。教育引导党员坚持以人民为本、奋发进取、开拓创新、无私奉献的精神。发挥党的优良传统，密切党员干部与群众的联系，积极参与村级事务管理，及时了解群众思想状况，帮助解决实际困难。积极发展壮大基层党员队伍，将"返乡优秀青年""大学生村官""退役军人"等优秀人才充实到党组织队伍中。加强党员日常管理，建立"党员履职档案"，将履职情况作为考核奖励的重要依据。三要提升基层干部队伍整体素质。全面培养提高村干部乡村振兴能力，加强对党员干部的综合培训，聚焦五大振兴，着重培养绿色生态、农业科技、数字经济等专业知识，实现农村党员干部培训的制度化、规范化、常态化。经常开展针对性强、专业程度高的理论和实践培训，通过"擂台比武"、考核测评等形式，树立典型案例和个人，通过"走出去、请进来"，学习先进、激励落后，由强村带动弱村，营造比学赶超、争先创优的浓厚氛围，充分激发村干部的积极性和创造性。

（二）充分发挥村民主体作用

村民是乡村发展的内生主体，是乡村治理中最活跃、最有力的要素，深化乡村基层自治，前提是村民愿意自治、能够自治，关键是要发挥村民在乡村治理中的主体作用。一要激发村民自治意识。意识是行动的先导，是深化乡村自治实践的前提，只有村民树立起自治意识，才能自发参与乡村治理，自觉投身乡村振兴。要加大宣传力度，为村民普及自治的相关法律条例和规章制度，举办专题培训、案例分析等系列活动，使村民明白自己能干什么，具有哪些自治权，以通俗易懂、潜移默化的方式激发村民自治意识。二要提升村民自治能力。丰富村民自治形式，以社会主义核心价值观为引领，深入挖掘本村优秀传统农耕文化蕴含的思想观念、人文精神、道德规范，加强农村思想道德建设和公共文化建设。以村规民约为基础，建立道德激励约束机制，开展道德模范、身边好人等评选活动，弘扬真善美，传播正能量，推广建设"道德评议会""道德红黑榜"等新型德治平台，围绕乡村重要事务，设置积分项和扣分项，发挥群众自治及农村"五老"的教化约束作用，培育文明乡风、良好家风、淳朴民风，形成乡村治理新风尚。三要构建多元自治平台，拓宽自治渠道。构建并发挥各项自治委员会的职能，如村民理事会、参事会、监督委员会、综治委、纠纷调解委、评议会等，让村民充分参与到村内事务中。充分利用现代化治理手段，建立微信平台、设置公众号、开发 App 等，持续健全村党群便民服务信息网络建设，让村民更便利快捷地掌握村务动态，并通过网络平台为村民答疑解惑，帮助村民及时了解情况、解决问题。

（三）强化人才引育留机制

人才是乡村治理最基础的要素，推动人才队伍建设要持续拓宽人才来源、扩大人才基数，完善多元化人才支撑体系。一要大力挖掘本土人才。本土人才是乡村发展源源不断的内生动力，具有熟悉乡情、情感深厚、经验丰富等独特优势，要充分挖掘本土人才的治理潜能和才能，对本土人才进行靶向培养，制定专业化、系统化、常态化的人才培养机制，培育一批有情怀、肯奉献、善技能的"土专家"和乡村治理专业人才，激发乡村治理有效和乡风文明"内驱力"。二要积极引入外部人才。用政策鼓励、资金支持、荣誉激励和项目合作等形式引入乡村精英、企业家、专家学者等专业人才指导参与乡村治理全过程，积极鼓励乡贤返乡参与乡村建设。通过定向招生、定向培养、定向就业的模式全方位推进基层治理人才培养，每年固定引进乡村治理专业的毕业生到村就业，形成相对稳定的人才引进机制，夯实乡村治理的"外推力"。三要全力留住专业人才。强化基础设施建设和配套公共服务，建立更完善的引进机制和职业发展规划，为人才干事创业、参与乡村治理提供良好的硬环境和软条件，使各类人才在乡村有目标、有干劲、有闯劲。畅通在职人员和退休干部、企业家、教师、医生等乡贤到村任职渠道，发挥优秀乡贤在本领域中的引领作用。

（四）构建共建共治共享格局

乡村"共建共治共享"格局指共同建设乡村振兴事业、共同参与乡村治理活动、共同享有乡村治理成果，其中"共建"是前提，"共治"是保障，"共享"是目的。要实现"建设人人有责、人人尽责、人人享有的社会治理共同体"的目标，就要不断健全共建共治共享的治理制度，持续提升乡村治理效能。一要打造协同共治平台。按照"政府引导+多方参与+社会化运作"的模式，根据本村的优势和特点，搭建多类型的协同治理平台，村重大事务集体商议，推进各主体交流、协商、互动的常态化，发挥农村各类理事会、行业协会的平台优势，引导社会组织参与农村经济、社会事务的管理与决策，畅通多元主体治理渠道，创新参与治理的技术手段，通过数字化、智能化等信息技术，降低协同治理成本。二要制定实施激励政策。通过制定可操作性强的政策来划分基层党组织、村民、乡贤、社会组织之间的职责、权利和责任边界，明确各主体参与乡村治理的领域和路径，制定评价标准，定期对各主体参与乡村治理的成效进行评价。三要完善乡村利益联结机制。利益关联是有效的联结纽带，也是多元治理主体积极参与乡村治理的内生动力，要让多元主体参与到决策和乡村建设发展中，用产业将治理的各环节紧密联系起来，通过协同治理，汇聚更多的公共利益和价值。让群众获得更多现实利益，谋划远景利益，从根本上调动他们的参与性和积极性，解放潜在的生产力。通过构建共建共治共享格局，加强乡村治理人才队伍建设，将各主体联结起来，让每个治理主体都全身心地投入推动农业农村现代化发展过程中，促使乡村经济社会发展与乡村治理有效衔接，共建和谐有序的善治乡村，夯实乡村振兴基础。

参考文献

习近平：《加快建设农业强国，推进农业农村现代化》，《求是》2023年第6期。

《中共中央办公厅　国务院办公厅印发〈关于加强和改进乡村治理的指导意见〉》，http://www.xinhuanet.com/politics/2019-06/23/c_ 1124660343.htm。

《陕西省委省政府发布关于做好2023年全面推进乡村振兴重点工作的实施意见》，https://new.qq.com/rain/a/20230412A028FW00。

吴莹：《基层智库：青年干部参与乡村治理的路径探索——基于成都市 S 镇"柑橘部落"的案例研究》，《青年探索》2023 年第 2 期。

辛璟怡、于水：《乡村有效治理的困境与超越：治理资源配置的视角》，《农村经济》2022 年第 9 期。

王冰丽、武艳敏：《共同富裕视域下乡村治理能力提升的制约因素与破解路径》，《贵州社会科学》2022 年第 9 期。

高其才：《走向乡村善治——健全党组织领导的自治、法治、德治相结合的乡村治理体系研究》，《山东大学学报》（哲学社会科学版）2021 年第 5 期。

B.9
陕西数字乡村建设的现状、
问题与对策建议*

杨琳　许楠**

摘　要： 　近年来，陕西省扎实推进数字乡村建设，以数字技术助力乡村全面振兴，赋能乡村治理现代化。但数字乡村平台的建设普及率有待提高、功能作用有待拓展、统筹力度有待加强、建设意愿有待提升、长效运营发展机制有待完善等，仍是当前陕西省数字乡村建设面临的现实困境与挑战，需要从制度支持、资源支撑、标准完善、教育引导、机制健全等层面，全方位提升陕西省数字乡村建设工作质量。

关键词： 　数字乡村　乡村振兴　乡村治理现代化　陕西省

　　民族要复兴，乡村必振兴。建设数字乡村不仅是乡村振兴的战略方向，也是建设数字中国的重要内容。作为当前"三农"工作的重点任务，加快推进数字乡村建设，充分发挥现代信息技术对乡村振兴的驱动引领作用，将进一步整体带动和提升农业农村现代化发展水平，促进农业全面升级、农村全面进步、农民全面发展。在《数字乡村发展战略纲要》《数字农业农村发展规划（2019~2025 年）》《数字乡村发展行动计划（2022~2025 年）》《2023 年

---

*　本报告系 2024 年度陕西蓝皮书合作研究项目"陕西数字乡村建设研究报告"（项目编号：2023HZ1442）的阶段性研究成果。

**　杨琳，西安交通大学新闻与新媒体学院教授、博士生导师，新媒体与乡村振兴研究中心主任，主要研究方向为媒体与社会发展；许楠，西安交通大学马克思主义学院博士研究生，主要研究方向为乡村传播。

数字乡村发展工作要点》等一系列政策文件的指导下，陕西省先后出台实施了《陕西省"十四五"数字农业农村发展规划》《陕西省加快数字乡村发展三年行动计划（2020~2022年）》《关于扎实推进特色现代农业高质量发展的实施意见》等一揽子政策措施，并在具体实践中逐步打造形成"三元样板""长武模式""高陵经验"等一批数字乡村建设标杆，建成一批数字农场、数字牧场、数字渔场、数字果园等标准化示范基地，强化了乡村数字化在农业生产、农村建设、农民生活、乡村文化传承、乡村社会治理等应用场景方面的平台价值，探索出了一条具有陕西特色的数字乡村建设创新路径。

一 陕西省数字乡村建设的发展现状

（一）乡村数字基础设施建设不断完善

在数字乡村战略深入实施的背景下，陕西省紧紧围绕加快补齐乡村网络基础设施短板，夯实乡村数字化发展基础的重点任务，先后实施通信基础设施建设行动、网络扶贫专项行动，全力推进电信普遍服务试点项目建设，深入开展"数商兴农"行动，实施"互联网+"农产品出村进城工程，为推动数字乡村建设筑牢基础设施，提供坚强服务保障。陕西省通信管理局统计资料显示，截至2023年9月，陕西省共完成9批次电信普遍服务项目申报工作，累计获得中央财政补助资金14.7亿元，实现了省内所有行政村及部分自然村的4G网络和光纤宽带双覆盖，农村地区通信基础设施整体水平大幅提升。截至2023年2月底，陕西已建成5G基站6.3万个，5G网络覆盖全省所有乡镇，农村地区宽带平均接入速度与城市达到同一水平，5G终端用户规模超过2000万。按照《陕西省5G应用"扬帆"行动计划（2021~2023年）》规划目标，到2023年底，陕西省将实现5G网络支撑能力中西部领先，重点行政村5G网络基本覆盖。通过数字基础设施建设与移动物联网信息技术的提质升级，助力乡村治理体系与治理能力现代化，赋能农业农村现代化高质量发展。

（二）数字赋能现代农业发展提速增效

陕西以数字乡村建设为契机，大力加强农业科技创新。《陕西省"十四五"数字农业农村发展规划》明确将"建设省级数字'三农'协同管理平台"作为农业农村大数据提升工程的重要内容，融合"一中心五平台"核心功能与技术，打通25个省级信息系统数据与应用，整合业务数据和信息资源，构建一体化协同管理科技平台。陕西移动参与搭建的"5G+智慧农业控制系统"，通过农业物联网和无线传感网络技术，实现对园区大棚内土壤、作物生长状况和小气候等因素的全维度、高密度的大数据在线监测，以数字化、智能化的技术手段，为园区内的种植作物健康生长、高效生产提供良好环境。中国电信通过在汉中城固六一村布放5G网络、预埋物联网卡和传感器等方式，建成数字稻渔综合种养基地，实现新品种种养数字化、标准化、科学化和智能化，形成了以稻为主、以渔促稻的农业发展新模式，亩均增收2000～5000元，实现了"百斤渔、千斤粮、万元钱"的理想目标，走出了一条"数字稻渔"助力乡村振兴的创新发展路径。杨凌智慧农业示范园区通过运用现代信息技术，对水、肥、温、光、气进行智能化管理，园区的建设运营模式已推广到8个境外农业科技示范园区，累计推广传播了110多个优良品种和高效栽培技术，辐射面积3000余万亩，让中国智慧农业闪耀世界舞台。

（三）乡村数字经济发展新业态不断涌现

近年来，陕西省不断优化顶层设计，强化政策支持。在《中共陕西省委陕西省人民政府关于全面推进乡村振兴加快农业农村现代化的实施意见》中，明确"坚持以县城为中心、乡镇为重点、村组为基础，建立健全农产品流通营销网络"。抢抓数字乡村建设机遇，培育建强农业电商全产业链条，推动乡村数字经济体量增长和新业态、新模式不断涌现，打响叫亮了延安苹果、柞水木耳、平利茶叶等一大批"乡字号""土字号"特色品牌，推动乡村数字经济发展新业态不断涌现。陕西省商务厅统计数据显示，2022

年全省实现网络零售额 1613.57 亿元，同比增长 6.59%。农村网络零售额 462.72 亿元，同比增长 8.08%，农产品网络零售额 230.19 亿元，同比增长 14.74%。西安市商务局官方统计数据显示，2023 年上半年西安市电子商务交易额突破 3500 亿元，农产品网络零售额 66.24 亿元，增速 18.55%。作为国家数字乡村试点地区，佛坪紧抓数字化转型机遇，通过"引""育"结合的方式培养农村电商人才，丰富农产品种类、规范生产加工标准、提升产品设计美感，让"特产土货"成为"爆款俏货"。陕西省武功县依托数字乡村建设契机，挖掘释放农村电商潜力。通过以乡村振兴为统领，以电子商务为牵引，着力打造西部农副特产品物流集散地、西北农产品电商企业聚集地和西北农村电商人才培训基地，以"买西北卖全国"模式推动武功电商发展行稳致远，先后打造了武功猕猴桃、西域美农干果、米豆儿大瓜子等 108 个本土农产品电商知名品牌。

（四）数字乡村建设赋能乡村治理现代化

乡村治理是国家治理的基石，建设数字乡村为加快推进乡村治理现代化提供了重要工作抓手和强劲发展动力。近年来，陕西大力开展乡村治理数字化建设行动，推动"互联网+党建""互联网+问政""数字乡村+平安乡村"工程落地实施，不断提升乡村治理信息化水平，提升农村集体经济监管水平。省、市、县、乡、村五级政务服务能力和水平显著提升，越来越多的政务服务事项实现了"网上办、掌上办"。长武县已建成亭口镇宇家山村、彭公镇槐庄村两个第一批数字乡村试点村，探索形成数字化促进三产融合的"亭口模式"和数字化赋能乡村治理的"彭公模式"。三原县陵前镇开发"陵前在线"数字乡镇平台，集网络宣传和智慧政务等多种功能于一体，依托镇村便民服务中心，55 项涉及百姓民生的政务服务实现线上线下贯通办理，变"群众跑"为"数据跑"，全面提升了乡村治理数字化水平。旬邑县将远程教育网络、平台资源与数字乡村智能平台共融共建共享，开启"远教+数字乡村"的乡村治理新模式。鄠邑区城傅村打造了"数字乡村+平安乡村+直播"模式，在搭建标准化直播间的同时，为城傅村提供集综合管理、安防监控于一体的乡村治理平台，助力乡村数字经济发展，推动乡村治理体系与治理能力现代化。

（五）数字乡村助力农村公共服务水平不断提升

农村公共服务数字化不仅是提升城乡公共服务均等化水平的重要路径，也是数字乡村建设整体布局的重要内容。近年来，陕西依托数字乡村发展行动，深入实施乡村信息惠民服务行动，优化农业生产信息服务，推动乡村教育信息化，完善民生保障信息服务，推动农村公共服务水平不断提升。依托陕西省广电 5G 数字乡村大数据云平台，旬邑纸坊村村民不仅能在村委会和活动广场享受广电网络免费 WiFi，收听惠民资讯，同时村内独居老人也配发了智能手环，具有一键主动报警及跌倒检测功能，可以更有效地起到健康防护作用。汉阴县扎实开展省级数字乡村建设试点工作，实现电商助农"云"销四方，电商服务站镇级覆盖率达 100%，村级业务覆盖率达 90% 以上；开通"云上问诊"便民服务，形成"县—乡—村"三级远程服务网络，推动县域优势医疗资源下沉乡村惠及村民。西安市临潼区相桥街道神东村建成全区首个 5G 数字乡村平台，村民可以实现免费上网、打电话、看电视，也可通过数字乡村小程序参与村庄公共事务。陕西各地乡村正在从自身的资源禀赋、产业优势和人文历史等特色要素出发，扎实推进数字乡村建设，推动乡村公共服务水平提升，以智能化、便捷化、高效化的服务不断增强群众的获得感与幸福感。

二 陕西省数字乡村建设的主要问题

（一）数字乡村平台的建设普及率有待提高

一是陕西乡村数字化发展整体水平有待提升。农业农村部信息中心发布的《中国数字乡村发展报告（2022 年）》显示，陕西除"农产品网络销售占比"高于全国平均水平外，在"农业生产信息化率""农产品质量安全追溯信息化率""'三务'网上公开行政村覆盖率""应急广播主动发布终端行政村覆盖率""村级在线议事行政村覆盖率""村级综合服务站点行政村覆盖率""农技推广服务信息化率"等指标体系方面皆低于全国平均水平。《2023中国乡村数字化发展研究报告》显示，陕西乡村数字化发展水平仍处于"较低发展水平"。二是乡村数字平台整体布局有待丰富完善。在西安、渭南、榆林、安康、铜川等地调研中发现，当前乡村的网络基础设施建设已经较为完善，宽带覆盖范围与用户数量已经显著提升，但是数字乡村平台的体系架构与普及应用依然进展缓慢，多数村庄的数字乡村建设成果仅有"微信群"和"应急广播"两类平台，数字乡村小程序、数字乡村指挥中心平台、村庄微信公众平台等建设普及率较低。三是乡村数字平台资源分散混杂，并存在一定的重复建设问题。当前陕西乡村充斥着大量本地生活服务类软件应用，既包含省、市、县三级的融媒资讯类客户端，同时也有银行理财、医疗保障、便民服务等垂直类型软件的下沉覆盖。村庄内的微信群数量也在不断增加，网格员管理系统的"上门走访"和农村人居环境监测系统的"定时打卡"设置进一步加重了基层干部工作负担。部分村庄数字乡村平台存在重复建设问题，不仅耗费了大量人力、物力、财力资源，数字乡村平台有限的功能设置也难以切实发挥服务乡村振兴的成效。

（二）数字乡村平台的功能作用有待拓展

一是陕西乡村数字平台的主要功能仍局限于简单的信息传播与政策告知，数字平台运营者在使用过程中缺少对惠农兴村政策进行更为通俗易懂的转译。尽管村务微信群的种类日渐丰富，并且日渐向村民小组下沉，但单向度的信息通知与政策宣传，难以充分发挥数字平台惠民传播的服务属性，难以实现数字乡村建设的顶层设计预期。村务微信群内的信息通知多是对上级政策和新农合医保等图文信息的直接转载，缺乏更为通俗具体的阐释与宣贯，村民的媒介素养存在差异，对于信息的解读和理解能力存在显著不同，容易导致信息理解偏差，导致政策传播难以取得理想效果。二是数字乡村平台与乡村既有数字化资源的系统兼容与应用关联有待进一步加强。国家应急广播体系建设和"雪亮工程"推行已久,在陕西农村也有较好的建设基础,但当前数字乡村建设往往缺乏将此类乡村数字资源整合其中的行动举措,不仅造成乡村既有数字资源的浪费,同时也难以充分发挥数字乡村服务于乡村治理的综合效能。三是现有数字乡村平台功能模块设计与乡村群众实际生产生活需求之间的联系紧密度有待提升。陕西数字乡村平台建设仍处于初级阶段,发挥有限的信息宣传告知和村庄安防监控功能,在智慧农业、便民生活服务和乡村数字化治理等方面尚未充分彰显应用价值。乡村群众所需要的涉及医疗、教育、就业等方面的服务依然存在诸多短板,与满足乡村群众的生产生活实际消费需求仍然存在不小的差距。

(三)数字乡村平台的要素统筹力度有待加强

一是数字乡村平台建设呈现"快餐化"的特征。当前,陕西数字乡村建设的技术服务商主要由中国移动、中国联通、中国电信承建与提供运营服务。在为乡村带来先进技术和现代设备的同时,也需要看到三大电信运营商通过数字乡村建设行动,争相抢占农村通信市场的鲜明流量导向。笔者在实地调研中发现,三大运营商通过减免和优惠数字乡村平台建设费用的市场策略,完成了数字乡村建设数据指标的增长,但建设成本正在通过安装宽带、开通新号和增值套餐转换等方式向运营商回流,而"一窝蜂"建设的数字乡村平台多数沦为了闲置的摆设,不仅浪费了宝贵的建设资源,也在不断消耗村民的数字乡村建设热情。二是数字乡村平台数据资源挖掘作用有待进一步发挥。当前陕西数字乡村平台主要功能模块在于家庭监控,服务于村庄治安。然而,村庄人口的数据信息、村集体经济的发展信息、村庄土地流转及农产品市场价格信息等关系乡村百姓日常生活的信息数据,却难以在数字乡村平台中呈现与访问,暴露出数字乡村平台建设尚未对乡村数据资源进行挖掘整合,难以运用现代数据处理能力成为促进村庄发展的智慧大脑。三是数字乡村平台的数据整合力度有待加强。三大运营商建设的数字乡村平台尽管在功能呈现上基本相同,在后台中控系统与数据服务系统等方面却各有不同。三种平台之间的功能更新、数据调取与资源共享尚未实现有效衔接,不仅加重了地方管理部门的管理负担，同时也难以从省级层面实现对于乡村数据资源的统筹规划与运用，与实现全省"一盘棋"的理想效果依然存在不小的差距。

（四）农村群众参与数字乡村建设意愿有待提升

一是农村人口老龄化的结构，产生了数字乡村建设的"边缘群体"。截至2023年6月，我国非网民规模为3.33亿人。非网民仍以农村地区为主，农村地区非网民占比为59.0%。从年龄层面来看，60岁及以上老年群体是非网民的主要群体，占非网民总体的比例为41.9%。乡村中依然存在大量非网民群体，因年龄、媒介使用技能和文化素养等因素制约，该群体成为数字乡村建设的"边缘群体"，难以深度参与数字乡村建设，难以充分享受数字乡村建设成果。二是农村居民对数字乡村建设的认知了解与参与意愿不足。数字乡村建设行动尽管已经提出数年，但陕西省农村居民对于"什么是数字乡村？""数字乡村怎么建？""建好数字乡村有何用？"等问题依然缺乏足够了解，对数字乡村建设充满"陌生感"。在实地调研中，笔者发现多数村民对于数字乡村缺乏具体的形象感知，缺乏对于利用数字化技术手段应用于乡村建设的意愿与能力，对抖音、快手等短视频平台熟悉度较高，但多数用于娱乐休闲。村务微信群活跃度较低，村民普遍缺乏政治参与和公共协商的热情。三是村干部对于数字乡村建设的重要性认识相对不足。部分村干部缺乏数字乡村建设意识，将主要精力投入于村庄经济发展和农村人居环境改造，缺乏对于数字化技术助力乡村振兴、赋能乡村治理现代化的足够重视，并因自身数字素养和新媒体使用能力相对较低，对建设数字乡村和运行数字平台存在"畏难"情绪，导致数字乡村建设工作难以有效推进。

（五）数字乡村平台的长效运营发展机制有待完善

一是缺乏运营人才，数字乡村平台启用率较低。当前，陕西乡村老龄化、空心化的人口结构，不仅为数字乡村的落地建设带来了诸多障碍，也为数字平台的日常运营与数字乡村的可持续发展增添了许多压力。在调研过程中，笔者发现多数数字乡村平台因缺乏具有较强新媒体素养的运营人才，经常处于关机状态，在有限启用的时间内，往往担当"演示大屏"的角色，难以有效发挥其综合服务平台价值，造成数字基础设施资源的浪费。二是平台系统更新费用较高，数字乡村可持续发展面临较大经济压力。作为数字乡村平台的技术服务商，三大运营商及陕西广电不仅掌控着数字乡村平台的底层架构与顶层设计，同时中控技术的更新也被作为一项付费服务来进行销售，但受村庄整体经济实力的制约，多数村庄缺乏足够资金采购最新一代的数字乡村技术系统，或是对平台进行硬件和软件的定期更新。数字乡村平台难以与时俱进实现技术更新，不仅综合服务效能难以发挥，基层政府和村民的参与和建设热情也将大打折扣，导致数字乡村的可持续发展陷入重重困境。三是数字乡村长效运营发展机制有待进一步健全。当前，陕西省数字乡村建设陷入各自为政的困境之中，三大运营商和陕西广电积极抢占和巩固农村市场，但由于缺乏省级层面的统一组织架构与运行标准体系，系统难以兼容、平台效能难以彰显。数字乡村平台建成后的验收机制，在注重硬件基础设施配置组织架构的基础上，对于服务效能发挥的评价机制与指标体系有待进一步健全，数字乡村建设中过程管理和综合评估的力度需要进一步增强。

三 推进陕西数字乡村建设的对策建议

（一）完善政策体系，加强制度保障

一是加强组织领导，强化保障措施。从省级层面设立"数字乡村建设工作领导小组办公室"，自省至县分别成立"数字乡村建设工作领导小组"，加强组织领导和改革协调，编制数字乡村发展规划，理顺各级建设任务和工作职责，避免重复建设和资源浪费。二是完善考核体系，强化过程监督。实现数字乡村建设的全流程把关，在源头处强化对建设主体、建设资金、建设流程的合规把关，在建设中强化对资源配置、数据整合、建设质量的立体监测，在建设后强化对运行体系、服务效能、更新频率的整体评估。既要注重

用户量、覆盖率和使用频率等量化数据指标的增长，更要注重服务功能与便利程度的过程评价与价值考量。加大对于数字乡村建设示范点、优秀单位、优秀个人的奖励力度，调动基层人员参与数字乡村建设工作热情，树立数字乡村建设典范，交流数字乡村建设经验，营造良好建设氛围。三是优化资源配置，强化数字普惠。一方面，要坚持统筹规划，全面推进陕西数字乡村发展行动深入开展。依托《陕西省加快数字乡村发展三年行动计划（2020～2022 年）》等制度设计贯彻落实的建设基础，围绕省委省政府关于"三农"工作重要部署，挖掘和释放乡村数字发展潜力，完善陕西数字乡村建设基础，提升陕西乡村整体数字化发展水平。另一方面，要根据陕北、陕南与关中不同地区、不同村庄的经济发展水平与数字基础设施差异，因地制宜、因需制宜、因技制宜，结合差异化的技术条件与资源禀赋，完善具有地域特色的数字乡村标准制定和数字应用场景构建。

（二）整合既有资源，强化数字赋权

一是整合村庄数据资源，服务数字乡村建设。充分利用村务微信群、乡村大喇叭、应急广播等既有数字乡村建设资源，做好理论宣讲、政策传达、应急通信等信息服务。善于借用网格员管理系统、县级融媒体中心移动传播矩阵等下沉的政务服务与数字媒体资源，逐步推进数字乡村服务功能不断完善。二是创新运用乡村数字平台，推动乡村文化数字化。大力推进陕西民俗文化的数字化传播，鼓励乡村群众创造性运用乡村数字平台，挖掘农耕文化、村落文化、节庆文化的当代价值。通过线上与线下、数字影像与实体活动的创新表达，使秦腔、汉调桄桄、华县皮影、户县社火等一大批具有陕西地域特色的乡村文化符号实现"破圈传播"与"活化传承"。以数字乡村建设为契机，以乡村数字平台为载体，激活群众的文化参与热情，复现传统乡村文化的精彩魅力。三是紧贴村民实际需求，提升数字赋权水平。广泛开展数字乡村建设前期调研工作，认真了解乡村群众需求，切实围绕乡村群众"急、难、愁、盼"事项，持续探索数字化解决方案，不断提升数字乡村建设质量。坚持以完善乡村公共服务为数字乡

建设任务主线，提升"数字+乡村教育""数字+乡村医疗""数字+农业农村"等涉农公共服务水平，以融合城乡的数字信息服务，推动宜居宜业和美乡村建设。

（三）落实标准体系，增强数据赋能

一是坚持整体规划先行，鼓励村庄特色发展。深入落实《数字乡村发展战略纲要》《数字乡村发展行动计划（2022~2025年）》文件要求，聚焦"加快乡村基础设施建设""发展农村数字经济""建设智慧绿色农村""繁荣发展乡村网络文化""推进乡村治理能力现代化""深化信息惠民服务""推动城乡信息化融合发展""激发乡村振兴内生动力"八项重点任务，出台加快推进数字乡村建设的实施意见和整体规划。在陕西数字乡村发展规划编制与实施过程中，尊重不同村庄的经济基础与数字资源差异，鼓励村庄因地制宜开发具有地域特色、符合当地风俗和使用习惯的数字乡村平台。二是严格落实标准要求，完善数据共享机制。严格遵循《数字乡村标准体系建设指南》操作要求，从基础与通用标准、数字基础设施标准、建设与管理标准、农业农村数据标准、农业信息化标准、乡村数字化标准、安全与保障标准七个方面细化和完善陕西数字乡村建设标准体系，力争实现纵向上国家、省、市、县、乡镇、村各级信息资源的互联互通，横向上推进各类涉及"三农"工作的部门、企事业单位、社会组织的资源开放与共享。在数据共享机制不断完善中，提升农业信息化和乡村数字化整体水平。三是加快农业农村数据库建设，丰富乡村数字平台应用场景。一方面，要持续推进陕西农村居民、农户和农业生产经营主体数据，农村耕地、土壤、林地、草原、渔业水域、宅基地等自然资源数据，农业生产经营主体信用数据等基础数据资源库建设；另一方面，要扎实做好农业种质资源数据、农机装备与作业数据、农村集体资产数据、农村生活环境信息、农村居民文化活动信息等与农业生产经营、农业农村管理和服务相关的专题数据资源库建设，服务陕西数字乡村建设工作高质量开展。

（四）强化教育培训，提升数字素养

一是加强数字乡村建设宣传，提升乡村群众参与意识。在全省范围内，深入开展信息化人才下乡入村活动，加强对农村留守儿童和妇女、老年人网络知识普及和数字技能培训。充分利用村庄既有数字媒体资源，广泛开展数字乡村建设宣传活动，普及数字乡村建设重要意义。充分发挥数字乡村平台上传下达的传播优势和便捷惠民的服务优势，培育乡村群众的数字素养，激发乡村群众的参与热情。二是加强基层干部队伍教育，提升干部队伍数字素养。充分发挥第一书记、驻村工作队员、大学生村官、科技特派员、西部计划志愿者等主体作用，加强基层干部信息素养培训，增强基层干部数字素养与新媒体使用技能。吸纳村庄内返乡创业人员、退伍军人和乡村教师等数字素养水平较高群体，加入数字乡村建设工作领导小组下设的工作专班，发挥其现代信息技术知识储备优势，教育和引导基层干部与广大村民共同参与数字乡村建设，提升数字乡村建设整体水平。三是普及数字乡村建设经验，提升村庄数字综合水平。依托渭南市大荔县、杨凌示范区杨陵区、商洛市柞水县、汉中市佛坪县四个国家数字乡村试点地区资源基础，挖掘陕西省级数字乡村试点地区建设实践经验，学习借鉴"2023西部数字乡村发展论坛"优秀经验做法，落实"陕西省数字乡村工作推进会"精神，在合作交流中推进数字乡村建设工作行稳致远。充分利用县级融媒体、农村党建信息平台、"两微一端"等渠道，宣传数字乡村建设政策措施和进展成效，做好数字乡村发展行动相关公益广告制播工作，大力营造全省关注、共同参与数字乡村建设的良好舆论氛围。

（五）坚持需求导向，完善长效机制

一是精准对接农民需求，明确主要服务内容。数字乡村建设要坚持为农民而建，靠农民来建。广泛开展调研，了解农民需求，充分发挥农民主体作用，使农民真正成为数字乡村的参与者和受益者。紧扣"农业信息化"和"乡村数字化"的任务主线，加快全省农业农村大数据建设，推进农业生产

经营数字化改造,推动管理服务数字化转型。二是引入市场竞争机制,探索合作共建模式。坚持和完善政府引导、市场主导、社会参与的数字乡村建设协同推进机制,引入和发挥"三农"信息化领域的国家高新技术企业核心带动作用,支持互联网企业与农业生产经营主体合作,综合运用大数据、云计算、物联网等技术,建立健全智慧农业生产监测体系。鼓励三大运营商、陕西广电网络和更多数字技术运营服务商参与陕西数字乡村建设,探索"技术服务商+政府+社会组织+村民"合作共建数字乡村平台模式,除应急、政务、安全等领域外,积极引入企业参与投资和运营,形成多元主体参与共建数字乡村、共享数字乡村发展收益的合作模式。三是完善运营保障机制,提升平台运行效能。坚持建管并重原则,注重过程管理,将数字乡村平台管理和运营效果纳入验收评价体系。鼓励以县为单位,依托县域内电商服务体系、创业创新体系、数字治理体系等建设基础,结合不同类型村庄的现实发展诉求与数字技术需求,通过整合项目资源与出台奖励措施,促进多元主体有序参与,理顺不同建设主体的责任与义务,建立健全数字乡村建设运营发展长效机制。

参考文献

中国互联网络信息中心:《第 52 次中国互联网络发展状况统计报告》,2023 年 8 月。

《中国数字乡村发展报告(2022 年)》,http://www.scs.moa. gov.cn/zcjd/202304/P020230410575631299102.pdf。

李丽莉、曾亿武、郭红东:《数字乡村建设:底层逻辑、实践误区与优化路径》,《中国农村经济》2023 年第 1 期。

崔凯:《数字乡村建设的实践分析:进展、规律与路径优化》,《中国特色社会主义研究》2023 年第 2 期。

杨柳:《农业农村现代化背景下数字乡村建设的现实困境及优化路径》,《陕西行政学院学报》2023 年第 3 期。

区域篇 ⟫

B.10

陕西关中地区乡村振兴调查报告*

刘立云**

摘　要： 陕西关中地区资源富饶，产业体系相对完善，乡村振兴实践经验丰富，为全省乡村振兴提供了较好的样本。本报告以关中地区典型村庄为研究对象，围绕"全面推进乡村振兴"目标，走访案例地区代表性村庄，与当地村民展开深度访谈，摸清该地区乡村振兴发展现状、主要特点及存在问题。在此基础上，提出发展农村集体经济、挖掘乡土文化资源、营造和美乡村文化氛围等对策建议，为助力陕西"十四五"建设、全面推进乡村振兴提供参考。

关键词： 陕西　关中地区　乡村振兴

---

* 本文系陕西省哲学社会科学研究专项"陕西乡村特色产业与县域经济融合发展政策效应研究"（项目编号：2023HZ0944）的阶段性研究成果。

** 刘立云，博士后，陕西省社会科学院文化与历史研究所副研究员，主要研究方向为国民经济学。

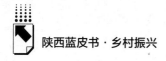

本次调查于 2023 年 6 月至 9 月进行，通过对代表性村庄发放问卷、座谈走访、实地考察等形式，对陕西关中地区乡村振兴同质化问题展开调研，以探索如何恰当对接乡村振兴战略总目标，助力陕西"十四五"建设。本次调查预选了关中地区 5 个以上代表性村庄，聚焦资源、产业、资金、节庆、文物、乡规六大类问题，深度访谈村民、村委、村干部 3 类主体，共发放问卷 500 份，回收有效问卷 497 份，有效回收率为 99.4%。

一 关中地区现状概述

（一）山区带

陕西关中秦岭北麓山区带范围为北纬 25 度往南 5 公里。山区带主要以秦岭山脉为主，山势起伏，层峦叠嶂，沟壑交横，南高北低、西高东低，地形复杂，川塬俱有，海拔高，日照时间充足，早晚温差较大。位于山区带的代表性村庄有西安市长安区滦镇喂子坪村、西安市临潼区仁宗镇房岩村。

喂子坪村属于陕西省西安市长安区滦镇街道办管辖范围，又叫关平寺、北石槽、青岗村、鸡窝子村。喂子坪村位于秦岭北麓沣峪沟内，210 国道 44 公里处，距沣峪口 13 公里，距西安钟楼 44 公里。村分东、西两组，依山傍水，在沣河两岸。东邻王家沟，西邻祥峪沟，北邻黎元坪，南邻玉皇坪。该村共有 14 个村组，在 2018 年时拆分成两个村庄，是一个纯山区村庄。

1. 自然资源

喂子坪村占地 16 万多亩，其中耕地面积 600 多亩，林地 16 万多亩，耕地仅占总面积的 0.375%，林地面积比较广阔，因此该村有 7 位护林员，人均收入在 1200 元。喂子坪村耕地主要是坡地，原因在于秦岭北麓北纬 25 度以北都已实现退耕还林。至 2030 年，规划区域内人口将全部完成外迁，共涉及 222 个村庄 15.58 万人口。同时还将重点对典型峪口太平峪进行保护整治，逐步恢复山体，疏通河道，整理现存建筑，增加服务设施。喂子坪村位于沣河境内，水资源丰富。该村附近主要河流有沣河、红草河、潏河、金沙河 4 条，境内河流总长 53.2 千米。[①]

2. 农业资源

喂子坪村属于山区带，地形陡峭，不易灌溉，农作物不易形成规模化种植。以种植经济作物为主，粮食作物几乎没有。经济作物种类包括蓝莓、蘑菇、草莓、核桃和板栗，还有少量野生药材，如天麻和猪苓等。其中蓝莓每户种植面积 20 亩左右，蘑菇每户种植 20~30 亩，草莓每户种植 20 亩，核桃和板栗种植面积很小。天麻和猪苓等野生药材种植面积不大，大约每户 5 窝，共 20 多户 100 多窝。

3. 产业资源

喂子坪村主导产业是农家乐和中华蜂养殖。喂子坪村位于沣峪口，每年 4~5 月固定季节，大量游客到秦岭北麓参观游览，推动该村峪口农家乐快速发展，当地农户收入随之增加。据村委会成员口述，该村有 20 来户农家乐，年收入多则 20 万元，少则 7 万~8 万元，农家乐收入要占到全村总收入的 60%，是当之无愧的支柱产业。2011 年 11 月 5 日，《大秦岭西安段生态环境保护规划（2011~2030）》及《大秦岭西安段保护利用总体规划（2011~2030）》在西安通过国家级专家组评审。两部规划实施后，由于排水不符合污水处理标准，该村农家乐相继被叫停关闭。目前该村主导产业为中华蜂养殖，中华蜂养殖户数总共 100 多户，已发展蜂箱 1000~2000 个，年收入每户 20000~30000 元，养蜂收入占村民收入的 20%。另外，该村还有自然观光旅游点 3 个，分别是连珠潭、九龙潭和广新园。

4. 人力资源

喂子坪村总户数 412 户，总人口 1400 人，其中常住人口 1330 人，占总人口的 95%；外出务工人数约 140 人，占总人口的 10%。村民外出务工的原因有两个：一是村庄位于山区带，距离城市中心较远，交通不便。二是该

---

① 李立国、赵政才：《中华人民共和国政区大典·陕西省卷（上）》，中国社会出版社，2016，第185~186页。

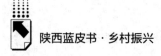

村农业资源和自然资源比较丰富，可以就近依靠发展种植业、养殖业获得相应收入。被调研者中，赋闲在家者通常为60岁以上老人，患有慢性疾病，无劳动能力；18~25岁年轻人一般外出务工或求学；45~60岁中年人则一般选择就近务农或务工。

（二）山缘带

陕西关中秦岭北麓山缘带范围为北纬25度往北3公里。山缘带依山傍水，利于农业规模化发展，且离城郊近，交通便利。地处山缘带的典型村庄有西安市长安区滦镇街道办事处上王村、翁家寨村。

上王村坐落于秦岭北麓终南山，距西安市中心约20公里，东临秦岭野生动物园，西接西沣公路，南靠青华山，北临环山旅游观光路，因紧邻上王关隘——唐太宗李世民入行宫翠微宫前最后一个关隘而得名。附近村庄包括新一村、新二村、桥村、黄峪口村、陈村、沣裕口村、内苑村、花园村等。

1. 自然资源

上王村占地2333亩，其中耕地面积333亩，林地面积2000亩。该村耕地全部流转，流转价格为1150元/亩，由村集体统一管理，承包给2个合作社。该村林地资源十分丰富，种类主要有核桃、板栗、杏、柿子等，但由于地处山缘带浅山沟，没有产生经济效益，属于闲置状态，由村上指派专门的护林员进行管护。上王村水资源比较丰富，主要是来自秦岭山中的山泉水，有一黄峪沟"金沙河"从村西流过。

2. 产业资源

以农家乐为主。2003年，上王村利用区位和环境优势，抓住长安区休闲旅游业发展机遇，鼓励和引导村民开办农家乐15户。2017年8月，上王村确定为全市农村集体产权制度改革试点村，开始按照清理、登记、核实、公示、确认、录入、上报程序，开展集体"三资"清理工作。村上成立了上王村股份经济合作社，明确社员身份649人，确认经营性净资产原值1646万元，并进行了股权配置，逐步建立起归属明晰、权责明确、保护严格、流转顺畅的农村集体产权制度。合作社不断发展壮大，带动上王村农家乐快速发展。截至 2018 年底，全村农家乐挂牌经营户共有 196 户，占全村总户数的 85%，年游客接待量达 200 万人次，年产值 9000 多万元，人均收入达 3.5 万元。2019 年秦岭北麓农家乐提升改造，上王村积极响应政府号召，严格按照《西安市长安区秦岭北麓保护区农家乐整治验收标准》，坚持"五不验"原则（证照不全、卫生不达标、油烟分离和油水分离不全、垃圾不分类），对全村 196 户农家乐进行全面整改。通过整治提升改造，验收通过 135 户农家乐，有效杜绝了农家乐经营不规范的乱象。2022 年，上王村年游客接待量 130 万人次，年产值 6500 万元，人均纯收入 2.6 万元。

3. 人力资源

上王村共有 1 个自然村、3 个村民小组、232 户，常住人口 960 人。上王村农家乐发展较早，该村外出务工人数不多，村民均在自家农家乐实现就业。上王村党支部共有党员 18 名，其中男党员 16 名、女党员 2 名、预备党员 2 名、入党积极分子 2 名，支部领导班子由党支部书记和 2 名委员组成。该村设立 1 名支部书记，实行书记、主任一身兼。

4. 交通状况

20 世纪 90 年代以前，上王村不通公路。1949 年前上王村有前门和后门之说（实际没有大门）。前门位置在现东二街和南北正街交汇处，后门位置在现东一街和南北正街交汇处，两门之间有一条宽 5 米、长 50 米的土路，出前门通往秦岭山脚下，出后门和神仙路相连。旧时东二街是条长 33 米、宽 3 米的土路，路南有 3 户人家，路北有 8 户人家。1961 年王世金当村领导时，把分散村户集中搬到现东一街处，自然形成了一条宽 3 米、长 30 米的土路。1992~2006 年，先后硬化了东一街、南北正街和东二街、东三街、西一街道路。2008 年环山旅游公路通车。2010 年修建了东四街、东五街道路。2011~2013 年修建了东六街和环村道路，逐渐形成如今"七横两纵"的格局。

5. 旅游资源

交通等基础设施建设为上王村发展农家乐奠定了良好基础。2003 年，上王村进行产业结构调整，开始大力发展以农家乐为主的乡村旅游产业。历经 10 年发展，232 户徽派民居依山傍水而建，汲取明清徽派民居建筑精髓，并融合关中农家文化，统一规划建设了古朴典雅的乡村民宿。这些富有特色的乡村民宿有群贤居民宿、党喜鹊农家乐民宿、芳利农家民宿、王彦齐农家、赵亮农家等，均以乡村文化为内涵，明清徽派建筑为基础，依托村里自然生态特点，糅合周边河流、山川、草木，融入传统文化，实现民宿主题多样化，满足了不同入住者对乡村生活的多元诉求。2022 年，村内共有民宿 15 家，其中经市级文旅部门验收评定的等级民宿有 9 家，包括精品民宿 1 家、舒适民宿 4 家、经济民宿 4 家。村内街道宽广平坦，花木葱茏，一山、两园、一区环绕四周，生态优美、自然。此外，上王村还以发展农家乐为核心，逐步向南北两极延伸产业链，布局建设村中关中民俗体验区、村北休闲农业观光区和村南温泉休闲养生区。

上王村周边旅游资源丰富，旅游景点众多，在秦岭生态旅游线中占有重要的位置，周边有翠华山、秦岭野生动物园、翠微宫、卧佛寺、黄峪寺等自然、人文景观，具有发展乡村旅游的天然优势。通过发展乡村旅游产业，上王村带动周边区域经济发展，为周边村庄提供劳动岗位 200 多个。2023 年，上王村引进文创公司，创建乡村振兴帮扶馆、冰激凌品牌店，通过品牌赋能形成旅游和文化结合的新型产业链。村集体规划闲置资源，以土地入股，引进农业公司投资兴业，打造农业景观，建设农产品体验基地，建成农业果蔬示范大棚。

（三）城郊带

陕西关中秦岭北麓城郊带范围为北纬 25 度往北 3~5 公里。城郊带通常位于交通要道附近，距离城市近，交通十分便利。地处城郊带的村庄分别为西安市鄠邑区秦渡镇牛东村、西安市周至县东肖东红村。

牛东村东邻正太路（南北九号公路），南邻秦户公路（东西 5 号路），西邻秦渡街道千王村，北邻秦渡街道丰盛堡，南高北低，地势平坦，平均海拔 400 米左右，沧浪河和三合河从村西流过。该村紧邻西户 5 号公路，距西汉高速口 2 公里，距西成客专鄠邑站 4 公里，是典型的平原村，交通、资源都很丰富，发展前景良好。牛东村共有 7 个自然村、23 个村民小组，人口较多的姓氏有王姓、孙姓、贾姓、李姓、崔姓和陈姓。

1. 自然资源

牛东村土地总面积 5.6 平方公里，其中耕地 6057 亩，人均耕地 1.4 亩，实际耕种 6000 亩，其他用地 57 亩，已流转耕地 4290 亩。植物资源包括松树、葡萄、红叶李、苗木、核桃等。山水林田湖资源包括 2 条河流，过境 2 公里，为汛期河流。

2. 农业资源

牛东村农业资源包括粮食作物和经济作物。传统粮食作物包括玉米和小麦，其中玉米、小麦共计 100 亩，每亩收入 1000 元，占农民收入的 10%；传统经济作物主要是葡萄，共计 1727.9 亩，每亩效益 1 万元，占农民收入的 60%。另外还有蔬果种植。被调研的 19 户村民中，17 户家庭的主要谋生手段是种植蔬菜水果，占比 89.5%。

3. 产业资源

葡萄种植是牛东村的主导特色产业。该村现有葡萄种植专业合作社 2 家。一家是碧春园种植专业合作社，带动 10 余户种植葡萄 300 余亩，品种有夏黑、新华王、户太八号等。另一家是西安建鑫种植专业合作社，带动 10 余户种植葡萄 80 余亩，品种有新华王、户太八号。此外，该村还发展了新兴产业，即核桃、苗木种植，共计 200 多亩，每年需用工 40 余人。

4. 人力资源

牛东村常住人口 3200 人，其中 60 岁及以上 800 人，占 25%；青壮年劳动力 2080 人，占 65%；16 岁及以下 320 人，占 10%；外出流动人口 1105 人，占全村人口的 34.5%。农业转移人口主要流向西安，以经商和务工为主。

5. 历史资源

牛东村人文历史资源丰富，商贸、文化发达，名人辈出。历史上有远赴川藏经商的"炉客"。1949 年前有国民党中央校第七分校、中美合作社、解放军西北军区教导团等驻村单位。曾为一方政治、商贸、文化中心，有

"小北京"之称。1949年后尤其是改革开放后，牛东村紧跟时代步伐，与时俱进，成为一个现代化的和谐繁荣的村镇。牛东村目前还保留庙会等传统习俗，每星期六设有农村交流会，以方便群众贸易交流，增加群众经济收入。近年来，该村还组织开展尊老爱老（九九重阳节）欢聚活动，弘扬中华民族传统美德。2014年，村级组织整合上级补助资金119万元、自筹资金40万元，建设了独立、标准化的活动场所，其中建筑面积1056平方米、广场面积1650平方米，室内室外干净整洁，并配有图书室。活动场所建成后，常态化活动和重大活动都在此举行，活动内容非常丰富，有党员学习教育、村民代表大会、便民服务、脱贫攻坚扶智扶志演出、"七一"节日活动、扫黑除恶宣传演出，等等。

二 存在的主要问题

如上所述，目前山区带、山缘带、城郊带各村庄，都结合资源优势和地理区位优势，宜农则农、宜游则游，促进经济增长，实现农民增收致富。然而，在全面推进乡村振兴战略背景下，这些村庄普遍面临农业集约化种植水平低、旅游管理体制机制尚需健全、人才储备不足等问题。

（一）农地分散细碎，农业集约化水平低

实现乡村全面振兴，发展集体经济是重要抓手，这需要一定的区位、资源和人才与之相匹配，在实践过程中，目前仍面临不少困难。大多数村集体在二轮承包时，应农民强烈要求，将村集体自留地分光，导致现在有好的经营项目却无地可发展。不少村庄坐等政策，集体原有资源资产流失殆尽。有的项目资金到村后，由于缺乏有效的经营管理，没能助力村集体经济发展。还有的村，盲目跟风市场，重建设投入，轻运营管理，导致集体资产缩水。

实现乡村全面振兴，产业振兴是基础，农业现代化是关键。农业现代化要求农业生产建立专业的分工体系，引入现代化的农业技术，实现生产的标

准化产业化，而这需要土地的适度集中、集约经营。然而关中地区土地，特别是山缘带、山区带土地，普遍存在地理位置分散、碎片化的问题。以秦岭北麓为例，每个农民拥有土地约 1 亩，一个 5 口之家所拥有的耕地面积近 5 亩，而这 5 亩土地却分散在村庄的东、西、北 3 个不同方向，面积最小的一块土地面积甚至不足 1 亩，无法集约化经营、发挥规模化效应，同时约束了现代化农业技术的应用，导致农业生产的标准化、产业化难以实现。而那些向大户集中的土地，往往在利益的驱动下，采取竭泽而渔式的开发，比如通过投入大量化学肥料、农药，以在短期内迅速提高农产品产量，甚至发展高污染产业，对农村生态造成严重破坏。有的甚至不满足于低收益的农业生产项目，改变土地用途，进行利润较高的非农建设，导致耕地面积减少、质量下降，造成不可逆的破坏和损失。

（二）旅游资源整合不充分，管理体制机制尚需健全

陕西关中乡村旅游业执行标准有待明晰、统一。陕西关中秦岭北麓现有乡村旅游景区大多起步于 20 世纪 90 年代，当时资金有限，设计起点较低，且受体制机制等的束缚，普遍存在资源利用率低、开发层次不高、特色不显、无旅游品牌产品等问题。旅游资源开发缺乏连续性、一贯性和独创性，游客参与性、体验类项目较少，旅游体验感较差，且同质化现象严重，吸引力在下降，没有形成明显的产业带动效应。部分著名风景区，如华山、太白山、翠华山、朱雀国家森林公园、秦岭植物园等，均为国家或集体所有，采取公司化经营的方式，政府的职责是监管。但在承包经营期内，生态环境保护的主体责任是公司，往往由于各级政府职责不清，给监管留下缺失和漏洞。秦岭北麓山区带、山缘带村庄，依托优良的生态旅游资源发展农家乐，目前已成为部分农户的主要收入来源和当地的支柱产业，但也同时面临如何延伸产业链、提档升级的困境。如何使秦岭生态保护与农户增收并行不悖、相互促进，是需要认真思考的现实问题。

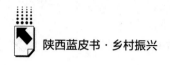

三 发展思路与对策

（一）发展壮大农村集体经济

因地制宜探索"资产整合型、资本滚动型、股份合作型、产业牵引型"集体经济发展模式，引领农户有效参与土地适度规模经营，不断增强村集体经济发展活力和实力。积极推动农村"三变"改革，鼓励村集体以入股、参股、租赁或流转等形式，依法合理开发利用村域内土地、森林、旅游等资源，发展现代设施农业。充分挖掘、利用并盘活村集体资产、资源，让农户以股权分红、劳动报酬等形式获得稳定收益，解决其分散经营带来的后劲不足问题。强化公益性资产管理维护，做好经营性资产运营管理。对农林业产业基地、生产加工设施、电商服务设施、光伏电站等固定资产，扶贫资金直接投入市场经营主体形成的股权、债权等权益性资产，进一步明晰产权关系，规范收益分配及处置，重点用于项目运行管护、村级公益事业、巩固拓展脱贫攻坚成果等，防止资产流失和被侵占。

鼓励集体经济组织，与各类新型农业经营主体（专业大户、家庭农场、农民合作社、龙头企业等）紧密联接，发展农业产业化联合体，探索主体联合、利益共享的新型农业经营模式，壮大集体经济，促进农民持续增收。规范农家乐经营管理和服务，提升农家乐经济实力。关中平原是陕西省农家乐发展较为发达和集中地区，"农家乐"为当地农村经济注入活力，但也存在从个体经营向企业化运营转型的困难。建议从两方面加强农家乐内部自律和外部监管，一是成立农家乐协会，健全农家乐自我管理、自我监督、自我维护机制，加强行业自律。二是加强农家乐食品安全、消防安全、环境安全等的监管，通过向社会公布监督电话等方式，对污染环境、住宿和餐饮接待服务质量不高等行为，开展常态化的社会监督与管理。

（二）发展乡村特色产业

在确保粮食安全的前提下，依托种养业、绿水青山、田园风光和乡土文化等，构建产业选择科学论证体系，因地制宜发展特色种养、特色食品、特色手工业和特色文化等乡村特色产业，培育乡村生态观光游、民俗风情游、康养度假游、体验采摘游等新产业新业态，构建特色产业产前、产中、产后深度融合的立体式全产业链体系。

大力发展现代种养业。推动种养业由传统型零散低端的生产方式向现代化集群绿色的生产方式转变，建立人与环境和谐共生的循环生态圈层。重点生态功能区县乡镇，在保护利用当地自然资源禀赋前提下，因地制宜发展有机农业及小宗类、多样性特色农作物种养和畜禽养殖。激活自然景观与生态植被潜在价值，发展经济林木、林下经济，提高区域环境"含绿量"，保护和开发地方品种种质资源。

打造乡土特色产业。充分发挥区域优势，强化乡镇企业、农民合作社、农业科研机构等的交流与合作，组织相关院校、科研院所专家，规划建设一批乡村工厂、生产车间，开发"错峰头""独一份"的创意型手工绿色产品。聚力发展具有当地比较优势的特色产业，积极承接外部产业转移，推动传统产业转型升级，形成特色产业集群或生产工业园区。鼓励发展农产品电商直采、定制生产等"数商兴农"模式，推动农业实体经济与数字经济融合发展，建设农副产品直播电商基地，丰富农副产品的文化内涵，提升品牌形象，提高美誉度。

培育乡村新产业新业态。发展农资供应、仓储物流、土地托管、代耕代种、统防统治、烘干收储等农业生产性服务业。挖掘乡村文化生态资源，培育农业体验、特色康养、度假研学、文创休闲等新兴产业，打造以旅游休闲为先导、以特色产业为核心、以乡村文化为灵魂的乡村田园生活体验地。

（三）加快乡村文化振兴

加强对传统文化遗址遗迹的保护和开发。划定乡村建设的历史文化保护区，完善传统村落各级名录，加强百年老店、故居、会馆、博物馆、展览馆等文化遗产及地貌景观、工程遗产、农业遗迹的保护与监管，确保优秀的乡土文化资源安全。深入挖掘关中乡土文化精髓，加快秦腔、信天游、皮影、腰鼓等非物质文化遗产与旅游业、农业等融合发展，建设一批特色鲜明、具有示范引领作用的非遗小镇、非遗旅游景区。

优化农村公共文化产品供给。加快乡土文化产品创新。充分考虑乡村群众的认知能力和知识水平，开发具有农耕农趣农味、充满正能量、形式多样、农民喜闻乐见的文化产品。繁荣新时代乡村文艺精品创作。选取民间重大题材、重要节庆和重要遗存，积极开展主题创作和展演展示活动；广泛组织村民开展秧歌、社火、广场舞等群众喜闻乐见的娱乐活动；持续开展"戏曲进乡村"等文化下基层活动，推进"民间文化艺术之乡"建设，让民间文化艺术活起来、火起来。

加快传统工艺的传承与发展。聘请能工巧匠，加强传统工艺传承人培训，扩大传统工艺生产者队伍；坚持文化、科技、卫生"三下乡"活动常态化，加强农村文化队伍建设，发现、培养乡土文化能人和民间非物质文化遗产项目代表性传承人。注重传统工艺的成果转化，提高传统工艺产品的设计、研发水平。推动传统工艺与旅游市场相结合，将乡村文化资源转化为优势资源，开展"一村一品"的农村品牌文化建设，打造文化创意品牌，促进线上线下推介、展示和销售，积极探索传统工艺产品体验式营销方式。

大力弘扬社会主义核心价值观。加强文化培育。经常性开展爱国主义、集体主义、社会主义教育，坚定村民的中国特色社会主义现代化信念，强化其社会责任意识、集体意识和主人翁意识。强化实践养成。把社会主义核心价值观融入村规民约，充分利用村内文化墙、展板、板报等，对村民开展社会公德、职业道德、家庭美德、个人品德教育，引导村民守法、守德、守信。定期邀请专家学者，进村开办讲座、开展培训，讲解党的政策和相关法律法规，传授农业实用技术和相关知识，提高村民科学素养和致富技能。

　　深入推动农村移风易俗。坚持把移风易俗作为全面推进关中地区乡村文化振兴的重要抓手，划清传统礼俗和陈规陋习的界限，旗帜鲜明地反对天价彩礼、铺张浪费、婚丧大操大办，抵制封建迷信，引导乡村群众发扬自尊、自信、自立、自强的精神，树立正确的婚嫁观、育儿观、家庭观和世界观，以新习俗、新时尚打造和美幸福乡村典范。

B.11
农旅融合视角下秦东地区
旅游产业资源开发的策略分析

李永生[*]

摘　要： 秦东地区的自然景观、民俗文化、古代建筑、人文街区、地方
戏曲等文旅资源丰富，但受经济发展水平的影响，旅游产业化效益不够显
著，内生动力不足，难以带动乡村旅游项目、旅游产业资源开发。建议在
明确秦东地区旅游产业资源特色的基础上，优化开发环境，整合农旅资
源，构建支撑载体，延长产业链条，培育农旅项目，促进秦东地区旅游产
业全面发展。

关键词： 农旅融合　秦东地区　旅游产业　乡村振兴　乡村旅游

　　旅游产业资源主要包括旅游的硬件设施、旅游产品、旅游项目、旅游智
能化以及旅游景区管理等方面，产业资源的开发对于拉动地方经济发展、提
升地方形象和知名度、促进地方旅游业升级等都具有重要意义。秦东地区拥
有独特的地理位置、悠久的历史文化、丰富的民俗风情、特色鲜明的农业资
源，是秦东地区发展农旅融合项目的产业基础。通过农旅融合等方法，对这
些资源进行合理有效的开发，可以带动秦东地区经济发展。

---

* 李永生，渭南师范学院经济与管理学院教授、营销与旅游系主任，主要研究方向为秦东地区
旅游资源及规划。

一　秦东地区旅游产业资源构成

秦东地区主要指陕西省东部地区，由临渭、华州两区，韩城、华阴两个县级市，富平、蒲城、合阳、澄城、白水、大荔、潼关七个县组成，以渭南临渭区为中心，辐射周边各县市。秦东地区人杰地灵，涵盖百余个 A 级景区和特色农产品资源，素有"华夏之根，文化之源"的美称。这里旅游产业资源丰厚，历史悠久的古文化遗址遗迹、反映关中地域特色的民俗风情、具有乡土气息的文化资源、代表地方品味的农业资源以及反映地方特色的戏曲演艺，为当地发展特色旅游产业奠定了基础。

（一）自然资源丰富

秦东地区以黄河、华山为依托背景，主要对渭河主轴进行深度开发，形成南北两山（秦岭山脉和乔山山脉）、两塬（东塬和西塬）和中部平川的地貌。这种地貌造就了秦东地区美丽的自然景观，西岳华山、华山姊妹少华山、韩城素有"北国小三峡"之称的黄河龙门景观、潼关的黄河水利风景区、合阳的洽川黄河湿地等，构成了秦东地区山水动植物相结合的自然景观，体现了秦东地区自然景观奇、峻、险、雄、秀等特点。自然景观带动经济发展效果明显，成为农旅融合的重要支撑。

（二）历史资源独特

秦东地区是关中地区重要的组成部分，也是陕西省的"东大门"。作为华夏文明的诞生地和传承地，秦东地区的历史资源具有独特性，拥有距今约80 万年前的"蓝田猿人"以及距今约 20 万年前的原始人类化石"大荔人"头骨化石、旧石器时代遗址"禹门口洞穴堆积"，龙山文化遗址沙苑影响深远。秦东地区还是中华民族的重要发祥地。字圣仓颉创造了汉字；酒圣杜康酿造出美酒；隶书鼻祖程邈将篆书改革为隶书，成为我国文字史乃至书法史上的一次重大变革；史圣司马迁写出了我国第一部纪传体通史《史记》；中华第一诗——《诗经》开篇《关雎》描写的故事也在这里。除此之外，秦东地区还诞生过许多诗人、将相、革命人士，故有"三圣故里、将相之乡"的美誉。

（三）遗址资源完整

悠久的历史及特殊的渊源，使秦东地区保留有很多古代的遗址和建筑。多数遗址保存得相当完整，如韩城的司马迁祠墓、禹王庙，全方位展现了元、明时期的古建筑群，党家村则被誉为"东方民居村寨活化石"，蒲城县的唐睿宗桥陵、唐玄宗秦陵为典型的渭北帝王陵墓群，这些都为研究秦东历史文化做出了贡献。从古代保留下来的建筑看，大荔县的丰图义仓、甜水沟、岱祠楼等都是极具典型特色的古代遗址，临渭区的鼓楼、西岳庙，澄城县的城隍庙神楼，富平县的西魏文帝永陵遗址，华州区的元君庙、渭华起义旧址及蕴空禅院，白水县的仓颉庙，合阳县的魏长城遗址等，全面展现了秦东地区遗址遗迹的文化品位。

（四）农业资源丰厚

秦东地区的农产品种植、加工和采集都具有显著优势，一直以来都是我国重要的农业生产基地，拥有极具地方特色的农产品，如大荔县的西瓜、冬枣、黄花菜，蒲城县的酥梨，白水县的富士苹果，富平县的柿饼和奶山羊乳，韩城市的大红袍花椒，潼关县的酱菜加工，合阳县的黑池红薯，等等。自实施"一村一品"工程以来，秦东地区积极将农产品资源转变为特色农业产业，将水果、蔬菜、粮油、面粉等农产品做实做强，形成了白水、富平、澄城牵头的苹果产业基地，大荔、蒲城、合阳、华州区、临渭区牵头的水果蔬菜基地，合阳、澄城、韩城牵头的花椒基地，合阳、临渭区、大荔、华阴牵头的休闲农场等，在保证粮食、油料、水果产量的基础上，真正打造了"陕西粮仓"的品牌。这些产业目前已初具规模，成为秦东地区农旅融合发展的重要推力。

（五）民俗资源典型

秦东地区具有典型的关中地域民俗特点，璀璨的汉唐文化在这里体现得淋漓尽致，民俗资源内容丰富且完整。从历史遗迹看，蒲城的黄土高原民俗村、富平的陶艺村、合阳的东马社区、潼关的酱菜博物馆、大荔的丰图义仓等，都是民俗文化的凝结。从文化表现看，澄城保留的聚会结社，以民间吹拉弹唱等演绎为主，基本遍布各个乡镇。从民俗艺术看，华州的皮影文化和华阴一带的老腔、面花、雕刻、石雕、泥巴制作等，都是关中地区重要的艺术表现形式。从地方戏曲看，除了老腔，秦东地区还有富平的木偶戏、大荔的同州帮子、华州的皮影戏，以及流行范围较广的秦腔、碗碗腔、阿宫腔、迷胡等，这些都构成了秦东地区典型的民俗资源。

从以上旅游产业资源的分布和构成看，秦东地区旅游产业资源众多，且这些资源多数都依托农村空间得以存在和发展，具有典型的农旅融合特点。但由于缺乏系统梳理和整合，加之宣传力度不足、深度挖掘不够、开发水平和程度偏低等原因，多数旅游资源并未形成产业规模，旅游产业体系不完整，无法形成规模效益。因此，有必要整合资源、拓展范围，促进秦东地区旅游产业全面发展，实现旅游产业带动经济发展的目标。

二　秦东地区农旅融合助推旅游产业发展现状

秦东地区特色农业资源分布较广，农旅融合项目具有明显优势。在经营和发展过程中，农旅产业集群效应日益显著，特色逐渐凸显，旅游与农业的结合角度更加宽泛，在众多领域已实现融合发展，既带动了经济增长，又扩大了特色产业影响力。近几年，在农旅融合政策推动下，秦东地区旅游产业开发更加多样化，农旅融合的竞争优势更加明显。

从目前的经营和分布情况看，农业是支柱产业，旅游产业是核心，而农旅深度融合成为秦东地区农业和旅游产业主要的经济来源。旅游是农旅产业

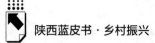

的标志，农业是农旅产业的依托，通过近几年农旅融合发展，秦东地区的旅游产业已初具规模。

（一）主要优势

1.资源丰富且层次性明显

秦东地区发展农旅产业，既具有特色农业优势，也具有旅游资源丰富的优势。自然景观、民俗文化、人文景区、遗址遗迹等丰富的旅游产业资源，需要与不同的农业产业项目和资源实现深度结合，才能构筑丰富多彩的农旅产业项目，从而全面展示秦东地区各市、县（区）丰厚的农业资源和优秀的旅游产业。目前，秦东地区旅游资源主要分布在各县（区），而各县（区）自身也有丰富的农业产业资源，有自己的农业布局，且各自对农业资源进行了较为合理的开发和定位，带动了当地农业的发展。随着各县（区）对旅游业的重视，旅游活动和项目日益增多，旅游带动各县（区）经济发展的效益越来越明显。

从近几年的带动效应看，农旅产业的合理开发对各县（区）旅游产业资源和农业发展具有重要的影响，除了促进地方经济发展外，对特色产业结构调整、旅游产业资源的深度挖掘、农旅项目开发、非遗保护、绿色生态农业发展等都有重要影响。如大荔县的冬枣小镇、大荔新茂天地源生态农场，合阳县的白牡丹种植园，白水县的尧头豆腐产业园，临渭区的渭北葡萄产业园，潼关县的岳渎牡丹园等，都具有典型的依托农业资源或特色农产品开展旅游项目或活动的特征。在开发农旅资源过程中，如果同时全面开发，必然会使乡村旅游发展缺乏特色，难以全面展现各县（区）优势，因此需要结合各县（区）实际情况，由政府全盘把握，突出区域优势，进行合理有效的宣传和推广，有重点、有步骤地推进，以体现农旅资源开发的层次性和农业特色。从农业布局看，秦东地区已基本形成特色果蔬、经济作物、自然风光、民俗人文、历史遗迹等不同类别的旅游项目，需要尽快融入各县（区）农业特色资源，形成层次鲜明、区域特色明显的农旅产业。

2. 乡土味重且地域性清晰

长期以来，秦东地区以农业生产为主，拥有粮食种植和果蔬、油料、畜牧等多种农业资源，农业产业比较优势明显。作为陕西省的农业大市，渭南市在全国占有重要地位，为国家粮食生产和农业综合效益提升做出了突出贡献。在乡村振兴战略带动下，秦东地区在实现粮食增收和农业转型过程中，也在对传统农业进行优化升级，但从目前情况看，原有的农业布局及发展模式，多依托秦东地区各县（区）实施和推广，长期形成的固有发展模式乡土气息浓郁，赋予农旅产业独特的风格和优势。

从地域分布来看，秦东地区所辖的 2 区 2 市 7 县都有各自的农业优势，形成了大荔的冬枣和甜瓜、蒲城的酥梨、白水的苹果、澄城的樱桃、富平的柿饼和羊乳、潼关的软籽石榴、合阳的红薯和九眼莲、临渭区的葡萄和猕猴桃、华州区的华州山药、韩城的大红袍花椒、华阴的九孔贡莲和黄梅李等多种类别。这些农产品或特产日益成为宣传本地特色的亮丽名片，也成为宣传本地农业优势的重要载体。各县（区）积极利用这些本地特有的农产品，开发旅游项目，发展休闲游、采摘游、观光游、体验游等活动，带动当地经济发展。有些县（区）还通过传统民俗展演等形式，宣传和推广带有本地乡土气息的文化，使秦东地区的农旅活动地域特色更加鲜明。在相关政策引导下，各县（区）利用本地优势和特色，做实做大当地旅游项目，全面展现本地乡土特性，塑造本地"品牌效应"，使整个秦东地区农旅项目在全省更具地域差异和文化特色。

3. 生态良好且休闲性突出

秦东地区农业发展受传统因素影响较大，在农业生产和开发过程中，较好地展现了本地的原生态价值特点，加之受生态经济的影响，秦东地区在对不同层次农旅项目进行开发过程中，更多地考虑生态价值因素，注重将山水自然景观、历史遗址、古代建筑、民风民俗与当地生态有机结合，注重环境保护和绿化卫生对当地旅游的影响，因此，多数地区在发展农旅项目的同时，能够保持原生态的特性。

同时，秦东地区也注重农旅产业发展节奏，以休闲养生为主的慢节奏沉浸体验式风格带动农旅活动，在拉动地方经济发展的同时，尽可能保持各地的原生态风貌。综观各县（区）农旅项目，主要以再现古代遗址、建筑古朴静谧的原貌为主，凸显悠久的历史和地方文化气息。民俗民风的再现，基本立足本地产业资源进行宣传，全面反映本地的文化特色和历史发展特点，形成具有本地特色的"农旅品牌"。秦东地区的农旅产业和资源，整体表现了舒适、休闲的特点，增强了体验、互动和交流的文化情绪，让游客在纯粹体验游玩的同时，还能够深度感受自然魅力、古风古韵和民俗文化。

4.形式多样且具有创新性

秦东地区的农旅产业各具特色，反映了不同地区在文化上的差异性。但从整体来看，秦东地区的农旅文化资源又具有一脉相承的特点，共同反映了秦东地区的地域特色，不仅是关中地区文化的重要组成部分，也是关中地区产业资源和旅游开发的重要支撑。除了自然山水等旅游产业资源外，各县（区）的民俗风情也各不相同，由众多不同的民俗元素组成。从景区分布看，有白水仓颉庙、合阳处女泉、韩城司马迁祠、华阴华山、大荔丰图义仓、澄城尧头窑等；从特色美食看，有富平太后饼、大荔带把肘子、潼关酱菜、渭南时辰包子、蒲城和澄城的水盆羊肉；从地方戏曲演艺看，有富平阿宫腔、大荔同州梆子、韩城秧歌剧、华阴老腔、合阳线腔戏和跳戏、华州皮影戏。另外，还有流传于秦东地区的民间艺术，如花馍和渭北拴马桩等。这些具有地域特色的农旅项目及产品，内容丰富、形式多样。

近几年，在国家和省级各项政策引导下，文化元素日益成为旅游产业的核心要素。秦东地区在推动农旅产业发展过程中，积极响应相关政策要求，不断提升文化内涵，加快实现农旅产业转型升级。各县（区）在推进农业和旅游业紧密结合过程中，不断丰富内涵，促进农业和旅游业快速融合，最终实现了形式创新、内涵创新和表现力创新，使农旅产业成为具有区域竞争优势的产业，为打造秦东地区特色鲜明、内涵丰富的农旅产业奠定了基础。

（二）不足之处

尽管秦东地区农业发展基础雄厚，农业技术相对成熟，已具备农旅融合的条件，但从近几年的发展情况看，仍然存在农旅产业发展质价不符、服务不达标、服务意识淡薄、基础设施不全、同质化严重、资源利用率低等问题，影响了农旅产业发展的综合效应。

一是产业体系有待完善。秦东地区农旅产业欠缺统一、规范的标准体系，个性化发展也受到阻碍。在对外营销和宣传过程中，农旅项目的项目特色、线路设计、品牌效益、服务水平等均存在渠道狭窄、片面化等问题。由于对产品缺乏有效的引导，秦东地区农旅产品仍停留在被动营销、打折优惠等低层次阶段。

二是思想不够解放。目前，秦东地区在农旅产业发展过程中仍然存在思路不够开阔、办法不够多、服务意识淡薄等现象，在一定程度上影响了秦东地区经济发展水平。由于特色农旅产业资源开发水平和力度不够，相关的配套措施也不健全，丰富的农旅产业资源并没有得到全面开发，也没有产生较强的影响力，多数县（区）的农旅产业仍处在初级发展阶段，影响了秦东地区农旅融合的整体实力。

三 秦东地区农旅融合提升旅游产业发展的对策与路径

鉴于以上问题，秦东地区应立足当地农业资源、文化背景和旅游产业，在产业布局和优势资源互补的基础上，促进农旅产业深度融合，尽快提升秦东地区旅游产业的综合水平。

（一）整合资源，构建农旅产业共同体

立足秦东地区整体区域，改变各自经营、分散运行、独立开发的局面，以地域资源配置和综合效益整体优势发挥为导向，打造集地区文化、特色产业、农旅资源于一体的农旅产业共同体，促进各县（区）农旅产业横向交流，在发挥区域优势的基础上，取长补短，以文化和效益为纽带，促进区域之间的文化交流，形成代表秦东地域文化特色的产业资源。将特色农旅资源

整合，开发蔬菜、水果、民俗、古建筑、自然景观等不同的旅游线路。实行通票参观游览、专线运营、农旅产业联动发展的机制，加快各县（区）农旅产业要素的流动，促进乡村各产业融合，最大限度地发挥乡村特色农旅产业的价值，从而推动农村产业转型，加快农民致富。

（二）延长链条，凸显农旅产业支撑度

农旅产业链条由农产品资源、旅游项目、民俗文化、乡村民宿、农家餐饮、乡村基础设施等共同组成，要发挥农旅产业链条相互融合的功能，就要在现有基础上，加快推动各县（区）链条全面融合为更大更长的产业链条，发挥秦东地区农旅产业综合效益。此外，还要延长各县（区）整体链条，形成秦东地区农旅产业链条聚集效应，丰富农旅产业体系，拓宽农旅产业发展空间，凸显农旅产业的支撑度，为地方经济发展、产业兴旺、农民致富等奠定基础。通过融合资源、创新项目，不断延伸产业链条，可以在秦东地区建设一批农旅小镇、乡村博物馆、田园综合体、农业示范园，打造形式多样的农旅体验、观光项目，也可以在硬件设施日益健全的基础上，丰富农旅项目和活动的内容，举办各类农旅文化节、艺术节，开展研学交流，发挥名人效应，打造一批特色美食村、艺术村、遗产村、休闲村，实现农旅助推、农民增收、乡村活跃的统一。

（三）依托平台，升级农旅产业创新力

农旅产业在开发过程中，需要大量的科技投入和人才支撑。秦东地区也要积极依托和利用各类平台，为农旅产业高质量发展提供内生动力。在推动农旅产业发展过程中，秦东地区要根据各县（区）果蔬种植、产业转型、旅游产业资源开发、产业融合需求，邀请相关领域专家进行指导，吸引本地懂技术、有创意的村民返乡创业，助推农旅产业转型升级。在产业升级过程中，要注重政策扶持和品牌构建，为平台建设提供保障。扶持农旅产业发展的相关政策，也要立足秦东地区实际，统一商标、餐饮住宿标准，规范农旅项目规划和收费、服务、管理、运营方式。建议成立专门的领导小组，指导

各县（区）农旅产业的联动模式、资金来源、土地审批、基础设施建设。针对不同类型的农旅产业项目，有秩序地推进、有重点地打磨，逐步形成能够代表秦东地区形象的果蔬之乡、名人之乡、民俗之乡、戏曲之乡等品牌。在保证质量和提升内涵的基础上，不断健全地域形象品牌保护机制，做好原创保护、非遗申报、地域标志等工作，提升秦东地区特色农旅文化品牌影响力。

（四）注入科技，实现农旅产业数字化

随着大数据、云计算、人工智能的迅速发展，农旅产业也要适应多元化发展的新形势，依托乡村地域载体，注入数字化科技，提升农旅产业的数字化、智能化水平。秦东地区的农旅产业，需要在现有开发基础上，尽快搭建秦东农旅信息服务平台，构建区域内农旅产业的区块链，围绕各县（区）特色资源，拟定能够代表地方形象的口号，形成代表地方亮点的信息服务系统，如脆甜冬枣之乡大荔、伊尹故里诗经合阳、将相故里魅力蒲城、奶山羊之乡平安富平等。在信息系统的每个窗口下，布局建设一批能够反映地方特色的农特产品、旅游项目。通过数字化农旅项目的支撑和带动，推动数字乡村、数字品牌、数字农旅在各市、县（区）落地。借助5G技术、互联网、高新设备、3D呈现、新媒体运营和智能化推广等方式，实时更新导览信息和咨询行程服务等内容，促进各县（区）由"数字农旅"向"数字秦东"转变，为秦东地区农旅产业转型和乡村振兴注入数字化科技力量。

（五）创新模式，扩大农旅产业宣传面

农旅产业经营模式的创新，除了增加内涵、挖掘特色、强化体验、数字引导外，还要优化环境，吸引更多省内外游客前来消费，在创新过程中推动新兴特色产业发展。秦东地区应在明确思路、制定方案、优化路径的基础上，改善基础设施，保护生态环境，提高消费档次，维护地区形象。农旅产业的核心竞争力是营销，秦东地区需及时调整和更新传统营销模式，积极探索线上线下游与互动体验游相结合的方式，借助多种渠道和手段，不断改进

营销策略，实现营销模式创新，全方位、多角度展示秦东地区自然风情、民俗风情和农业特色。同时，还要加强农旅产品包装、设计和宣传，通过项目、产品和品牌创新，产生更高的附加利润，以产业带动农户、以盈利带来创收、以销售提高效益。必须打破原有的各自为政、独自经营的局面，通过继续挖掘、合并开发等手段，拓展农旅产业项目，提升秦东地区农旅产业综合效益，从而带动秦东地区乡村产业全面振兴。

参考文献

李永生：《政策工具视阈下秦东地区乡村旅游业发展研究》，《广东农业科学》2012年第9期。

刘敏：《乡村振兴背景下农旅融合发展路径研究》，《农村·农业·农民（A版）》2023年第9期。

李丹：《乡村振兴视角下农旅融合发展动力系统的构建》，《农业经济》2023年第7期。

孔捷：《基于文旅农融合的乡村旅游发展路径研究》，《中国商论》2023年第13期。

吕虹洁、李冰、胡思宇：《乡村振兴背景下农村农旅综合体发展现状探究》，《农业技术与装备》2022年第1期。

B.12
陕西县域经济特色化错位发展研究[*]

罗丞 张敏 冯煜雯[**]

摘 要: 县域是支撑我国经济社会高质量发展的重要基石,是促进区域协调发展、实施乡村振兴战略的重要抓手,也是全国同步推进现代化建设的短板所在、潜力所在和关键所在。党的十八大以来,陕西县域经济进入了总量跨越和转型升级并存的关键时期,县域经济正经历着由"量"到"质"的转变。为此,要在更宽视野、更广范围内找准功能定位、集聚资源要素、拓展市场空间,实现县域经济高质量发展。重点要在产业、空间和创新等方面强化错位发展,形成更高水平的县域特色产业集群、空间联动格局和创新发展布局,不断增强县域经济综合实力和竞争力。

关键词: 县域经济 特色化 错位发展 陕西省

县域是支撑我国经济社会高质量发展的重要基石,是促进区域协调发展、实施乡村振兴战略的重要抓手,也是全国同步推进现代化建设的短板所在、潜力所在和关键所在,推动县域经济高质量发展是时代赋予的使命。党的十八大以来,以习近平同志为核心的党中央一直高度关注县域经济社会发展。习近平总书记强调:"要把县域作为城乡融合发展的重要切入点,推进空间布局、产业发展、基础设施等县域统筹,把城乡关系摆布好处理好,一

* 本文系陕西经济社会发展重大研究课题"县域经济特色化错位发展布局研究"(立项号:23SXZD02)阶段性成果。
** 罗丞,陕西省社会科学院农村发展研究所副所长,研究员,主要研究方向为乡村振兴理论与实践;张敏,陕西省社会科学院农村发展研究所副研究员,主要研究方向为农业经济;冯煜雯,陕西省社会科学院农村发展研究所助理研究员,主要研究方向为产业经济。

体设计、一并推进。"① 2022 年 5 月，中共中央办公厅、国务院办公厅印发的《关于推进以县城为重要载体的城镇化建设的意见》对县城建设的指导思想、工作要求及其发展目标做出了明确的战略部署，为落实扩大内需战略、构建新型工农城乡关系、加快发展县域经济提供了重要抓手。党的二十大报告提出"提高全要素生产率""深化要素市场化改革""畅通城乡要素流动"的要求，为县域经济高质量发展提供了基本遵循，明确了发展路径。在 2023 年的中央一号文件中，"县域"一词出现了 13 次，与"县"有关的表述多达 35 处，作为"底盘经济"的县域经济，在国民经济发展中的重要性不言而喻。

近年来，陕西省致力于推动县域经济的高质量发展，把发展县域经济作为巩固拓展脱贫攻坚成果同乡村振兴有效衔接的基础工程，同时也作为缩小收入差距、城乡差距、地区差距，逐步实现共同富裕的战略抓手。中国共产党陕西省第十四届委员会第三次全体会议强调，要着力推动共同富裕，突出解决城乡、区域、收入差距问题，把大力发展县域经济作为战略抓手，让现代化建设成果更多更公平惠及三秦百姓。2023 年陕西省人民政府工作报告也指出，要大力发展县域经济、民营经济、开放型经济、数字经济，推动经济运行整体好转，实现质的有效提升和量的合理增长，推动县域经济高质量发展对全省经济高质量发展具有重大的引领和推动作用。

一　县域经济发展现状

陕西省 79.8% 的土地面积、55.2% 的常住人口、42.1% 的经济总量都在县域。② 党的十八大以来，陕西省县域经济进入总量跨越和转型升级并存的关键时期，县域经济正经历着由"量"到"质"的转变。省委省政府为推

---

① 习近平：《论"三农"工作》，中央文献出版社，2022，第 16 页。

② 如无特别说明，报告中数据均来自《陕西统计年鉴 2022》。

动县域经济高质量发展，制定《关于推动县域经济高质量发展的若干政策措施》，编制"一县一策"事项清单，聚力发展"一县一业"。截至2021年，全省县域地区（76个县市）生产总值实现显著增长，达到12557.44亿元，是2012年的1.6倍，在全省经济总量中占据42.1%的比重。县（市）均地区生产总值165.23亿元，较上年增加26.44亿元，县（市）均水平创下历史新高。特别是陕北地区，县（市）均地区生产总值高达249.97亿元，相较2012年增长了70%，在促进全省县域经济增长中发挥了重要作用。从2012年到2021年，全省地区生产总值过百亿的县（市）数量从28个上升至45个，其中地区生产总值超过200亿元的县（市）也从8个增加到15个。在此期间，神木市、府谷县2个县（市）成功跻身"全国百强县"榜单，有9个县（市）进入"西部百强县"行列。全省县域三次产业结构呈现13.8∶54∶32.2的比例，工业增加值达6381.03亿元，占全省县域总产值的50.8%。此外，非公经济增加值也达到5861.4亿元，占全省县域生产总值的46.7%。

（一）农业

截至2021年，陕西省76个县（市）农林牧渔业总产值达到3105.79亿元，占全省农林牧渔业总产值的72.0%。县（市）均农林牧渔业总产值40.87亿元。全年农林牧渔业总产值排前10位的县（市）分别是大荔县、城固县、礼泉县、富平县、蒲城县、周至县、白水县、澄城县、泾阳县、乾县（见表1）。排在后10位的县（市）分别是宜君县、吴起县、黄龙县、潼关县、吴堡县、宁陕县、甘泉县、镇坪县、留坝县、佛坪县。全年农林牧渔业总产值超过100亿元的县（市）有2个，分别是大荔县和城固县，其总值分别为107.4亿元和102.05亿元。全年农林牧渔业总产值不足10亿元的县有3个，分别为镇坪县、留坝县、佛坪县，其总产值分别为9.74亿元、7.13亿元、4.04亿元。

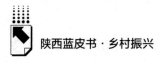

表1　2021年陕西农林牧渔业总产值排前10位县（市）

单位：亿元，%

排名	县（市）	农林牧渔业总产值	比上年增长
1	大荔县	107.40	7
2	城固县	102.05	6
3	礼泉县	92.86	7
4	富平县	91.41	6
5	蒲城县	84.32	7
6	周至县	75.35	9
7	白水县	72.16	8
8	澄城县	71.29	1
9	泾阳县	71.12	14
10	乾县	69.88	10

（二）工业和建筑业

2021年，全省规模以上工业总产值排前10位的县（市）分别是神木市、府谷县、韩城市、靖边县、三原县、兴平市、洛川县、城固县、勉县、黄陵县（见表2）。规模以上工业总产值排后10位的县（市）分别是清涧县、周至县、镇坪县、蓝田县、留坝县、宜川县、绥德县、黄龙县、佛坪县、吴堡县。规模以上工业总产值超过1000亿元的县（市）有2个，分别是神木市和府谷县，分别为3302.65亿元和1240.46亿元。规模以上工业总产值不足10亿元的县有4个，分别是绥德县、黄龙县、佛坪县和吴堡县，其规模以上工业总产值分别是7.33亿元、4.60亿元、3.69亿元、2.88亿元。

表2　2021年陕西规模以上工业总产值排前10位县（市）

单位：亿元，%

排名	县（市）	规模以上工业总产值	比上年增长
1	神木市	3302.65	63
2	府谷县	1240.46	47

排名	县(市)	规模以上工业总产值	比上年增长
3	韩城市	944.40	37
4	靖边县	611.42	41
5	三原县	575.84	22
6	兴平市	530.72	21
7	洛川县	437.42	41
8	城固县	395.02	16
9	勉县	375.84	19
10	黄陵县	368.05	68

（三）固定资产投资

全省全年固定资产投资增长排前 10 位的县（市）分别是勉县（30%）、略阳县、镇巴县、留坝县、洋县、佛坪县、宁强县、洛南县、镇安县、丹凤县（见表 3）。全年固定资产投资增长排在后 10 位的县（市）是清涧县、绥德县、米脂县、韩城市、甘泉县、佳县、泾阳县、黄龙县、延长县、宜川县。

表 3　2021 年陕西固定资产投资增长排前 10 位县（市）

单位：%

排名	县(市)	固定资产投资增长
1	勉县	30
2	略阳县	28
3	镇巴县	28
4	留坝县	25
5	洋县	23
6	佛坪县	23
7	宁强县	22
8	洛南县	21
9	镇安县	21
10	丹凤县	20

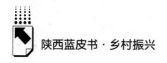
（四）社会消费品零售总额

截至 2021 年，全省 76 个县（市）社会消费品零售总额攀升至 2931.08 亿元，是 2012 年的 2.5 倍，在全省社会消费品零售总额中所占比重为 28.6%。县（市）均社会消费品零售总额 38.57 亿元，较上年增加 4.48 亿元，有 28 个县（市）的社会消费品零售总额超过全省平均值。其中，社会消费品零售总额排在前 10 位的县（市）分别是兴平市（零售总额为 134.25 亿元）、三原县、神木市、礼泉县、旬阳市、武功县、乾县、靖边县、大荔县、蒲城县，如表 4 所示。社会消费品零售总额排在后 10 位的分别是宁陕县、子洲县、宜川县、延长县、镇坪县、宜君县、留坝县、甘泉县、黄龙县、佛坪县（零售总额为 3.95 亿元）。

表 4　2021 年陕西社会消费品零售总额排前 10 位县（市）

单位：亿元，%

排名	县（市）	社会消费品零售总额	比上年增长
1	兴平市	134.25	22
2	三原县	108.56	21
3	神木市	101.51	8
4	礼泉县	97.00	21
5	旬阳市	91.63	15
6	武功县	89.61	21
7	乾县	86.20	21
8	靖边县	84.93	8
9	大荔县	83.45	9
10	蒲城县	79.32	9

二　县域经济特色化发展存在的突出问题

（一）产业同质化严重，县域经济发展动能不足

部分县域产业同质化现象严重，县域经济发展核心动能不足。一是产业结构单一。县域经济发展主要依赖初级农业、加工制造等传统行业，缺乏多

样化、特色化和高附加值产业，容易受到市场波动和行业竞争冲击，难以实现可持续发展。二是产业链不完善。县域经济缺乏完整的产业链，主要从事初级生产和简单加工，上下游企业协同发展不足，无法形成良性循环和协同效应，难以实现产业的整体提升和增值。三是企业规模普遍偏小。缺乏规模经济效应，企业面临生产成本高、技术创新能力弱等问题，难以在市场中发挥更大的竞争力和带动辐射效应。

（二）空间布局欠优，县域经济发展集约效应不强

部分县域经济空间布局欠优，县域经济发展集约效应不强。一是地理位置和区位优势先天不足。一些县域经济缺乏交通区位和资源禀赋优势，在吸引投资、开展产业转移等方面相对困难，导致经济空间分布不均匀。二是城镇化水平不高。县城规模偏小、城市功能不完善，限制了县域经济形成集约效应的能力。同时，县域内城乡发展不平衡，县城、小城镇、乡村经济体系内生循环不足，经济发展受限。三是基础设施建设滞后。交通、水利、数字等基础设施建设滞后，制约了产业发展和区域经济的集聚效应。

（三）缺乏创新引领，县域经济发展可持续性不够

县域经济缺乏创新引领，发展可持续性不够。一是创新意识不强。一些企业创新意识和创新能力相对较低，缺乏市场导向、技术和管理创新意识，对新技术、新产品的应用和推广不积极。二是创新人才匮乏。县域经济吸引和留住人才的能力相对较弱，县域缺乏高素质、创新型的人才，制约了创新驱动发展。三是创新环境不完善。创新能力相对薄弱，创新创业氛围不浓厚，缺乏创新支持机构、孵化器、科技园区等创新平台，创新资源和创新合作网络比较单薄。① 四是创新投入不足。在科技研发和创新投入方面存在欠

---

① 与发达省份相比，陕西县域在科技创新能力、要素投入产出效率、创新主体发展、产业结构层次等方面还存在较大差距。全省76个县（市）共拥有高新技术企业117家，平均每县（市）不足2家，约47%的县（市）没有高新技术企业，约53%的县（市）没有建立创新企业服务机构及研究开发机构，仅27%的县（市）建有创新密集区，低于全国平均水平，整体科技创新水平落后。

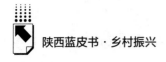

缺。缺乏足够的资金、人才和科研机构支持，限制了县域经济的技术创新和新产品开发能力。

三 县域经济特色化错位发展建议

（一）总体思路

树立区域一体化发展理念，立足资源优势和发展基础，综合考虑县域空间的功能组合，统筹整合县域内资源要素，以市场需求和专业化分工协作为导向，加快培育强县富民特色优势产业，积极融入中心城市、都市圈和城市群的发展，在更宽视野、更广范围内找准功能定位、集聚资源要素、拓展市场空间，实现县域经济高质量发展。重点在产业、空间和创新等方面强化错位布局，突出县域内以及与周边县域、城市群差异化特色化发展，激活县域产业竞争优势，形成更高水平的县域特色产业集群和空间联动格局，不断增强县域经济综合实力和竞争力。

（二）措施建议

1. 聚焦比较优势，优化产业布局

（1）因地制宜分类施策

农产品主产区县（市）应坚定不移地实施农业优先发展战略，积极推动"地理标志"产品保护和开发工作，提升农产品的质量和附加值。同时，要培育和壮大龙头企业，推动农产品精深加工、仓储物流和终端销售环节的发展。此外，还应大力发展生产性服务业，如农资供应、技术集成、仓储物流和农产品营销等，加快建设三产融合示范园和现代农业产业园，以促进农业与二、三产业融合发展。城市化地区县（市）应致力于壮大县域制造业，既要注重劳动密集型产业的发展，也要推进技术密集型产业的进步，实现由资源依赖向科技赋能的转型升级，推动产业集群化发展，不断延伸产业链、提升价值链。重点生态功能区县（市）应积极发展生态产业，推动绿色循环经济快速发展，采用"平台+景区+农户"模式，打造全域旅游精品路线，加快推进民俗产业发展和民宿、餐饮、休闲服务标准化和便利化建设，培育建设一批服务业强县和文化旅游名县，促进地方经济可持续发展。

（2）做好"土特产"文章

深挖"土"的资源，保护好土特产的"土味"，增强农产品的竞争力。用好乡土优势资源，发展生态旅游、民俗文化、休闲观光等产业。放大"特"的优势，突出地域特点，体现当地风土人情、优秀传统文化，打造特色、具有独特竞争优势的产品，追求品种上的"错峰头"，品质上的"独一味"。延伸"产"的链条，强化龙头企业，补足产业链短板、丰富乡村业态、树立品牌形象，促进乡村产业链的全面升级，做大配套产业闭环，增强市场竞争力，实现可持续发展。贯通生产、加工、物流和销售等环节，扩大和强化农产品加工流通行业，促进农产品就地加工和价值增值。结合农业、文化、旅游等多领域元素，加速发展现代乡村服务业，推动农村从单纯产品销售向提供综合服务转变，以满足城乡居民的消费需求。重点发展在食品生产、玩具加工、纺织、装备制造、电子商务等领域具有明显比较优势、对农业农村的带动作用强、创造就业机会多的特色产业，实现本地产业和承接外部产业转移的协调发展，推动产业转型和升级。

（3）夯实产业平台

聚焦县域首位产业、主导产业，支持国家级高新区、经开区、农高区托管联办县域产业园区，有效利用社区工厂、开发区、产业聚集区及农民工返乡创业园等多种平台的优势。加强规划引导，鼓励县域产业跳出片面追求规模扩张的传统发展模式，推进适地适度发展，克服同质竞争和产能过剩等问题。通过城镇聚焦现代服务业、工业园区专注工业产业、农业园区专攻现代农业，创造更多本地就业机会，汇聚重大项目、核心竞争产业和高素质人才至各专业平台。坚定不移地推进产业转型和升级，建立特色产业集群，创新现代服务业发展模式，全面强化实体经济，加速打造具有鲜明特色、合理结构、完整产业链和强大竞争力的现代产业体系。

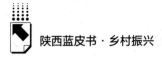

（4）培育"三新"经济

鼓励培育新产业新业态新模式，积极探索新旧动能转换模式，优先支持其同县域传统产业融合协同发展，让新经济"无中生有"、传统产业"推陈出新"。深入实施创新驱动发展战略，通过自主研发、技术并购等引进新技术，向高附加值产品技术转型升级，瞄准新兴产业培育新的产业增长点，以增量带动存量，推动整体突破发展。引导电商平台和"互联网+"增强链接供求、匹配供给和资源集聚、要素集成、服务赋能作用。深化生态、文化和旅游资源的综合开发，推动文化体验、休闲旅游、特色住宿、健康养老和网络直播电商等多元化产业发展，创造更广泛的就业和致富机遇，吸引懂市场、有技术的本地外出人员返乡就业。

（5）加快消费提质升级

强化以县城为中心、镇为节点、村为基础的一体化县域商业网络体系，不断完善基础设施建设，改造升级流通网络。推动以即时零售、社区电商为代表的新业态加速流向县域，建立县域"消费—投资—再消费"的良性循环，把订单、产业、就业留在县域。促进数字经济和实体经济深度融合，培育县域商业市场主体，打造县域消费服务的新模式新场景新业态。着力改善消费环境，提升农村商品与服务的供给水平，实现需求与供给之间更高层次的动态平衡。

2.放大竞争优势，突破空间制约

（1）推动县域一体化协同发展

强化区域顶层设计，在地理位置相邻、资源禀赋相似、产业结构相近的区域，从产业链、价值链角度出发，进一步细化各县域的分工与协作。在此基础上，实现优势互补和差异化发展，通过产业间的互补和联动效应，推动不同产业间的协同发展，打造立足于地域分工的县域产业发展模式。紧密结合各县域之间在产业发展、交通互通、商贸往来、环境协同、文化交流等方面的共生互促实际，跳出县域行政区划，进一步加大统筹协调力度，不断强化县域联动，拓宽度、拉长度、增厚度，实现区域统筹协调发展。成立县域协同发展领导小组，研究解决县域间一体化发展中的相关问题，探索支持产业跨县域转移和跨区域共建产业园区等，持续推动特色优势产业互补互利、做大做强。

（2）促进县域经济向"都市圈经济"转型

抢抓城市群、都市圈建设机遇，积极探索县域经济融入城市群、都市圈发展格局，研判都市圈的功能体系，找准自身定位，在科技创新、产业升级、城建交通、文化旅游等领域加强深度融合，推动县域经济向以都市圈中心城市为核心的城市经济靠拢。加强基础设施互联互通和公共服务共建共享，支持各县（市）全面融入关中平原城市群和西安都市圈，打造面向西安都市圈的优质农产品基地、康养旅游休闲目的地。鼓励各县（市）依托自身资源和产业优势，积极接纳产业转移，精准对接产业链，与京津冀、长三角地区、成渝地区双城经济圈、粤港澳大湾区等经济体建立产业关联并形成产业循环。围绕城市群、都市圈全产业链分工协作、优势互补、协同发展，全方位提升县域产业园区承载能力，加强与经济发达地区的交流合作。

（3）提高县域融入"一带一路"开放水平

推动县域经济主动参与"一带一路"产业合作。积极参加丝博会、青洽会、欧亚经济论坛等投资合作和文化交流活动，加强与"一带一路"沿线地区的抱团发展。紧盯"一带一路"沿线国家需求，充分利用国家优惠政策，重点跟进海外投融资项目，发挥资源、技术、装备优势，积极推动农副产品加工、钢铁、建材、能源等领域优势产能走出去，加强国际产能合作，依托中欧班列（西安）集结中心，支持企业扩大工业产品出口。持续优化营商环境，加大在航空、电子信息、装备制造、新能源、新材料等领域的技术合作和项目引进，不断提高利用外资规模和水平。加快建设公路、铁路、航运等通道项目，筹建货物仓储、中转、分拨、展销基地，加强与国内外先进物流企业的合资、合作与交流，引进、吸收现代物流发展的先进经验和管理方法，打通商流、物流、信息流、资金流，推进县域经济高水平对外开放，畅通国内国际双循环。

3.培育创新动能优势，提升县域经济发展质量

（1）布局规划，打造一批县域创新平台载体

布局整合一批科技园区、开发区。鼓励各县（市）依据县域产业优势，

建设县域经济开发区、高新技术产业示范区、农业科技园区等创新载体，打造高标准"园区经济综合体"和"县域经济综合体"，开展"亩均效益"评价，完善科技、财政、税务等部门联动机制，完善落后产能退出补偿机制。

打造一批县域高能级创新平台。建立健全科技攻关机制，发挥骨干企业的牵头作用以及产学研协同参与作用。支持高校和科研院所以县域企业为主导联办研发机构、技术中心、创业孵化基地和创业辅导基地，开展产学研联合创新活动。支持在县域建立院士工作站、教授工作室、博士后科研工作站、专家大院等平台，推广"科技镇长团""博士服务团""科技特派团"等模式，鼓励各类重点实验室、工程技术研究中心等创新平台在县域进行应用示范，以推动县域科技创新发展。

优化创新创业平台建设。设立创新创业投资基金，支持有条件的县（市）结合产业发展和创新产业需求，依托高校、科研院所、企业、社会机构等建设一批低成本、便利化、全要素、开放式的星创天地、众创空间、创客之家和农科驿站等创新创业平台，建立健全科技企业孵化器、科技成果转让、信息研发、专利法律服务、技术标准和评估等专业的中介服务等公共平台建设，提高"双创"基地承载能力。

依托秦创原总平台推进科技成果县域转化。积极推动县域融入秦创原协同创新中心与创新平台体系，推动平台研发机构、创新型企业等共同打造高水平创新联合体，推进创新平台对县域无差别开放。完善县域科技成果评价体系、转化激励政策、转化支持系统和服务系统。引进和培育一批市场化、社会化技术转移服务机构，引导科技成果对接县域特色产业需求转移转化，加大对县（市）在规范种植养殖、环保防治、农产品加工储藏以及质量安全追溯等技术成果转化应用上的扶持力度。

（2）顶格谋划，加强县域创新主体培育引进

聚力"双招双引"，实施"顶格谋划"。把"双招双引"作为县域经济发展的"第一要事"，坚持"招商与招才并举、引资与引智并重"。强化创新主体的金融支持。加大科技企业的信贷支持力度，推进科技型中小企业贷

款模式、产品和服务创新。引导银行、保险、证券、创投等金融机构和民间资本形成多元化、多层次、多渠道的科技创新投融资体系。推广科技型企业知识产权质押贷款、股权质押贷款等模式。

实施高新技术龙头企业引育计划。围绕县域产业链需求布局创新要素，加快培育、引进一批具有较强自主创新能力和竞争力的高新技术企业和创新型龙头企业。实施企业标准"领跑者"制度，引导制造企业将科技成果（专利）转化为标准，鼓励企业主导或参与制定行业标准、国家标准、国际标准，支持社会组织和产业联盟制定团体标准，推动先进技术向专利化、标准化转化。支持行业龙头企业牵头组建产业技术创新联盟和创新联合体，建设"一企一技术"研发中心，设立研发机构，建设科技成果中试熟化基地。

做大做强县域"专精特新"中小微企业。培育壮大一批小而强、小而专、小而精的"专精特新""小巨人""单项冠军"县域中小微企业，给予专项奖励，对积极开展技术改造、纳入试点示范、对标认证的企业给予专项补助。对积极购买创新服务、开展技术合作的科技型中小微企业，通过政府采购科技创新券等服务方式，提供必要的支持和帮助。鼓励大型企业孵化科技型中小企业，以"众研、众包、众筹"方式支持科技型中小企业深度参与产业链、创新链协作配套，促进科技型中小企业深度融入产业创新网络，引入更多社会资本投资成果中试。

（3）灵活引聚，创新县域人才柔性引育留用

加强高精尖人才柔性引进。建立符合县域实际的创新创业人才刚柔结合引进机制。探索人才"公聘民用""市引县用""县引企用"的制度，用活"人才编制池"，用好"政策礼包"。鼓励企业布局"人才飞地"，创新业务咨询、顾问指导、对口培训、岗位挂职、短期聘用、人才租赁等方式，灵活引聚候鸟型人才。

创新完善科技特派员选派、服务、激励、管理等机制。建立"产业团—特派员—技术能人（示范户）—农户"等技术服务体系，创新探索科技特派员技术包片、技术包园、技术包户等"点题"式服务模式。

加强乡土人才培养引进。实施新型职业农民、农民技术员、青年农场主、能工巧匠等轮训计划，造就更多优秀"土专家""田秀才"。培养县域金融、物流、电商、经纪、旅游、直播等领域的新型职业人才。实施"能人回乡、工商兴乡、社会助乡"的"三乡"工程。

开辟高技术人才服务"绿色通道"。设立高层次人才一站式服务窗口，针对人才在住房补贴、配偶就业、子女就学等方面的问题，建立工作台账，列出责任部门与落实措施，限时进行办结。建立县乡人才评价认定制度，建立职称评聘、人才晋级的单独评审制度。

（4）夯实保障，营造县域创新发展良好生态

设立县域创新发展专项资金。鼓励有条件的县设立科技成果转化基金、创新创业投资引导基金和优势产业发展基金等，以助力科技型企业的成长、传统产业的升级改造、新兴产业的培育以及科技成果的转化。加强县域各类创新创业政策衔接配套，实行企业激励机制、科技投入稳定增长机制和税收增长奖励政策，对承担重要项目的县域企业、科研机构给予资金支持，积极争取中省支持。

增强县域科技管理力量。完善科技管理组织和服务体系，加强乡镇科技工作站能力，增强科技管理服务团队建设力度，提升科技管理部门的服务效率。积极发挥县科协、工商联和县级学会、行业协会、企业科协、农技协会开展农村科普的独特优势和科技社团促进科技成果转移转化的纽带作用，与县级科技管理部门协作，共同促进县域科技创新服务发展，构建创新型县域经济社会发展新体系。

打造一批创新示范县（市）、乡（镇）、村（社区）。构建县—乡镇（街道）—村（社区）创新体系，建立县域创新驱动发展科技需求库和政策建议清单，对产业定位清晰、创新能力较强的示范县（市）、乡（镇）、村（社区）优先给予配套支持。

参考文献

贺雪峰：《大城市的"脚"还是乡村的"脑"？——中西部县域经济与县域城镇化的逻辑》，《社会科学辑刊》2022 年第 5 期。

郭爱君：《"双循环"格局下县域经济发展的新思路》，《人民论坛》2021 年第 2 期。

B.13
陕西县域涉农产业园区发展报告

马建飞　高黎娜*

摘　要： 　农业园区化发展是农业现代化的重要抓手。按照产业链分工，目前涉及县域农业发展的园区主要包括五种类型：一是推进农业现代化的园区，主要是以县域为单位的现代农业示范区和以园区为载体的现代农业产业园区；二是科技类园区，包括科技部推进的农业科技园区、农业农村部推进的绿色发展园区、国家标准化管理委员会推进的标准化示范园区；三是传统开发区，主要指高新区、经开区、县域工业园三类园区，多数布局了农产品加工产业；四是第三产业的电子商务园区，以及发展农旅融合产业的镇村区域；五是推进三产融合发展的园区，目前主要有发展和改革部门主抓的农村产业融合发展示范园。五类园区的协调发展，共同提升县域农业的产业链、价值链、创新链。

关键词： 　县域经济　涉农产业　陕西

2023年，陕西聚力打造苹果、蔬菜、茶叶、畜禽肉类、中药材5个千亿级产业链，乳制品、食用菌2个500亿级产业链，猕猴桃300亿级产业链。累计打造7个产业集群、84个中省产业园、48个中省产业融合发展示范园、28个省级农产品加工园、59个中省产业强镇，成功创建了20个全产

---

* 马建飞，陕西省社会科学院《新西部》编辑部副研究员，陕西省现代农业产业技术体系岗位专家，主要研究方向为农村贫困及发展；高黎娜，哲学（教育学）博士，德阳科贸职业学院助教，主要研究方向为区域经济。

业链典型县。① 进入全国榜单的农产品区域公用品牌达到 13 个，苹果、猕猴桃产量居全国第一，羊乳制品占全国市场份额的 85%。②

表 1 列出了陕西省重点农业产业链及典型县。

表 1 陕西省重点农业产业链及典型县

序号	产业链	典型县
1	生猪	安康市汉滨区生猪产业链典型县
2	蔬菜	咸阳市泾阳县蔬菜产业链典型县 延安市安塞区蔬菜产业链典型县
3	茶叶	汉中市西乡县茶产业链典型县 安康市紫阳县茶产业链典型县
4	牛羊禽肉	渭南市蒲城县家禽产业链典型县 榆林市神木市肉牛肉羊产业链典型县
5	乳制品	宝鸡市陇县乳制品产业链典型县 渭南市富平县乳制品产业链典型县
6	苹果	咸阳市淳化县苹果产业链典型县 渭南市白水县苹果产业链典型县 延安市洛川县苹果产业链典型县
7	猕猴桃	宝鸡市眉县猕猴桃产业链典型县
8	食用菌	商洛市柞水县食用菌产业链典型县
9	中药材	铜川市耀州区中药材产业链典型县
10	其他	西安市鄠邑区葡萄产业链典型县 宝鸡市岐山县"一碗面"经济产业链典型县 咸阳市兴平市粮食产业链典型县 榆林市靖边县马铃薯产业链典型县 韩城市花椒产业链典型县

本报告后续部分的现代化园区、科技类园区，属于第一产业的种养型园区，传统开发区的农产品加工业属于第二产业，电子商务、文旅等现代服务

---

① 《陕西省人民政府新闻办公室举办新闻发布会介绍"凝心聚力主动作为、扎实开展'三个年'活动、推动全省农业农村高质量发展"有关情况》，陕西省人民政府新闻办公室网站，2023 年 9 月 12 日，http://nynct.shaanxi.gov.cn/www/nyyw1141/20230912/9828593.html。

② 《关于陕西省 2022 年国民经济和社会发展计划执行情况与 2023 年国民经济和社会发展计划草案的报告（在陕西省第十四届人民代表大会第一次会议上）》，2023 年 2 月 23 日，http://sndrc.shaanxi.gov.cn/ggjg/u2uIve.htm。

165

业属于第三产业，另外还有促进三产融合的园区。种养型园区、加工型园区以及生产服务型园区，处于产业链的不同阶段，各类农业园区的协调发展，是县域经济高质量发展的必由路径。

一 现代化园区

党的二十大报告提出，到2035年基本实现农业现代化。习近平总书记指出，"我们要建设的农业强国、实现的农业现代化，既有国外一般现代化农业强国的共同特征，更有基于自己国情的中国特色"。[①]

（一）现代农业示范区

创建国家现代农业示范区是党中央、国务院推进中国特色农业现代化建设的重大举措。2010年农业部启动了"国家现代农业示范区"的创建工作，2013年印发《国家现代农业示范区建设水平监测评价办法（试行）》，以县（市、区）为单位，重点在优势农产品区域、大中城市郊区和特色农产品区域，计划到2025年创建500个左右示范区。

"十四五"时期陕西省国家级现代农业示范区情况如表2所示。

表2 "十四五"时期批准的国家级现代农业示范区（陕西省）

单位：个

年度	县区	数量
2021	大荔县、杨陵区、洛川县	3
2022	紫阳县、宜君县、留坝县	3
2023	柞水县、安塞区、陈仓区	3

国家级现代农业示范区的专项工作也在不断推进。一是数字化。2022年8月21日，农业农村部办公厅等三部门制定了《农业现代化示范区数字化建设指南》，推动数字技术与现代农业深度融合，用数字化引领农业现代

---

① 习近平：《加快建设农业强国　推进农业农村现代化》，《求是》2023年第6期。

化。二是绿色化。2022 年 9 月 28 日，农业农村部等五部门联合印发《建设国家农业绿色发展先行区 促进农业现代化示范区全面绿色转型实施方案》，对农业资源保护利用、农业面源污染防治、农业生态保护修复和绿色低碳农业产业链打造等提出要求。三是金融支持。农业农村部会同国家开发银行和中国农业发展银行，引导开发性、政策性金融资源更多投向农业现代化示范区，提供长期、稳定、大额、低成本信贷资金。2023 年 9 月 15 日，农业农村部召开农业现代化示范区创建推进会，再次强调聚焦农业设施化、园区化、融合化、绿色化、数字化发展，扎实创建农业现代化示范区。

（二）现代农业产业园区

现代农业产业园创建工作始于 2017 年。国家级现代农业产业园认定条件包括八项——主导产业发展水平领先、奖补资金使用高效规范、技术装备水平先进、绿色发展成效突出、带动农民作用显著、政策支持措施有力、组织管理健全完善和无"一票否决"情况。2017 年以来，农业农村部和财政部批准创建了 151 个国家现代农业产业园，其中已认定 87 个。2023 年 1 月 18 日，农业农村部公示第五批共计 20 个国家现代农业产业园认定名单。陕西省共有10 个园区进入创建名单，其中 5 个园区通过认定，如表 3 所示。

表 3 国家级现代农业产业园（陕西省）创建和认定名单

序号	名称	批准时间	认定时间
1	陕西省洛川县现代农业产业园	2017	2018（一）
2	杨凌示范区现代农业产业园	2017	2019（二）
3	眉县现代农业产业园	2018	2019（二）
4	榆阳区国家现代农业产业园	2019	2022（四）
5	陇县国家现代农业产业园	2020	2022（四）
6	陕西省柞水县现代农业产业园	2021	
7	陕西省平利县现代农业产业园	2022	
8	陕西省大荔县现代农业产业园	2022	
9	陕西省富平县现代农业产业园	2023	
10	陕西省西安市阎良区现代农业产业园	2023	

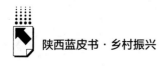

二 科技类园区

科技类园区旨在提升农业的标准化、数字化、绿色化等科技水平，科技部、农业农村部、国家标准化管理委员会均有相应项目支持建设。

（一）农业科技园区

农业科技园区创建工作始于 2001 年。2020 年 7 月 9 日，科技部等六部门对《国家农业科技园区管理办法》进行了修订，按照到 2025 年建设 30 个国家农业高新技术产业示范区、300 个国家农业科技园区、3000 个省级农业科技园区的布局要求，积极推进省级农业科技园区布局建设。截至目前，陕西省共建成 9 个国家级农业科技园区（渭南、杨凌、榆林、汉中、咸阳、宝鸡、西咸新区、商洛、安康）、68 个省级农业科技园区。①

2020 年 11 月 18 日，陕西省科学技术厅印发《陕西省农业科技园区管理办法》（陕科办发〔2020〕103 号）。农业科技园区建设要坚持以县（区）人民政府为建设主体。2022 年 12 月 30 日，陕西省科学技术厅新增认定 5 个省级农业科技园区（见表 4）。

表 4　2022 年度陕西省级农业科技园区认定名单

序号	园区名称	所属县区	申报单位	推荐单位
1	陕西华阴农业科技园区	华阴市	华阴市教育科技局	渭南市科技局
2	陕西汉台农业科技园区	汉台区	汉中市汉台区发展和改革局	汉中市科技局
3	陕西陈仓农业科技园区	陈仓区	宝鸡市陈仓区工业和信息化局	宝鸡市科技局
4	陕西彬州农业科技园区	彬州市	彬州市科学技术局	咸阳市科技局
5	陕西白河农业科技园区	白河县	白河县教育体育和科技局	安康市科技局

---

① 张梅、房欣怡：《看看这些亮眼的数据！陕西科技创新重要指标实现快速增长》，《陕西科技报》2023 年 8 月 22 日。

（二）绿色发展园区

中国绿色食品发展中心成立于 1992 年，隶属中华人民共和国农业农村部，是负责绿色食品标志许可、有机农产品认证及地理标志农产品培育的专门机构。截至 2023 年 11 月，全国共有绿色食品原料标准化生产基地 666 个，合计 1.58 亿亩。2022 年，陕西省洛川县全国绿色食品原料（苹果）标准化生产基地（50 万亩）逾期未提交基地续报申请，不再纳入全国绿色食品原料标准化生产基地名录。目前陕西省只有 2 个基地进入名录，远远落后于全国水平（见表 5）。

表 5　绿色食品原料标准化生产基地（陕西）

单位：万亩

基地名称	基地作物名称	种植规模
陕西省眉县全国绿色食品原料（猕猴桃）标准化生产基地	猕猴桃	30
陕西省延安市宝塔区全国绿色食品原料（苹果）标准化生产基地	苹果	49.62

2017 年启动的绿色食品（有机农业）一二三产业融合发展示范园创建工作，在宣传绿色、有机发展理念，展示发展成果方面发挥了积极作用。依托现有特色农产品优势区、产业集群、现代农业产业园、产业强镇，创建一批绿色食品（绿色优质农产品）一二三产业融合发展园区，2023 年底园区总数达到 50 个。①

（三）标准化示范区

1996 年，国家技术监督局（国家市场监督管理总局前身之一）开始在全国开展农业标准化示范区建设工作。农业标准化示范区共分为国家级、省

---

① 《中国绿色食品发展中心关于加快推进以绿色有机地标为主体的绿色优质农产品高质量创新发展的通知（中绿发〔2023〕1 号）》，http：//law.foodmate.net/show-221818.html。

级和市级三个级别，分别由国家标准化管理委员会、省质量技术监督局、市质量技术监督局等主管部门批准立项及验收。① 2022 年 12 月 30 日，国家标准化管理委员会发布《关于下达农业农村及新型城镇化领域标准化试点示范项目的通知》，确定第十一批国家农业标准化示范区项目共 134 项，其中陕西省有 5 项，如表 6 所示。

表 6　第十一批国家农业标准化示范区项目（陕西）

项目编号	项目名称	承担单位	项目建设重点	类别
SFQ11-80	国家葡萄病虫害绿色防控标准化示范区	渭南临渭区富微果菜种植农民专业合作社	良好农业规范	I 类
SFQ11-81	国家"一带一路"国际农业标准化合作示范区	西北农林科技大学	"一带一路"农业标准化合作	I 类
SFQ11-82	国家南泥湾特色农产品区域品牌建设标准化示范区	延安南泥湾（集团）农业有限公司	农产品品牌培育	I 类
SFQ11-83	国家食用菌标准化示范区	宝鸡胜利现代农业开发有限公司	农业全产业链、产业帮扶与巩固拓展脱贫攻坚成果	I 类
SFQ11-84	国家冷水鱼养殖标准化示范区	佛坪县市场监督管理局、佛坪县秦地南农林科技发展有限责任公司	农业全产业链	I 类

2023 年 4 月 13 日，国家标准化管理委员会开展了第十批国家农业标准化示范区项目的考核工作，其中 105 个项目考核合格，陕西省有 4 个项目进入名单，如表 7 所示。

---

① 田世宏：《农业标准化是农业现代化的重要途径》，https：//www. sac. gov. cn/xxgk/ldcy/tsh/ldhd/art/2015/art_ bfc10e0512384fa3bde75537643724cb. html。

表7　第十批国家农业标准化示范区合格项目（陕西）

项目编号	项目名称	承担单位
SFQ10-56	国家红豆杉种植标准化示范区	陕西天行健生物工程股份有限公司
SFQ10-57	国家智慧农业标准化示范区	杨凌现代农业产业标准化研究推广服务中心
SFQ10-58	国家奶山羊规模养殖标准化示范区	陇县畜产局、陇县秦羊奶畜生态养殖专业合作社
SFQ10-103	国家乌鸡养殖标准化示范区	略阳县市场监督管理局

（四）标准化示范基地

2023年8月22日，农业农村部印发《关于公布第一批农业高质量发展标准化示范项目（国家现代农业全产业链标准化示范基地）创建单位名单的通知》，公布了第一批178个国家现代农业全产业链标准化示范基地创建单位名单，涉及粮油、蔬菜、水果、畜禽产品、水产品等五大类产品，陕西有7个单位入选（见表8）。示范基地采取"基地单位+技术单位+主管单位"联合创建的模式，推动提升全产业链标准化水平。[①] 按照《乡村振兴标准化行动方案》有关部署，农业农村部将在"十四五"期间，深入实施农业高质量发展标准化示范项目，创建国家现代农业全产业链标准化示范基地300个。

表8　第一批国家现代农业全产业链标准化示范基地创建单位（陕西省）

序号	产品	基地单位	技术单位
1	冬枣	大荔县安友果品专业合作社、大荔县绿源农庄冬枣专业合作社等	大荔县农产品质量安全检验检测中心
2	苹果	陕西顶端果业科技有限公司	延安市果业研究发展中心
3	肉鸡	丹凤县华贸牧业科技发展有限责任公司	丹凤县国家科技特派团肉鸡产业组

[①] 《农业农村部办公厅关于公布第一批农业高质量发展标准化示范项目（国家现代农业全产业链标准化示范基地）创建单位名单的通知》，http://www.moa.gov.cn/govpublic/ncpzlaq/202308/t20230829_6435306.htm。

序号	产品	基地单位	技术单位
4	茶叶	白河县歌风春燕茶业有限公司	中国农业科学院茶叶研究所
5	胡萝卜	大漠神农农业发展有限公司	靖边县农产品质量安全中心
6	葡萄	西安市鄠邑区品创源葡萄种植农民专业合作社联合社	西安市鄠邑区农产品质量安全检验监测中心
7	猕猴桃	眉县金桥果业专业合作社	眉县农产品质量安全中心

三 传统开发区

传统开发区是指我国较早出现的高新技术产业开发区、经济技术开发区、县域工业园（工业集中区）三类园区，大部分具有农产品加工产业分布。

（一）高新区

2021年6月17日，陕西省人民政府印发《关于促进高新技术产业开发区高质量发展的实施意见》，提出到2025年实现国家级高新区地市全覆盖，布局建设省级高新区超过25家。截至2023年2月，全省高新区总数已经达到29家，其中国家级高新区7家，省级高新区22家，如表9所示。①

表9 陕西省高新区分布状况

地 区	级别	高新区
关中 （5+12）	国家级	西安高新区、宝鸡高新区、杨凌示范区、渭南高新区、咸阳高新区
	省级	蟠龙高新区、三原高新区、富平高新区、蒲城高新区、凤翔高新区、西户高新区、铜川高新区、韩城高新区、白水高新区、兴平高新区、武功高新区、礼泉高新区

---

① 《陕西省政府批复建设四家省级高新技术产业开发区》，https://www.safea.gov.cn/dfkj/shanx/zxdt/202302/t20230210_184520.html。

续表

地 区	级别	高新区
陕 南 （1+5）	国家级	安康高新区
	省级	汉中高新区、商洛高新区、旬阳高新区、山阳高新区、宁强高新区
陕 北 （1+5）	国家级	榆林高新区
	省级	延安高新区、府谷高新区、神木高新区、安塞高新区、黄陵高新区

（二）经开区

2020 年 12 月 14 日，陕西省人民政府办公厅发布的《关于印发省级经济技术开发区认定管理办法的通知》提出，以打造先进制造业和现代服务业产业集群为目标，形成产业高度聚集，高水平开放、高质量发展的经济技术开发。全省各设区市的县域工业集中区、市级工业园区等都可以申请认定，但每个县（市、区）的省级经开区不超过 1 家。申报省级经开区的主要条件：一是建设指标，包括园区运行 3 年以上，一般不超过 10 平方公里，组成区块不超过 3 个；二是经济指标，主要是年度工业总产值不低于 30 亿元，主导产业产值占比不低于 50%，税收不低于 1.5 亿元，进出口总额不低于 5000 万元，招商引资实际到位资金累计不低于 50 亿元等。截至 2023 年 9 月，省级经济技术开发区总数达到 28 家。①

（三）特色专业园区

2021 年 9 月 6 日，陕西省工业和信息化厅等印发《关于加快培育特色专业园区的通知》，指导县域工业集中区立足各县（市）资源禀赋、主体功能定位和产业基础，明确 1~2 个主导产业，精准延伸产业链条，全力培育特色专业园区。2023 年 7 月 31 日，陕西省工业和信息化厅公布了 2023 年度

---

① 《我省省级经济技术开发区达 24 家》，《陕西日报》2021 年 5 月 25 日；孙鹏：《陕西新增 4 个省级经济技术开发区》，《陕西日报》2023 年 9 月 27 日。

11 个特色专业园区，总数达到了 50 个。每个园区给予不高于 1000 万元资金支持，采用因素分配法切块下达，实施期限为三年。

（四）涉农开发区

县域开发区多数布局有农产品加工产业，成为消纳县域种植业产出、提高产业链盈利能力的关键环节。如表 10 所示，富平高新区依托县内奶山羊养殖规模，定位为发展奶山羊乳制品加工产业；西乡县循环经济产业园区发挥茶叶种植面积优势，将茶叶加工定位为主导产业。特别是石泉经济技术开发区，依托富硒资源优势，转化专利技术 100 余项，开发富硒产品 361 个①；依托"鎏金铜蚕"文化，构建蚕桑产业体系；发挥秦巴山区中药材资源优势，引进先进医药企业研发药食同源系列产品。

表 10　陕西省开发区涉农主导产业简况（部分）

序号	名称	类型	涉农主导产业
1	杨凌高新区	国家级高新区	农产品加工、涉农装备制造、生物技术
2	安康高新区	国家级高新区	富硒食品
3	宁强高新区	省级高新区	现代中医药、绿色食品
4	武功高新区	省级高新区	电商平台经济
5	礼泉高新区	省级高新区	绿色食品
6	富平高新区	省级高新区	奶山羊乳制品加工
7	平利经开区	省级经开区	生命健康产业
8	汉阴经开区	省级经开区	生态食品
9	合阳经开区	省级经开区	现代农副产品加工
10	澄城经开区	省级经开区	涉农加工
11	商南经开区	省级经开区	绿色食药产业
12	泾河工业园区	省级经开区	农副产品加工
13	石泉经开区	省级经开区	富硒食品
14	西乡县循环经济产业园区	省级经开区	茶叶加工
15	甘泉工业园区	省级经开区	农副产品加工

---

① 沈谦：《陕西特色专业园区达到 39 个》，https：//i. ifeng. com/c/8LBRBDSbx9u。

四 服务业园区

涉农产业还包括第三产业的生产性服务业如电子商务和农旅融合的镇村发展项目。

（一）电子商务园区

2011 年，商务部提出到"十二五"末建成一批国家级电子商务示范基地。2012 年、2015 年分两批确定 100 个国家电子商务示范基地，随后又对名单进行了增补。2022 年，商务部对现有 141 个国家电子商务示范基地进行了综合评价。2022 年、2023 年又分别增补了 14 个和 17 个基地。2023 年7 月 27 日，商务部发布《县域商业三年行动计划（2023～2025 年）》，在推动农村电商高质量发展方面，提出了大力发展农村直播电商、培育"土特产"电商品牌、鼓励农村电商创业就业等措施。① 表 11 为陕西省入选的国家级电子商务示范基地。

表 11 国家级电子商务示范基地（陕西省）

批次	名称	批准时间
第一批	西安高新技术产业开发区	2012 年
第二批	西安国际港务区	2015 年
增补	杨凌现代农业电子商务产业园	2019 年
增补	陕西宝鸡物流电商产业园	2021 年
增补	扶风县电子商务产业园	2021 年

（二）文化旅游村镇

2016 年 2 月和 11 月，国家旅游局先后公布了两批 500 个国家全域旅游

---

① 《商务部等 9 部门办公厅（室）关于印发〈县域商业三年行动计划（2023～2025 年）〉的通知》，https://mp.weixin.qq.com/s/5Ejgett3d1-WsBMZcuiu9w。

示范区创建名单，陕西省共有宝鸡市、汉中市、韩城市、西安市临潼区、咸阳市礼泉县、渭南市华阴市、延安市黄陵县、延安市宜川县、榆林市佳县、安康市石泉县、安康市岚皋县、商洛市商南县、商洛市柞水县、渭南市大荔县、铜川市耀州区、安康市宁陕县、商洛市山阳县共计17个单位入围。2019年和2020年，文化和旅游部分两批公示了168家验收认定名单，陕西省西安市临潼区、渭南市华阴市、安康市石泉县、延安市黄陵县、商洛市柞水县5个单位入围。另外，陕西作为全国8个全域旅游示范省创建单位之一，已经命名省级全域旅游示范区37个。①

近年来，全国建设了120个休闲农业重点县，陕西省有蓝田县、留坝县、大荔县、礼泉县入选。② 2023年9月，农业农村部公布2023年中国美丽休闲乡村推介名单，陕西省西安市周至县骆峪镇骆峪村、宝鸡市太白县黄柏塬镇黄柏塬村、咸阳市旬邑县张洪镇西头村、渭南市澄城县交道镇樊家川村、延安市黄龙县白马滩镇神玉村、汉中市宁强县高寨子街道肖家坝村、安康市汉阴县双河口镇三柳村、商洛市丹凤县蔡川镇留仙坪村8个村入选，陕西省中国美丽休闲乡村总数已达64个。③ 2023年8月21日，陕西省文化和旅游厅决定开展非遗特色示范县（市、区）、示范镇、示范街区申报创建工作，发挥资源禀赋优势，促进非遗活化利用，持续助力乡村振兴，推动县域经济高质量发展，助推打造万亿级文旅产业。

五　融合类园区

涉农产业的融合发展，目前主要是发展改革部门主抓的农村产业融合发展示范园。农业农村部主抓的农村一二三产业融合发展先导区也重新进入了工作计划。

---

① 李卫：《20个县（市、区）被评为陕西省全域旅游示范区》，《陕西日报》2022年3月14日。
② 《新增2个！陕西省全国休闲农业重点县数量已达4个》，http：//nynct.shaanxi.gov.cn/wap/stzx7305/20230120/9814495.html。
③ 《陕西8村入选2023年中国美丽休闲乡村》，http：//nynct.shaanxi.gov.cn/www/nyyw1141/20230920/9829305.html。

（一）农村产业融合发展示范园

2017 年 8 月 1 日，国家发改委等七部门印发《国家农村产业融合发展示范园创建工作方案》，分为农业内部融合、产业链延伸、功能拓展、新技术渗透、产城融合、多业态复合等六种类型。计划"十四五"期间新认定示范园 300 家，全国示范园总数达到 500 家。根据《农村产业融合发展示范园建设中央预算内投资管理办法》，单个示范园安排投资总规模不超过 4000 万元，分两年执行。[①] 其中，陕西省的国家级农村产业融合发展示范园简况如表 12 所示。

表 12　国家级农村产业融合发展示范园（陕西省）简况

单位：个

批次	时间	名称	产业	数量
1	2019 年	渭南市大荔县 榆林市榆阳区	冬枣 马铃薯现代种业	2
2	2020 年	榆林市米脂县 商洛市洛南县 杨陵区	小米 苗木花卉 高科技渗透	3
3	2021 年	汉中洋县 铜川王益区 延安南泥湾 榆林神木市 榆林定边县	有机产业加工 水果、蔬菜、乡村旅游 果蔬生产体系及后续电子商务、冷链物流 生态循环农业 种养结合	5
4	2023 年	宝鸡千阳县 安康平利县 榆林子洲县 延安洛川县	苹果、奶山羊 茶、文、旅融合 超细绒山羊养殖和加工 苹果种植、深加工及相关产业	4

2021 年 2 月 7 日，陕西省发改委等八部门印发《陕西省农村产业融合发展示范园创建三年行动计划（2021~2023 年）》，提出用 3 年时间，创建

---

① 马建飞：《陕西县域农业产业创新发展报告》，载司晓宏、白宽犁、于宁锴主编《陕西乡村振兴研究报告（2022）》，社会科学文献出版社，2022。

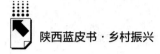

100个左右省级农村产业融合发展示范园。2022年、2023年分两批批准70个单位创建省级农村产业融合发展示范园。目前,第一批省级农村产业融合发展示范园评估验收认定工作正在进行中。①

(二)融合发展先导区

2017年12月5日,农业部发布《关于支持创建农村一二三产业融合发展先导区的意见》,决定支持各地创建农村一二三产业融合发展先导区,做大做强支柱产业和融合发展各类经营主体。2019年1月12日,农业农村部将153个县(市、区)列入2018年全国农村一二三产业融合发展先导区创建名单②,西安市临潼区、凤县、白水县、安康市汉滨区、佳县入选。根据农业农村部乡村产业发展司印发的《2023年乡村产业工作要点》,2023年农业农村部将认定一批农村一二三产业融合发展先导区。

---

① 《陕西省推进农村产业融合发展示范园创建经验总结》,https://www.ndrc.gov.cn/fzggw/jgsj/zys/sjdt/202112/t20211213_1307695.html?state=123。
② 《2018年全国农村一二三产业融合发展先导区创建名单公示》,http://www.moa.gov.cn/xw/zxfb/201810/t20181022_6161194.htm。

B.14
西安都市圈乡村文旅融合发展研究报告

仝筱菲 李 蔚 沈文君*

摘 要： 近年来，西安都市圈内多处村镇相继入选国家级、省级乡村旅游推荐名单，成为乡村文旅融合发展典型案例。西安都市圈乡村文旅融合整体呈现区域分布井然、类型要素多元、节日活动引流、出游保障完善的发展现状。其发展问题表现为乡村文旅资源有待系统整合、乡村文旅品牌有待优化建设、乡村文旅宣传有待多管齐下、乡村文旅语言文字有待持续规范。为此，建议优化资源整合，明确发展优势；强化品牌建设，推出文旅样板；拓展双线宣传，村镇声名远播；普及语言文字规范，助益乡村振兴。

关键词： 西安都市圈 乡村 文旅融合

2022 年 3 月，陕西省人民政府正式印发实施由国家发展和改革委员会批复同意的《西安都市圈发展规划》（以下简称《规划》）。《规划》指出，"放眼全国区域发展大局，充分发挥西安龙头作用，坚持协调共进，推动跨行政区域合作和城乡融合发展，加快塑造以创新驱动为引领、以开放为支撑的发展新动能，全面提升都市圈竞争力和同城化水平。"[①] 西安都市圈所辖村镇区域范围广阔、文化积淀深厚、文旅资源丰富。近年来，西安都市圈内多处村镇相继入选国家级、省级乡村旅游推荐名单，成为乡村文旅融合发展典型案例。

---

* 仝筱菲，陕西省社会科学院文学艺术研究所助理研究员，主要研究方向为汉语史、文化语言学；李蔚，陕西省社会科学院文学艺术研究所助理研究员，主要研究方向为地域文化；沈文君，西北大学文学院副教授，主要研究方向为语言学及应用语言学。

① 《陕西省人民政府关于印发西安都市圈发展规划的通知》，http://www.shaanxi.gov.cn/zfxxgk/fdzdgknr/zcwj/nszfwj/szf/202208/t20220808_2238133.html。

一 西安都市圈乡村文旅资源概览

根据《规划》所述西安都市圈的范围①，综合整理四批《全国乡村旅游重点村名单》、两批《全国乡村旅游重点镇（乡）名单》、近两年《陕西省旅游特色名镇、乡村旅游示范村名单》②，汇总得出 8 个"全国乡村旅游重点村"、1 个"全国乡村旅游重点镇（乡）"、8 个"陕西省乡村旅游示范村"、1 个"陕西省旅游特色名镇"，并以此作为本文的研究对象，如表 1 所示。

表 1 西安都市圈乡村文旅融合研究对象

序号	村镇名称	村镇级别	入围时间	行政归属
1	袁家村	全国乡村旅游重点村	2019 年 7 月	咸阳市礼泉县
2	马咀村			铜川市耀州区
3	南堡寨村		2020 年 8 月	西安市长安区
4	龙源村			咸阳市泾阳县
5	天刘村			渭南市临渭区
6	王上村			杨凌示范区杨陵区
7	蔡家坡村		2021 年 8 月	西安市鄠邑区
8	塘子村		2022 年 12 月	西安市蓝田县
9	烟霞镇	全国乡村旅游重点镇（乡）	2021 年 8 月	咸阳市礼泉县

---

① 西安都市圈的"规划范围主要包括西安市全域（含西咸新区），咸阳市秦都区、渭城区、兴平市、三原县、泾阳县、礼泉县、乾县、武功县，铜川市耀州区，渭南市临渭区、华州区、富平县，杨凌示范区"。详见《陕西省人民政府关于印发西安都市圈发展规划的通知》，http://www.shaanxi.gov.cn/zfxxgk/fdzdgknr/zcwj/nszfwj/szf/202208/t20220808_2238133.html。

② 截至 2023 年 9 月，《全国乡村旅游重点村名单》已发布四批，《全国乡村旅游重点镇（乡）名单》已发布两批，《陕西省旅游特色名镇、乡村旅游示范村名单》已发布多批。具体名单详见文化和旅游部网站（https://www.mct.gov.cn/）、陕西省文化和旅游厅网站（http://whhlyt.shaanxi.gov.cn/）。

序号	村镇名称	村镇级别	入围时间	行政归属
10	栗峪口村	陕西省乡村旅游示范村	2022 年 7 月	西安市鄠邑区
11	葛牌村			西安市蓝田县
12	照金村			铜川市耀州区
13	太白村			渭南市富平县
14	河东村		2023 年 8 月	西安市蓝田县
15	北冯村			西安市阎良区
16	社树村			咸阳市泾阳县
17	新庄村			渭南市富平县
18	灞源镇	陕西省旅游特色名镇	2022 年 7 月	西安市蓝田县

（一）西安市

西安市所辖"全国乡村旅游重点村"3 个，为南堡寨村、蔡家坡村、塘子村；"陕西省乡村旅游示范村"4 个，为栗峪口村、葛牌村、河东村、北冯村；"陕西省旅游特色名镇"1 个，为灞源镇。

南堡寨村，全国乡村旅游重点村，位于长安区王曲街道。该村原址处于视野开阔的崖地之上，其商业名称为长安唐村·中国农业公园；新址迁至与之紧邻的平原地带，其行政名称沿用南堡寨村。长安唐村以关中村寨综合风貌为文旅发展重心，依托自然生态与传统民居，多元发展农牧体验、村居游览、宴席小吃、露天烧烤、民宿露营等。其中"梅花春光节"是该村颇具名气与人气的时令文化节日。

蔡家坡村，全国乡村旅游重点村，位于鄠邑区石井街道。村中分布有村史馆、艺术村长之家、美术馆、年画馆、终南剧场、乡村书屋、民宿等，"关中忙罢艺术节"已经成为当地富有影响力的文旅名片。该村依托东南部的国家 AAAA 级旅游景区西安金龙峡风景区和东部的将军山，开展山林保护与自然观光活动。此外，该村还因地制宜发展葡萄种植采摘产业，所种植的葡萄品种主要为"户太八号"和"阳光玫瑰"。该村将民俗艺术、自然风光和生态种植有机融合起来，是关中地区知名的现代化秀美乡村。

塘子村，全国乡村旅游重点村，位于蓝田县汤峪镇。该村依托优质的山水自然资源与深厚的人文历史资源，集中开发汤泉旅游，发展汤泉疗养、汤泉住宿，传播汤泉文化，主要将温泉沐浴（温泉汤）、中医药保健（中药汤）、健康疗养（陕西省汤峪疗养院）、历史文化（大兴汤院遗址公园）、民宿酒店、餐饮小吃等融合于其中，突出展示了该地温泉文化的历史积淀传承与保健康养价值，是蜚声省内外的温泉疗养目的地。

栗峪口村，陕西省乡村旅游示范村，位于鄠邑区石井街道。该村与蔡家坡村均隶属于石井街道，两村距离相近，文旅发展的相似之处体现在葡萄经营、游览体验（艺术村长之家、乡村会客厅、甘泉书院）、露营民宿等方面。栗峪口村的特色之处在于注重保护传承当地的红色文化，建有红军过境西安鄠邑陈列馆。

葛牌村，陕西省乡村旅游示范村，位于蓝田县葛牌镇。该村以红色文化为传承发展重心，是重要的爱国主义教育基地。村中分布有国家 AA 级旅游景区鄂豫陕根据地葛牌镇区苏维埃政府纪念馆，还有红二十五军军部旧址、红二十五军野战医院旧址、文公岭战斗旧址等，均体现了葛牌的红色历史与红色精神。该村还注重发展民俗文化，葛牌街很大程度上仍保留着古朴的建筑风格，街道两旁的店铺仍在售卖当地小吃。

河东村，陕西省乡村旅游示范村，位于蓝田县汤峪镇。该村与塘子村均隶属于汤峪镇，两村彼此相邻，均以温泉康养为文旅发展重心。此外，河东村积极丰富精神文明生活，村中建有崇德塔、文化礼堂以及文化广场等。

北冯村，陕西省乡村旅游示范村，位于阎良区关山街道。该村以综合农品为发展重心，本地水果有阎良甜瓜、阎良樱桃、阎良相枣等，本地乳品有"秦龙"羊奶。该村有国家 AAA 级旅游景区秦龙乳业旅游园，以及阎良甜瓜主题文化馆等。同时，北冯村还积极宣传举办相关农品节，如"阎良甜瓜产业文化节"。

灞源镇，陕西省旅游特色名镇，位于蓝田县。该镇以青坪村（陕西省乡村旅游示范村）最具特点。该村以红色文化与本地民俗为发展重心，依托灞源革命纪念馆纪念传承灞源地区的革命历程，纪念馆旁有"蓝洛支队革命活动旧址纪念碑";灞源民俗展示馆主要展示本地民俗民风。该村的美丽乡村建设与精神文明建设较为突出,以书写标语、树立标牌、绘制墙画等方式宣传红色文化与乡规民约。此外,该村依秦岭傍灞河,依托山河景色发展了多家餐饮和民宿。

(二)咸阳市

咸阳市所辖"全国乡村旅游重点村"2个,为袁家村、龙源村;"全国乡村旅游重点镇(乡)"1个,为烟霞镇;"陕西省乡村旅游示范村"1个,为社树村。

袁家村,全国乡村旅游重点村,国家 AAAA 级旅游景区,位于礼泉县烟霞镇。该村以民俗文化为发展重心,是关中地区远近闻名的民风乡貌展示基地。该村内部道路四通八达,村内街道名称基本具有提示服务功能,主街、康庄老街具有民俗非遗传承性,书院街、祠堂街具有历史文化内涵,小吃街、回民街、作坊街具有特色饮食风味,艺术街、酒吧街具有现代生活气息。该村将民俗(非遗手艺、地方戏曲)、历史(村史馆、秦琼墓)、饮食(各类小吃、回族特色)、休闲(民宿、酒吧、娱乐设施)等诸多文旅要素包蕴其中,在整体上分类规划的同时,各街道也展现着要素并存的综合性。此外,袁家村积极探索新的发展方向,西安、咸阳市区开设有袁家村"关中印象体验地",省外也有袁家村参与的文旅产业。

龙源村,全国乡村旅游重点村,国家 AAA 级旅游景区,位于泾阳县安吴镇。该村行政名称为龙源村,商业名称为龙泉公社,以康养文化为发展重心,是泾阳周边自然条件适宜的康养休闲基地。该村依托自然地势,整体开发为缓坡环形游览线路,各类景点环绕分布在山上山下,步行或游览车上下较为便捷。目前,该村景点主要集中于山上与山下,山上以山林风光、民宿、元宝枫示范基地、娱乐设施为主,山下以清代吴家粮仓、温泉游泳沐浴、民宿、小吃为主,中段部分休闲场地暂未营业。

社树村,陕西省乡村旅游示范村,位于泾阳县王桥镇。该村以人文传承为发展重心,保护历史遗存,如中华水利会馆、古城墙遗址;传承民俗非遗，如姚氏家族、陈辉堆贴画传习馆；开展艺术欣赏，如西来美术馆等。

烟霞镇，全国乡村旅游重点镇（乡），位于礼泉县。该镇文旅资源类型丰富，有历史文化、农耕文化、民俗文化等。国家 AAA 级旅游景区昭陵博物馆位于本镇，该博物馆集中详细展出昭陵历史文物，主要包括出土文物、碑刻、墓志、唐墓壁画等，馆内有徐懋功墓。该馆较为注重发展博物文创，推出了相关书籍、明信片、装饰品等。唐太宗昭陵、韦贵妃墓、长乐公主墓等与昭陵博物馆距离较近。镇域内有旅游特色村山底村和袁家村。山底村，位于本镇，该村大力发展"御杏"种植。每年时令可赏杏花、摘杏子、闻杏香、尝杏甘，感受传统农耕文化。

（三）渭南市

渭南市所辖"全国乡村旅游重点村"1 个，为天刘村；"陕西省乡村旅游示范村"2 个，为太白村、新庄村。

天刘村，全国乡村旅游重点村，位于临渭区桥南镇。该村基于国家 AAA 级旅游景区渭南航天生态园、航天测控装备博物馆和宋义民同志英勇抗敌事迹，发展航空航天教育研学。此外，该村紧邻天留山森林公园，依托绿色生态发展民宿露营、餐饮烧烤等。

太白村，陕西省乡村旅游示范村，位于富平县曹村镇。该村以历史遗存、农业果品、自然生态为发展重心，依托唐顺宗丰陵开展历史教育，依托中国柿博物馆以及本地柿子种植产业，发展研学体验与柿子品鉴，该村邻近虎头山，景致皆宜。

新庄村，陕西省乡村旅游示范村，位于富平县城关街道。该村以民俗手艺、特色果品和直播带货为发展重心，有柿子等果品种植，培育"妈妈香"花式蒸馍、"木兰摇"手织粗布等的发展，并以"荆山红"直播带货逐步实现品牌效益。

（四）铜川市

铜川市所辖"全国乡村旅游重点村"1 个，为马咀村；"陕西省乡村旅游示范村"1个,为照金村。

马咀村,全国乡村旅游重点村,国家 AAA 级旅游景区,位于耀州区石柱镇。该村行政名称为马咀村,商业名称为马咀欧洲风情小镇,该村以"欧洲风情"旅游体验为发展重心,协同开展果品销售、露营民宿、小吃娱乐等,并且多次举办艺术相关主题节。

照金村,陕西省乡村旅游示范村,位于耀州区照金镇。该地以弘扬照金精神,传承红色文化为己任,是全国著名的爱国主义教育基地。依托陕甘边革命根据地照金纪念馆、陕甘边革命根据地英雄纪念碑、薛家寨革命旧址等红色教育资源,积极进行红色研学,传承弘扬照金精神。此外,该村基于本地自然生态,还发展了照金牧场等。

(五)杨凌示范区

杨凌示范区所辖"全国乡村旅游重点村"1个,为王上村。

王上村,全国乡村旅游重点村,国家 AA 级旅游景区,位于杨陵区五泉镇。该村以历史遗存与民俗文化为发展重心,依托隋文帝泰陵和"中华进士院"科举体验馆进行历史教学,基于农耕文化馆开展民俗展示。此外,还有"泰隋皇"猕猴桃等果品销售和民宿露营等。

二 西安都市圈乡村文旅融合发展现状

(一)多"村"分布,圈内乡村区域布局井然

根据《规划》所辖范围来看,本报告所调研的 18 个乡村文旅示范村镇遍布西安、咸阳、渭南、铜川和杨凌示范区,总体呈现多"村"分布、井然有序的面貌。

从考评分级角度来看,在这 18 个村镇中,有 9 个属国家级"乡村旅游重点村镇",占比为 50%,按村镇的入围时间顺序依次为袁家村、马咀村、南堡寨村、龙源村、天刘村、王上村、蔡家坡村、烟霞镇、塘子村;有 9 个

属省级"乡村旅游示范村镇"，占比为50%，按村镇的入围时间顺序依次为栗峪口村、葛牌村、照金村、太白村、灞源镇、河东村、北冯村、社树村、新庄村。这18个村镇中，有9个村镇或其所辖景区属"国家级旅游景区"，占比约为50%。其中，国家AAAA级旅游景区有2个，分别为西安金龙峡风景区、袁家村关中印象体验地；国家AAA级旅游景区有5个，分别为秦龙乳业旅游园、龙泉公社、昭陵博物馆、渭南航天生态园、马咀欧洲风情小镇；国家AA级旅游景区有2个，分别为鄂豫陕根据地葛牌镇区苏维埃政府纪念馆、王上村。

从地域分布角度来看，在这18个村镇中，有8个属西安市，占比约为44.44%，分别为南堡寨村、蔡家坡村、塘子村、栗峪口村、葛牌村、河东村、北冯村、灞源镇；有4个属咸阳市，占比约为22.22%，分别为袁家村、龙源村、社树村、烟霞镇；有3个属渭南市，占比约为16.67%，分别为天刘村、太白村、新庄村；有2个属铜川市，占比约为11.11%，分别为马咀村、照金村；有1个属杨凌示范区，占比约为5.56%，为王上村。

（二）因"村"制宜，圈内乡村类型要素多元

就西安都市圈乡村文旅发展案例而言，这18个村镇具备代表性，整体表现为因"村"制宜、综合多元的面貌。蕴含于其中的乡村文旅类型要素主要有自然景色、绿色农耕、红色精神、历史考古、关中民俗、航空航天、艺术欣赏、温泉康养、娱乐体验等。

自然景色方面，在保护生态环境的基础上，合理发展自然游览体验；绿色农耕方面，依托关中地区农耕优势，主要开展农牧综合观光和瓜果乳品销售；红色精神方面，基于照金村、葛牌村、栗峪口村、灞源镇等红色村镇，依托爱国主义教育基地，在保护红色文物、红色遗址的基础上，积极开展红色文化教育研学，传承弘扬红色精神；历史考古方面，在保护隋唐陵墓、遗址遗迹、文物文献的前提下，开展研学参观，弘扬中华优秀传统文化；关中民俗方面，主要进行传统民居参观、民俗文化体验、非遗手艺传承等，保护传播关中地区的民俗非遗；航空航天方面，以天刘村为例，开展航天测控装

备博物馆研学教育，宋义民同志英雄事迹宣传学习，传承爱国主义情怀；艺术欣赏方面，以墙画、雕塑、书法、摄影等方式丰富乡村精神文明建设；温泉康养方面，依托温泉天然资源发展康养产业；娱乐体验方面，融入娱乐设施、咖啡厅、酒吧等。

这18个村镇既注重文旅类型的特色性，同时注重多元性与综合性。例如，葛牌村的文旅类型为"红色精神"＋"关中民俗"；塘子村的文旅类型为"温泉康养"＋"历史考古"；烟霞镇的文旅类型为"历史考古"＋"关中民俗"＋"绿色农耕"等。

（三）阖"村"同乐，圈内乡村节日活动引流

村镇节日活动不仅是精神文明建设的重要环节，还是乡村文旅融合的引流方式。其类型一般有时令节日、文旅节日和"村晚"等。时令节日主要依托季节农时开展生态游览、瓜果销售等，如长安唐村"梅花春光节"、北冯村"阎良甜瓜产业文化节"。文旅节日主要依托特色资源开展文化传承、旅游体验等，如蔡家坡村"关中忙罢艺术节"、塘子村"汤峪温泉旅游节"等。"村晚"主要依托本地要素开展文艺观赏、特色体验等，如袁家村"'缤纷夏日　畅游咸阳'2023咸阳市夏季'村晚'示范展演活动"[1]、太白村"'富平柿饼　甜蜜中国'2023富平尖柿节全国'四季村晚'秋季示范展演"[2]等。

（四）与"村"相遇，圈内乡村出游保障完善

乡村文旅出游保障包括综合交通、特色饮食、安心住宿等方面。

综合交通出游便捷，公共交通或自驾可以到达。公共交通方面，有火车、长途汽车、地铁、公交等方式。自驾方面，有西安绕城高速、福银高

---

[1] 《2023咸阳市夏季"村晚"示范展演活动在我县袁家村举行》，http://www.liquan.gov.cn/xwzx/jrlq/202308/t20230810_ 1664815.html。

[2] 《2023富平尖柿节　全国"四季村晚"秋季示范展演活动启动》，http://www.fuping.gov.cn/xwzx/bdyw/1717334668845457409.html。

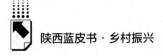

速、包茂高速、连霍高速、京昆高速、延西高速、沪陕高速、榆蓝高速、银百高速、菏宝高速、西兴高速、临兴高速以及关中环线、西安外环、灞河大道、终南大道、渭阳大道、旅游大道等。特色饮食品类丰富，有本地小吃、自助烧烤、特色村宴等。安心住宿类型多元，有酒店宾馆、民宿民居、户外露营等。

三　西安都市圈乡村文旅融合发展问题

（一）乡村文旅资源有待系统整合

西安都市圈乡村文旅资源丰富优良，但还需在资源转化、淡季发展、合作协同方面进行深入考量，进而逐步完善乡村文旅资源系统整合。

资源转化方面，"资源保护与合理转化"是乡村文旅建设尤须明确的发展问题。目前，部分村镇通过自身实践已然实现资源保护与转化开发，如袁家村的民俗资源、塘子村的温泉资源等。但还有小部分村镇虽拥有特色资源，却因定位不明、布局不清、发掘不够、内涵不深、项目不新、办法不多、转化不足，其文旅产业进展较为缓慢。

淡季发展方面，"淡季现象"是乡村文旅发展需积极应对的现实问题。目前，有一部分村镇的淡季文旅发展思路尚不明晰，而权且选择了较为保守的"省流"模式，即继续开放室外景点，而暂时关闭部分室内景点，以此维持淡季阶段的整体运行发展。

合作协同方面，整合文旅资源，多方集约发展是乡村文旅融合的重要发展路径。目前，西安都市圈乡村文旅建设较多聚焦于本村本镇的规划、建设与发展，而本区域之内的搭配合作与跨区域之间的联系协同则有待开拓与深化。

（二）乡村文旅品牌有待优化建设

聚焦西安都市圈乡村文旅品牌建设，率先创新实践的乡村已有较为成功的发展经验，如照金村、葛牌村、袁家村、蔡家坡村等，然而就整体品牌来说，还需关注品牌内涵与品牌特色等方面。

品牌内涵方面，乡村文旅的品牌内涵源自当地文化与乡村旅游的深度有机融合。部分村镇目前尚需深刻解读生态文化、红色文化、历史文化、民俗文化等的文化内涵，并通过多元方式展示体验。

品牌特色方面，品牌特色的核心要素在于"独特性"与"主导性"。目前，有部分村镇仍需在多元化的文旅资源中找到最能代表本村镇特色的方面进行重点培育，同时注重综合发展，逐步形成村镇特色品牌。

（三）乡村文旅宣传有待多管齐下

西安都市圈乡村文旅类型多元、分布有序，就整体宣传而言，其"声名"仍有待远播。

线上宣传方面，有些村镇或景区线上宣传特色凸显，如"长安唐村"微信公众号、"荆山红"抖音直播间、"陕甘边革命根据地照金纪念馆"数字化纪念馆、"昭陵博物馆"数字化博物馆。然而，还有相当一部分村镇或是暂无宣传账号，或是更新缓慢滞后，或是吸引力不足，从而失去部分潜在客源。

线下宣传方面，有的乡村发挥优势，已经培育出热度较高的节日活动，如"关中忙罢艺术节""阎良甜瓜产业文化节"等。然而，还有部分村镇或是培育思路不甚明确，或是优势发掘转化不足，抑或是活动策划欠缺特色与新意，以致持续关注度不够，难以获得"锦上添花"的效果。

（四）乡村文旅语言文字有待持续规范

西安都市圈乡村文旅建设需重视语言文字领域的现象与问题。总体来看，其语言文字方面仍有待规范与提升。

普通话推广方面，绝大部分乡村文旅从业者可以做到自如运用普通话，还有一些从业者尚待"勤学多练"。

汉字书写方面，部分场所及店铺招牌、海报介绍、展示讲解的汉字书写有待规范。常见问题有繁体字、异体字、别字、繁体字与简体字混用等。繁体字如，"肉夾饃"（肉夹馍）①、"鮮牛奶"（鲜牛奶）、"粉湯羊血"（粉汤羊血）；异体字如，"鷄蛋灌饼"（鸡）、"攪团"（搅）、"攪攪糖"（搅搅）；别字如，"岐山哨子面"（臊）；繁体字与简体字混用如，"游樂场"（乐）、"荞面餄餎"（饸饹）。

汉语拼音方面，部分招牌海报等处的拼音书写不甚规范，常见问题有拼写错误、大小写问题、声调问题等。例如，"示范园（SIFANYUAN）"（shìfànyuán），"示"的声母应为"sh"，"示范园"的拼音不适用"大写规则"②，无须大写；"民宿（MIN SU）"（mínsù），"民宿"的拼音亦无须大写。

中外翻译方面，部分展示讲解等处的中外翻译不合规范，常见问题有拼写错误、注释有误等。例如，"Tang emperor Lin Longji"，此处将唐玄宗"李隆基"的名字写错；"주지루（周至樓）관대（觀台）"，此处地名不应从中分开。

四　西安都市圈乡村文旅融合发展建议

（一）优化资源整合，明确发展优势

资源转化方面，西安都市圈内各村镇广泛收集整理当地现有资源并进行策划论证，在科学保护的前提下，根据文旅资源性质，合理进行转化开发，如山水观景、田园采摘、红色教育、文化研学、艺术体验、休憩康养等。

淡季发展方面，明确不同文旅资源类别各自的淡季时段与其中原因，以资源整合等方式推出文旅新项目、新活动、新内容，尝试探索适宜的淡季发展新思路。

---

① 引号内为所收集的不规范写法，其后为规范写法。

② 《汉语拼音正词法基本规则》，http：//www.moe.gov.cn/jyb＿sjzl/ziliao/A19/201001/t20100115＿75607.html。

合作协同方面，注重乡村文旅的本区域合作，即发挥邻近景区之间的集约效应。如社树村可依托中华水利会馆，与距离相近的郑国渠旅游风景区、陕西水利博物馆、郑国渠首遗址等展开文旅合作。同时，加强乡村文旅的跨区域往来，即发挥相同类型村镇之间的协同效应。如依托照金村、葛牌村、青坪村、栗峪口村等的红色文化资源协同开展红色教育研学。

（二）强化品牌建设，推出文旅样板

品牌内涵方面，西安都市圈内各村镇分类梳理当地现有文旅资源，深入广泛地阐释文化内涵，并结合村镇发展实际，培育建设"形得成""叫得响""守得住"的乡村文旅品牌样板。

品牌特色方面，乡村文旅的发展思路大多为"特色主导+多元综合"，获得评级的诸多村镇着力发挥自身优势，已逐步培育形成品牌特色。在突出特色的同时，还需注重文旅要素的多元性与文旅类型的组合性。

（三）拓展双线宣传，村镇声名远播

线上宣传方面，主要以文章推送、视频直播、数字参观的方式进行。依托网络平台开通村镇文旅宣传官方账号，在聘请专业团队的同时，培训提高工作人员的策划运营能力，从而开拓网络宣传新路径。文章推送与视频直播注重"突出优势、强调特色"，结合村史村志、乡村新貌、文旅资源、节日活动、先进人物、村民生活等多角度开展选题策划；综合运用图文推送、短视频、网络直播方式进行宣传；还要注意发布推送与开启直播的时段频次。数字参观注重"复刻现场、贴近观感"，基于数字科技，可开发建设线上体验"数字村镇"。

线下宣传方面，主要以乡村特色节日活动带动关注率和客流量。乡村特色节日活动需从立足本地资源、凸显文旅特色、丰富活动内容、营造文化记忆、丰富群众生活等多方面进行考量。特色节日活动的定期性与承续性尤为重要，如"关中忙罢艺术节"已举办五届，已然成为远近闻名的文旅节日活动。

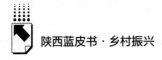

（四）普及语言文字规范，助益乡村振兴

《国家通用语言文字普及提升工程和推普助力乡村振兴计划实施方案》指出："推广普及国家通用语言文字，是铸牢中华民族共同体意识的重要途径，是建设高质量教育体系的基础支撑，是实施乡村振兴战略的有力举措，对经济社会发展具有重要作用。"①

宣讲普及方面，以公益讲座、展板海报、墙画板报、乡村广播等多种方式开展法律法规宣讲阐释，如《中华人民共和国国家通用语言文字法》《地名管理条例》等；依托《普通话水平测试实施纲要》《汉语拼音正词法基本规则》《通用规范汉字表》等讲解国家通用语言文字标准规范。在熟练使用国家通用语言文字的同时，逐步强化在乡村振兴各方面的实践运用能力。

活动开展方面，依托"全国推广普通话宣传周"，策划并开展国家通用语言文字推广活动。根据《教育部等九部门关于开展第 26 届全国推广普通话宣传周活动的通知》，2023 年"全国推广普通话宣传周"的主题为"推广普通话，奋进新征程"②。同时，广泛宣传并积极使用"中国语言文字数字博物馆"馆藏资源。

---

① 《教育部　国家乡村振兴局　国家语委关于印发〈国家通用语言文字普及提升工程和推普助力乡村振兴计划实施方案〉的通知》，附《国家通用语言文字普及提升工程和推普助力乡村振兴计划实施方案》，http：//www. moe. gov. cn/srcsite/A18/s7066/202201/t20220106_592708. html。

② 《教育部等九部门关于开展第 26 届全国推广普通话宣传周活动的通知》，http：//www. moe. gov. cn/srcsite/A18/s3135/202307/t20230717_ 1069309. html。

B.15
农业机械化助推乡村振兴研究[*]

——以陕西丘陵山区为例

张应武　高嫒　江小容　桑兴岳　张旭锋^{**}

摘　要： 农业机械化是农业现代化的重要标志，是推动乡村振兴的重要助力。陕西是丘陵山区大省，发展农业机械化的基础条件较差，陕南、陕北、关中地区农机化发展不平衡、不充分问题突出，阻碍着乡村全面振兴进程。为破除发展瓶颈，陕西需推进农田宜机化改造，加快丘陵山地农机研产推用一体化发展，加大丘陵山区农机具购置补贴，提升农机社会化服务能力，推动农机农艺深度融合，增强实用农机技术培训，推动农业机械化向更宽领域、更高水平发展。

关键词： 农业机械化　陕西　丘陵山区　乡村振兴

　　当前，农业农村改革不断深入，青壮年劳动力外出务工增多，农村劳动力成本不断攀升，丘陵山区农业发展面临挑战。陕西是一个丘陵山区大省，丘陵山区耕地面积约占全省耕地面积的 60%，迫切需要提高丘陵山区的农业机械化水平，补齐发展短板，为粮食等主要农产品的有效供给提供保障，为农业增效、农民增收、乡村振兴提供助力。

---

* 本文系 2023 年度"奋进中国式现代化新征程　谱写陕西高质量发展新篇章"重点智库研究项目"陕西农业社会化服务的现实困境及对策研究"（项目编号：2023ZD1043）阶段性成果。
** 张应武，陕西省农机化发展中心副主任，主要研究方向为农业机械化；高嫒，陕西省农机化发展中心生产指导处处长，主要研究方向为农机化发展；江小容，博士，陕西省社会科学院农村发展研究所助理研究员，主要研究方向为农业社会化服务；桑兴岳，陕西省农机化发展中心生产指导处副处长，主要研究方向为农机社会化服务；张旭锋，陕西省农业农村厅一级调研员、陕西省农学会副会长兼秘书长，主要研究方向为农村合作经济。

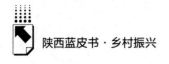
一 推进丘陵山区农业机械化的必要性

（一）农业机械化是推动传统农业向现代农业转型的重要手段

实施乡村振兴战略的根本目的在于推进农业农村现代化，这必然要求加快传统农业向现代农业转型升级。我国农业发展历程和欧美国家发展现代农业的经验均表明，农业机械化是实现这一目标的最佳抓手。农业现代化的核心是提高劳动生产率，只有运用先进的设备和工具替代手工劳动，在农业的产前、产中、产后环节实现全程机械化作业，才能真正把农民从传统农业的耕种收防、施肥除草、脱粒晾晒等繁重的体力劳动中解放出来，提高农业劳动生产率，增加农业农村经济效益。因此，农业机械化是实现农业农村现代化的重要支撑。

（二）农业机械化是实施乡村振兴的重要内容

《乡村振兴战略规划（2018~2022年）》明确提出，要推进我国农机装备和农业机械化转型升级，加快高端农机装备和丘陵山区、果菜茶生产、畜禽水产养殖等农机装备的生产研发、推广应用，提升渔业船舶装备水平。促进农机农艺融合，积极推进作物品种、栽培技术和机械装备集成配套，加快主要作物生产全程机械化，提高农机装备智能化水平。随着农业现代化进程的不断加快，农业机械在农业种植、养殖、加工等领域发挥着越来越重要的作用，成为推动乡村振兴的重要助力，是实现乡村全面振兴的重要内容。

（三）农业机械化是乡村产业高质量发展的重要标志

目前，乡村振兴战略全面实施，农业现代化进程不断加快，对农业机械化提出了更高要求。在产业发展方面，农业产业链条不断延伸，迫切需要农业机械的作业服务领域从耕、种、收环节向产后的秸秆处理、烘干环节延伸，从粮食作物向经济作物扩展，从传统种植业向养殖业、加工业拓展。在经营管理方面，农业农村领域崛起的新型经营主体正在成为主力军，其对高质量全程机械化解决方案、高效率作业服务与组织管理等更为关注，农机社会化服务面临巨大需求。在农机具产品方面，乡村振兴是产业、人才、文化、组织、生态等的全面振兴，农村一二三产业的融合进程势必加快，对缺门机具、智能化机具的需求将更为迫切。

（四）农业机械化是加快丘陵山区农业农村现代化的重要纽带

农机是提高农业生产力的关键途径，丘陵山区农业不发达，原因就在于机械化水平太低。我国山区面积约占全国总面积的2/3，存在生态脆弱、土地贫瘠、产业落后等问题，陕西尤为突出，全省丘陵山区耕地面积约占全省耕地面积的60%，主要分为梯田和坡地，其中2/3以上是坡地。从耕地坡度看，6度以下坡地2217万亩，占全省耕地的50.37%；6~15度坡地887.9万亩，占20.17%；15~25度坡地611.12万亩，占13.88%；25度以上坡地685.49万亩，占15.57%。从地区分布看，丘陵山区主要分布在陕南的汉中、安康、商洛3市和陕北的延安、榆林2市，全省24个山区县，除凤县、太白县外全在陕南，23个丘陵县全在陕北。丘陵山区农田基础设施较为薄弱，与农机作业的需求不相适应，严重阻碍了农业农村现代化的进程，迫切需要提高丘陵山区农业机械化水平，通过机械化实现农业新技术、新设备、新品种、新农艺大面积推广应用，加快丘陵山区种养加专业化、贸工农一体化、产供销集约化，探索出一条农业高质高效、农民生活富裕、农村生态良好的丘陵山区乡村振兴之路。

二 陕西加快丘陵山区农业机械化的区域实践和主要做法

为加快补齐丘陵山区农业机械化基础条件薄弱的短板，近年来陕西依托高标准农田建设，加快农田"宜机化"改造和农机装备的研发、推广及应用，为加快丘陵山区农业机械化转型升级创造条件。

（一）区域实践

1.陕南山区耕地集中连片整治改造

陕南商洛、安康等秦巴山区素有"八山一水一分田"之称，人均耕地面积不足 1 亩，且多为山坡地，25 度以上坡耕地约占 40%。在加快山地"宜机化"改造过程中，将低产坡耕地集中改造为机械能够作业的高产田，玉米、大豆、油菜籽等单产可提高 100 斤左右。平利县在大贵镇儒林堡村集中连片整治坡耕地 450 亩，实行稻油一体化种植，采用履带式农机作业和油菜育苗等农机农艺融合技术措施，水稻亩产达到 1200 斤，油菜籽亩产达到 300 多斤。为探索利用机械整理整治土地模式，解决丘陵山区中大型农机进田入地"最后一公里"的问题，安康市在恒口示范区大同镇同新村开展宜机化改造，以安康益亿粮种植农民专业合作社为主体，先行流转改造丘陵坡地农田 307 亩。实施缓坡化改造，提高了坡度的一致性，总体坡比控制在 15% 以下；修建机耕路 1.053 公里，联通了田间运输线路，生产资料进田和粮食出地全部实现机械运输。整个区块改造后，能够满足拖拉机、联合收割机、运输机械等大中型农业机械在田间作业和转运的需求，实现了小麦、玉米耕种收全程机械化，小麦亩产 400 公斤左右，玉米亩产 525 公斤左右，较人工种收增产明显。目前，陕南山地丘陵区已建成高标准农田 288 万亩，约占区域耕地的 35%。

2.陕北丘陵沟壑区"坡改梯"改造提升

陕北黄土丘陵沟壑区地块小而散、农田道路通达率低、水土流失严重，通过"坡改梯"和"宜机化"改造，农业机械能进行田间作业，亩均可增产粮食 120 斤以上。例如，佳县结合高标准农田建设，高质量推进山区农田宜机化改造，兼顾农业机械通行需要，修建农机进出坡道，完善田间道路，实现了相邻地块之间、地块与道路之间衔接顺畅；根据改造后的地块坡向和其他相邻地块雨水排泄流向，合理布局沟渠，深开主沟、背沟和围沟，少开或浅开厢沟和支沟，便于开展机械化作业；打破原地埂界限，对尖角、弯月形等影响农业机械作业的异形地块，进行开挖回填、截弯取直等整理，消除地面和耕层内影响机收作业的石块及其他障碍物；把地块小并大、短并长、坡变平，建设以条带状分布为主的宽幅梯田，并延长机械作业线路，减少机械折返频次，以满足大中型农业机械作业要求。佳县累计建成高标准农田7.29万亩，实施"一户一田"5000余亩，土地流转2万余亩，推广渗水地膜高粱谷子20万亩。榆林市横山区朱家沟村是典型的黄土高原丘陵沟壑区，坡地多、平地少，该村集中对25度以下低产坡耕地进行高标准改造，修建起1.2万亩宽幅梯田，各类农机可来回穿梭，生产效率大大提升，亩产量是过去的2~3倍。榆阳区探索"一户一田""一组一田"模式，整合改造土地现状，提升机械作业水平，形成规模示范效应。目前，陕北黄土丘陵沟壑区已建成高标准农田138万亩，约占区域耕地的20%。

（二）主要做法

1. 加大丘陵山区宜地农机装备研发力度

丘陵山区农机作业难，种植品种多，投资效益较低，农机供需双向乏力。陕西各科研院所和装备开发企业，聚焦丘陵山区农业装备需求，积极开展技术攻关，不断加快关键共性技术攻坚，推进农机装备创新，研发适合丘陵山地粮食及林果园作业的先进适用农机具。

一是加大动力机械研发。西北农林科技大学杨福增团队研发了一种小型山地履带无人拖拉机，采用遥控式液压差高装置保证拖拉机在0°~23°的等高线坡地上完成横向姿态调整，使车身在坡地始终处于水平状态。同时，研发全向姿态调整山地履带无人拖拉机，基于"平行四杆机构"和"双车架机构"实现机身的横、纵向姿态调整（自动式/遥控式），显著提高了山地拖拉机坡地作业的稳定性和安全性。

二是研创粮食生产机械。亚澳农机公司针对北方丘陵山区地表起伏坡度跨度大（0°~15°）、土壤弱墒黏重的生产条件，正在研制适应于此区域，具备种床带整理、精量播种、同步施肥、沟播覆土等多工序联合的油菜/小麦兼用联合播种机。户县双永农具公司按照陕西玉米5335种植作业模式，结合丘陵山区特点，研制出2BSQFJ-2型玉米深松全层施肥精量播种机，该机一次进地可完成土壤深松（25~35cm）、全耕层（分层）施肥、苗带旋耕、玉米精量播种、覆土镇压等多项复式作业。

三是加大果业机械研究。陕西省农业机械研究所有限公司针对陕西果园种植管理特点，研究开发了小型对靶变量施药机、语音遥控升降平台、可变轨单轨运输机等果园作业装备。西北农林科技大学与武功秦牛农机公司联合研制生产丘陵山地轨道运输装备，用于丘陵山地肥料、果品等搬运。

四是加大小微农机具的研发与推广。志丹县厚德工贸有限公司、子长县渊凯农机专业合作社等根据当地生产条件，积极改装、生产和销售小型农机具。这些农机具以微耕机、小型打药机、喷雾器及小型履带拖拉机为主。在购置补贴系统中，微耕机年均销售量仅1.5万台。加快丘陵山区小微农机具的研发及推广应用，有助于改变丘陵山区适宜农机具缺乏的困境。

2. 加快丘陵山区农机装备推广应用

陕西省丘陵山区耕整地机械化率水平较低。全省主要农作物耕种收综合机械化率达到71.12%，农机总动力达到2387.9万千瓦，微耕机达到155.62万千瓦，但陕南、陕北等丘陵山区农业机械化水平相对较低，其中陕南地区农业机械总动力为493.8万千瓦，仅占全省的20.6%；陕北地区农业机械总动力为489万千瓦，仅占全省的20.4%。为促进陕南、陕北丘陵山区农业机械化发展，陕西每年安排4.5亿元项目资金和农机具购置补贴资金，在部分县区开展丘陵山区机械化示范推广项目，大力推进全程机械化。陕南山区主要推广小型稻麦收割机、旋耕机、微耕机、脱粒机和茶叶、食用菌、西洋参、枣皮、核桃等特色农产品加工机械以及植保机械、灌溉机械等；陕北丘陵山区大力提升机耕、机械植保水平，示范推广小杂粮等机播、机收，大大提高了丘陵山区耕整地的机械化率。

3. 积极发挥农机服务组织作用

陕西不断推进以"全程机械化+综合农事"服务中心为主的农机服务组织建设，不断推进机制创新，形成以综合农事服务中心为龙头、农机合作社为主力军、农村集体经济组织为纽带的农机社会化服务体系，实现了从农资统购、农机具销售租赁维修、机艺融合推广、农业保险、农民培训、农机作业服务到农特产品贮藏加工销售等"一站式"的农业产前、产中和产后综合服务，有效解决了原有单一作业方式下的农资质量不能保障、单项作业之间农机农艺互相不匹配、服务范围窄、群众务工农忙"两头跑"等农业生产问题，实现了群众省时省力增收、合作社发展壮大、农业农村焕发蓬勃生机的三赢局面。佳县充分发挥农村集体经济组织"统"的职能作用，将过去零散的"块块田""条条地"整合，通过奖补引导农机合作社等主体流转大宗土地进行机械化、规模化经营，助推宜机化发展。志丹厚德农事服务中心创新"农机共享"服务模式，在11镇34村建立36支农机作业（维修）服务队，积极配置果园开沟施肥、植保等农机具，打造"中华农机服务"手机App，创建农机互租互赁呼叫微信服务群等智慧农机网络服务新模式，就地就近开展作业和机具租赁服务，随时随地进行农资、保险、作业、技术咨询、销售等服务，每年租赁共享农机具3万余人次，惠及农民1500余户。延安市组织农机服务组织从山西省农科院引进渗水地膜高粱谷子机械化穴播技术，并集成推广全覆膜深沟探墒旱作农业技术，助推山旱地区实现机械化和规模化种植。榆林市集成推广"沟道坝蓄水+光伏发电提水+土工膜窖高位储水+膜下滴灌补水"的"四位一体"集雨补灌技术模式，不断提高山旱地农业经营效益。

三 陕西丘陵山区农业机械化发展面临的主要问题

陕西省农作物耕种收综合机械化水平基本与全国持平，在丘陵山区较多的省份中居于前列，但问题还不少，主客观原因有以下几方面。

（一）耕地条件较差，宜机化改造难度大

近年来，陕西依托高标准农田建设等，改善了丘陵山区耕地质量，但大部分地块还未改造。以吴起县五谷城镇为例，在该镇6.2万亩常用耕地中，高标准农田仅0.6万亩，已建设的高标准农田机耕道标准较低，不能满足机械化生产要求。从陕西省来看，丘陵山区耕地普遍存在坡度大、田埂多、道

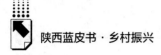

路窄、地块细碎凌乱、形状不规则等问题，有些没有机耕道，有机耕道的路窄、坡陡、弯多，机械进地难、作业难、效率低、效益差，许多山旱地年均收益仅为100~300元。

（二）种植制度复杂多样，适用机具研发困难

丘陵山区同区域种植品种较多、规模小，所需要的机械品种多、批量小，企业研发成本高，研发积极性不高，可用机械缺乏。丘陵山区普遍采用传统的套作、间作等种植模式，农艺烦琐，农业产业规模小而散，农机装备需求多样化，机具研发需要攻克的难题多且复杂。同时，丘陵山区采取土地分散经营的方式，农户购置农机具的投入成本增加，购置大中型机械的可能性降低，而小型机具的配套又滞后，导致新机具推广应用难，在一定程度上制约了丘陵山区农机化的进程。

（三）宜地农机研发成本高，投资回收期长

对生产企业而言，丘陵山区农机研发难，单型号机具市场规模偏小，售后服务成本高，利润薄，风险大。有实力的农机企业不愿涉足这类市场，小型农机企业又缺乏足够实力，导致多数科研成果止步于样机试制阶段。对购买者而言，大中型机械在小田块内作业效率低、损耗大，又缺乏规模作业量，作业成本高、收益低、投资回报率差。另外，丘陵山区农机具使用季节性强，部分机具开发投产后，调试更新周期长，无法满足市场需求。已经开发的地方特需、小众农机具，因技术不成熟和标准滞后等，难以通过试验鉴定进入农机购置补贴范围，无法享受购置补贴政策。与平原地区相比，丘陵山地农机具投资回收期要长1倍以上，导致农机服务组织不愿过多投资。

（四）推广机构基础薄弱，农机农技人才缺乏

丘陵山区基层农机技术推广机构基础薄弱，大多数市县农机技术人员奇缺，有些地区即便有一名农机人员也是职务挂靠、身兼数职，从事农机技术

推广服务的精力不够。加之机制不灵活、经费保障不足、服务形式落后等，严重影响了新机具、新技术的推广应用和农机化工作的正常开展。

（五）社会化服务组织发展滞后，服务模式单一

农机社会化服务组织通过提供"菜单式""订单式"服务等方式，将分散经营的小农户链接到大农业中，解决了小农户和大农机、大市场之间的矛盾，有效提高了土地产出率、资源利用率及劳动生产率。但是丘陵山区农业经营规模普遍较小，农机服务组织化程度低、能力弱、发展滞后，具体表现在以下几方面。一是经营规模普遍较小，所拥有农机具质量不高，低端产品多，高端产品少。二是主体机构单一，缺乏专业技术人员和管理人员。三是服务方式单一，耕、种、收服务居多，全程服务特别是农产品加工等方面服务较少。四是集公益性、服务性、经营性于一体的农机维修场地建设滞后，持续发展能力不强。五是农机服务组织体系不健全，还未构建起与集约化、专业化、组织化、社会化相结合的新型农业经营体系，难以形成规模化、专业化、标准化的生产模式。

四　国内外发展丘陵山区农业机械化的经验

（一）日本微耕农业

从国际上看，欧美等发达国家自然资源禀赋较好，一般不把丘陵山区作为农业主要开发资源，可资借鉴学习的主要是日本微耕农业。日本小巧的农业机械，以及由此产生的微耕农业理念，使75%山地的日本农业养活了1亿多人。微耕农业的核心就是农业机械的小巧灵活，如一款小型收割机，比手扶拖拉机机头还小巧，高度不到1米，宽约50厘米，每次收割两垄左右稻子，并能自动打捆。有些收割机可手扶作业，也可在遥控模式下自动作业。打捆好的稻子，可人工捡拾，也可由小型机械捡拾。日本各式各样的小型农业机械，纵然60岁以上的老人，也能轻松操控。微耕作业一方面提高了农

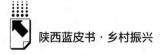

业机械小型山地操作的灵便度，另一方面老年人可操控作业，在农村老龄化趋势加剧的情况下，可有效避免丘陵山区耕地大量撂荒。

（二）重庆多措并举"改地适机"

重庆"六山三丘一分地"，机械上不了山、农机入不了地，阻碍了当地农业现代化的发展。2015年起，重庆着眼于提升农业机械化水平，探索推进丘陵山区农田宜机化改造。通过小并大、短并长、曲变顺、陡变缓、坡改梯、搭接通道、互联互通等宜机化改造，实现耕作道与地块连通、地块互连相通、沟渠河道贯通、地块平整、地力提升。重庆农田宜机化改造的重点是，根据不同类型的农田，采取不同的资金补助方法。其中地块互联相通改造，每亩补助800元；缓坡化改造，每亩补助1500元；平坦条田、坡地梯田和旱地梯台改造，每亩补助2000元。还通过"先建后补"方式，撬动社会资本加大投入，以贷款贴息、担保贴费、风险补偿等方式引导各方面投入。截至2022年底，重庆已对110余万亩农田进行了宜机化改造。

（三）湖南郴州创新研发"专精特新"农机

湖南省郴州市是我国粮食生产大市，丘陵山区占耕地面积的70%左右。近年来，郴州市出台《关于提高全市农业机械化率的实施方案》，在政策、土地、资金、人才等方面为农机装备制造企业做大做强给予大力支持，组织引导当地农机装备制造企业立足自身优势特色，走专业化、精细化、特色化创新之路。通过重大农机装备创新研发"揭榜挂帅"等项目，支持农夫机电公司研发适合南方丘陵地貌特点的小型耕整机、割晒机、半喂入联合收割机、轻型橡胶履带拖拉机以及北斗导航履带拖拉机、新能源履带拖拉机等；支持郴州粮油机械公司打造大米加工行业标杆，研发生产大米加工设备、粮食烘干仓储设备，特别是移动烘干设备等；支持田野现代智能装备公司瞄准烟草种植行业，研发适合南方丘陵地区的小型拖拉机、移动式热泵烤房等。

（四）浙江聚力补齐丘陵山区和设施农业装备短板

浙江是全国丘陵山区省份之一，针对丘陵山区特点，制定先导区建设总体方案，建立完善工作机制，加快推进丘陵山区农机装备补短板。目前，41个丘陵山区县（市、区）农作物耕种收综合机械化率达 69.2%。一是依托产学研 45 家单位组成农机创新研发推广联盟。如中国农业机械化科学研究院浙江分院正式实体化运行，在金华永康启动建立省级现代农机装备技术创新中心，注册资金 18 亿元。二是制定跨省协同推进机制，提出浙黔滇农机化发展合作方案。向云南推介农机企业 14 家，与贵州签署合作意向 18 项，举办永康丘陵山区农机展。三是聚焦丘陵山区和设施农业装备短板，分区域、分产业、分品种、分环节，分析梳理问题清单、推广清单、研发清单，50 项需求分批列入省科技厅尖兵、领雁等攻关榜单，成功研制一批短板装备，申报发明专利 25 项。四是组织杂交稻精量机插秧等 9 个机械强农重点突破性项目攻关，认定 7 项首台（套）农机产品，16 台（套）农机装备列入首台（套）产品推广应用指导目录。五是围绕创建农机研发制造推广应用一体化试点省，制定试点方案，开展项目路演和专家论证，重点支持丘陵山区 25 马力小型智能拖拉机等突破性产品研发、熟化。

五　加快推进丘陵山区农机装备适配发展的建议

充分借鉴国内外先进地区发展经验，立足陕西实际，推进丘陵山区农机装备适配发展。

（一）因地制宜，大力推进农田宜机化改造

推进丘陵山区农田宜机化改造，使"地"适"机"。对梯田的改造，主要是解决田间道路问题，只要有路可走，均可实现机械化作业。坡地主要是解决坡度问题，将坡度大于 25 度的地块进行平整后改造为梯田，亦可实现机械化作业。要统筹农田建设、土地整治、产业发展、农业园区建设等项目资金，对条件适合的连片土地进行宜机化整理，重点支持整村、整乡镇集中连片开展农田宜机化改造。同时，支持农机合作社、农业企业、村集体经济组织等农业服务主体承担实施宜机化改造项目，拓宽生产路，坡地变梯田，

小地并大地，改变细碎化现状，补齐农业机械化基础条件薄弱的短板，从源头解决丘陵山区农机化率低的问题。对于道路不畅且已建成的高标准农田，设立专项资金进行田间道路改造，新规划建设高标准农田将田间道路纳入重点建设验收指标。

（二）搭建平台，推进丘陵山地农机研产推用一体化发展

加快丘陵山区适宜机械的研发、推广及应用，使"机"适应"地"。把丘陵山区农机装备研发作为农业核心关键技术攻关重点内容，瞄准制约发展的短板弱项，细分丘陵山区农机装备市场，结合陕西实际，落实专项资金，靶向施策，布局一批重点突破性项目，推进丘陵山区播种、收获、植保以及粮食烘干等方面重点机具的研制和推广应用。一方面加大行业协作，深化政产学研推，成立由政府部门、科研院所、农机企业组成的农机创新研发推广联盟。支持丘陵山区农机装备产业链上下游企业和科研院所深度对接融合，建立以政府为支撑、企业为主体、市场为导向的产品创新制造供给体系，解决研制主体缺乏、试验基地建设困难等问题。另一方面，创新农机鉴定协作模式，打通"创新研发—试验鉴定—推广应用"的全链条，推动成果转化与产业化进程不断加速。

（三）强化扶持，不断提升丘陵山区农机化水平

一是实施丘陵山区农机装备提升三年行动，研究制定实施方案，遴选建立丘陵山区急需农机装备目录清单，与农机研发生产机构对接，支持分年度、分地域、分梯次、分产业，逐步补齐丘陵山区农业机械发展短板。二是出台陕西地方农机专项补贴政策，加大对农机购置的补贴力度，实现"国家+地方"政策对陕西丘陵山区特色农机主要产品全覆盖，在有效降低农机购置成本的同时，引导农机生产企业生产相关产品，改善丘陵山区适用机具供给不足局面。三是稳定实施国家农机购置补贴政策，支持开展农机新产品购置补贴试点，加大补贴资金向丘陵山区倾斜的力度，扩大农机购置补贴覆盖范围。积极推荐陕西特色农机产品进入国家农机购置补贴目录，将丘陵山

区特色作物发展急需的创新农机产品优先纳入试点，将配套工作装置后具备旋耕、开沟、施肥、割草、喷药等功能的小型自走履带田间管理机纳入补贴范围。四是引导金融机构积极给予信贷支持，提供贴息或低息贷款，解决丘陵山区贫困农民购机难的资金瓶颈。

（四）加大培育，提升农机社会化服务能力

农业社会化服务等项目资金向丘陵山区倾斜，大力扶持、引导当地农民发展多种形式的农机服务组织，提供产前、产中、产后各环节的全程机械化服务。从培育发展以单项作业为主的专业化农机服务主体起步，重点培育集耕、种、收及加工等多项作业的综合性农机服务主体，加大支持综合农事服务中心农机共享服务等多种社会化服务形式。创新丘陵山区农机维修服务模式，形成由农机企业、维修中心、维修网点、合作社等共同组成的多元化维修服务体系，基本实现"农机维修不离乡"，逐步实现丘陵山区种植区域化布局、专业化分工、标准化生产、集约化经营，不断提高丘陵山区农民集约化水平，加快实现丘陵山区农业现代化。

（五）试点示范，推动农机农艺深度融合

丘陵山区机械化势在必行，亟须配强县乡两级农机技术人员，打造和总结推广样板，推动农机农艺深度融合。一是引导各地根据实际，选准切入点，找准突破口，宜粮则粮，宜经则经，宜果则果，重点围绕一种作物试点示范，着力补齐短板，拉长链条，推进全程机械化。二是针对关键环节进行研发攻关，协调争取各方支持，着力破解难题、补齐短板、强化弱项，集中资源、持续用力，加快实现农机农艺融合发展。三是开展丘陵山区农业机械化专项或综合示范片区（基地）建设，做到省市县、各种特色作物都有样板，区域内实现农业布局合理、技术模式优化、机具配备优良、机械化水平提高、经济效益显著。四是挖掘一批可复制、可推广、服水土、接地气的示范典型，切实发挥典型引路作用，带动周边同类地区加快发展。

（六）加大培训，增强实用农机技术支撑能力

结合高素质农民培育、新型农业经营主体带头人培训、农机手培训和丘陵山区农业生产需求，采取多种形式、多种渠道，开展农机操作、修理等各种技能培训和演示，让农机手了解机具的性能、操作要领，传授相关技术，特别是安全操作技术，培育一大批有科技素质、有职业技能、有经营能力的新型职业农民，提高购机用机的积极性，促进丘陵山区农机化健康持续发展。

参考文献

刘虎：《论农业机械化与乡村振兴的深度融合》，《农业技术与装备》2019 年第9 期。

李思明：《乡村振兴战略与农业机械化深度融合的策略分析》，《南方农机》2020 年第 23 期。

韩茂德：《乡村振兴战略与农业机械化深度融合策略》，《世界热带农业信息》2022年第 2 期。

《加快农田"宜机化"改造　以农业机械化助力乡村振兴》，http：//www.nkb.com.cn/2023/0829/458200.html。

案例篇

B.16
农村金融生态建设助力乡村振兴策略研究

——基于西安市农村信用建设的实践思考

韩　旭*

摘　要： 全面推进乡村振兴，加快农业农村现代化，需着力推进乡村建设、乡村发展、乡村治理三项重点工作。农村信用体系作为乡村治理体系的重要组成部分，对深化农村改革、提升乡村治理水平、加快农村现代化建设具有重要意义。本报告分析了西安市农户评级工作取得的成效和面临的挑战，提出了如何建立农村信用评级体系，培育良好的农村金融生态的建议，并对引导金融机构增加金融供给、助力乡村振兴进行了研究和探索。

关键词： 农村金融　信用评价　金融生态　乡村振兴

---

* 韩旭，陕西金融控股集团有限公司经济师，主要研究方向为政治经济学理论与实务。

营造良好的农村金融生态，不仅可以将全社会的发展力量有效地团结起来，还能够激发各个市场主体的创新力。要注重农村信用文化建设，积极引导新时代农民大力弘扬诚实守信的优秀品质，增强法律意识，增强社会责任感，形成"重诚信、守承诺"的市场环境。通过构建良好的农村信用文化，形成优良的金融生态，培育新型农村金融体系，增加农村金融供给，为乡村振兴提供金融服务。

一 农村金融生态建设助力乡村振兴的现实意义

党的十九大以来，农村金融生态建设取得了较好的成效，顶层设计日趋完善，机制体制不断健全，农村信用基础设施建设水平逐步提高，信用数据规模和质量不断优化，信用治理能力和水平持续提升，已成为新时代乡村振兴的重要基础。

（一）中国特色社会主义制度优越性的重要体现

农村金融生态建设是社会主义制度建设的重要组成部分，既体现了社会主义制度的优越性，又同我国现阶段农村经济发展水平相适应，不仅可以将农村市场主体的创造力、创新力激发出来，进一步发展全社会的生产力，还可以提高农民的经济收益，从而推动全社会公平与效率的有机统一。农村金融生态建设进一步丰富了中国特色社会主义制度体系，提高了我国广大农村地区治理体系的组织动员能力、统筹协调能力、贯彻执行能力，提升了农村治理效能。良好的农村金融生态优化政策，能够促进农村消费体制机制，农村社保、医保和康养机制不断完善，促进农民调整农业产业结构、增加收入，扎实推进共同富裕。[1]

---

[1] 李庚香：《熔铸新时代河南精神 在全面建设社会主义现代化国家新征程中"奋勇争先、更加出彩"——全面学习、把握、落实党的二十大精神的思考》，《领导科学》2023年第1期。

（二）构筑和谐社会的重要条件

诚信环境的缺失是农村金融生态环境不断恶化的直接原因，构建以诚实守信为主要内容的农村金融生态环境，是构建和谐社会的必要条件和基础性工作。在一个规范、有序、均衡的金融环境中，市场经济在资源配置中的作用得到充分发挥，市场经济秩序更加规范，因诚信缺失所导致的道德风险明显降低，农民进场交易"融资难、融资贵"的问题得到有效解决，以此为基础，一个民主法制、公平正义、安全有序、诚信友爱、充满活力的农村经济社会文化秩序得以构筑起来。

（三）推动乡村振兴政策落地的基础

2018 年 4 月，西安市政府办公厅印发了《西安市农户信用等级评价办法》，秦农银行率先与西安市政府签订了支持西安市乡村振兴战略合作协议，并选取高陵区、周至县等部分县（区）行政村开展农户评级试点。在涉农区、县各行政村的积极配合下，按照编制的农户信息采集操作规程，采集信息、核定等级、公示结果，根据评价结果核定授信额度。随着农户评级工作的不断推进，西安市初步实现了政策实施、落地措施、成效反馈的信息闭环，为政府制定"三农"政策提供了决策参考。[1] 同时，依托农户评级所搭建的"市、区、县"网状架构，可以快速准确地定位到单个农户，有利于推动政府惠农政策的具体实施。依托农户信用数据库，可以向政府相关部门及时反馈支农政策实施成效，为分析研究完善支农政策提供数据支撑，让乡村振兴政策更加精准。

（四）加快金融要素向农村供给的有效保障

农村金融机构依托农户信用电子档案，充分结合银行内部授信规定，对

---

[1] 马惠聪：《在学思践悟中积蓄乡村振兴奋进力量——学习贯彻党的二十大精神》，《广东省社会主义学院学报》2022 年第 S1 期。

农户信用进行评级，对农户信用状况进行客观评价。按信用等级给农户授信，是解决农民贷款的重要路径。农村金融充分利用农户评级信息系统功能，对所有农户信贷需求进行标识，能够准确定位到具有贷款需求的低收入农村家庭，并为其解决贷款难的问题，也可以帮助农村金融机构有针对性地开发涉农产品和服务，实行差异化金融服务。[①] 只有不断优化农村金融生态环境，才可能改变金融机构对农村金融服务的收益与风险预期，使农村金融机构能以更低的成本、更可持续地提供"三农"需要的金融产品与服务，更好地助推乡村振兴。

（五）促进农村经济主体主动致富的外在动力

我国东部地区创设了"诚信基金"和"信用超市"，出台了农民家庭和个人信用评价方案，把农民的收入、道德水平与信用等级挂钩，村民按照信用等级获取相应的福利待遇和激励。欠发达地区可以借鉴东部地区的经验做法，邀请本辖区已脱贫致富的农民介绍经验，从而带动其他农民注重自身信用的维护，通过种植、养殖和农产品加工等方式，实现致富奔小康的目标，激发农民靠勤劳致富的内生动力。在开展农户信用等级评定的基础上，积极拓展"信用村、镇"创建活动，推动"整村集中授信"等信用贷款鼓励办法落地，由此促进各个村镇及农村市场主体之间形成良好的竞争心理，促进其不断提升信用等级。[②] 通过引导价值观塑造，营造良好的农村信用文化氛围，弘扬诚实守信、艰苦奋斗、互帮互助的新时代农民精神，为基层乡村治理、维护农村社会稳定提供良好的环境。

二　西安市农村金融生态建设的实践

2018年初，西安市政府以农村金融生态建设为抓手推动乡村振兴，探

①　黎明、唐瑾：《以信用体系助推中国智慧城市建设》，《中国经贸导刊》2018年第27期。
②　张端、孙晨曦：《农户信用好　贷款可优惠》，《西安日报》2018年1月31日。

索出以"建机制、搭平台、定标准、重应用"为主线的农村信用体系建设工作模式，形成"政府支持、人行引导、银行参与"的工作机制，不断创新信用助力乡村振兴的方式，在优化金融生态、增加金融供给、支持乡村振兴等方面取得了阶段性成果。

（一）建立农户信用评级工作领导机制

农户信用评级是一项系统性的大工程，涉及范围广，工作量及强度都很大。为高效推进工作进度、凝聚力量，中国人民银行西安分行充分发挥中国人民银行在社会信用体系建设中的双牵头作用，于 2018 年 1 月组织成立由中国人民银行西安分行和西安市金融办、农办共同牵头，金融机构参与的西安市农户信用评级工作领导小组，主要职责是认真研究、指导、督促、落实全市的农户信用评级工作任务，制定下发《西安市农户信用等级评价办法》，明确以"信用建档、信用评价、成果应用"为主线，开展农户信用等级评价工作，有效促进信用体系和金融服务支农惠农工作。建立了四级联动工作机制，市级统一部署，区县主抓落实。市、区（县）、街办和行政村也分别成立农村信用评级工作领导小组，农户信用评级工作的领导得到了加强，为全市稳步推进农户信用等级评价工作奠定了基础。①

（二）搭建西安市农户评级系统平台

2018 年 4 月，秦农银行积极配合西安市政府启动农户信用等级评价工作，协助政府着手开展西安市 82 万户农户的信用信息采集。与此同时，秦农银行发挥自身优势，紧盯"户户有评级，户户有授信，户户能贷款"的工作目标，积极配合西安市政府开展系统建设工作。2020 年 3 月，西安市 8 区（县）全面推广应用农户信用等级评价系统，农户信用等级评价工作进入了一个全新阶段，实现了西安市涉农区（县）82 万农户约 200 万名农村

---

① 杨钧：《加强组织机构代码管理 推进社会信用体系建设》，载《市场践行标准化——第十一届中国标准化论坛论文集》，2014。

人口（户籍人口）的信用信息电子化存储、自动化分析与展示。该系统能为工作人员提供多维度、多角度的数据统计分析，为农户信用信息应用和农村信用体系建设奠定了坚实基础。[①]

（三）规范农户信用等级评价标准

西安市政府会同中国人民银行西安分行建立完善了农户信用评级的标准和方法，为西安市开展农户信用评级工作提供了遵循。一是信用等级评价标准方面，实行定量与定性指标相结合，以定量指标为主，采用百分制。评价指标包括农户家庭基本情况、家庭财务状况、个人信用状况、公共记录情况。其中，农户家庭基本情况占40分，家庭财务状况占50分，个人信用状况占10分，公共记录情况根据加分项目和减分项目分别赋分。加分项目包括被评为"劳模""五好家庭""优秀党员"以及其他荣誉称号，担任村组干部及邻里关系等情况；减分项目包括违法、欠缴费记录，被金融机构依法起诉，逃废债务、挪用贷款、欠贷款本息、民间失信、家庭成员中存在吸毒或赌博等行为及其他不良记录情况。[②] 二是依据农户信用信息评价指标得分情况，确定农户信用等级。60分以下信用等级评价为A级；60~70分（不含70分）信用等级评价为AA级；70~80分（不含80分）信用等级评价为AAA级；80~90分（不含90分）信用等级评价为AAAA级；90分及以上，信用等级评价为AAAAA级。三是农户信用信息和信用等级实行动态管理。农户的基本信息、房产信息、种植养殖信息以及其他社会信息发生重大变化的，由各行政村农户信用信息采集和信用等级评价小组负责采集，经当地镇（街）农户信用等级评价小组审核后，报送区（县）农村农户评级工作领导小组审定后进行更新，在此基础上更新信用等级评价结果。

---

① 晓霞：《融资有渠道　发展劲更足》，《陕西日报》2020年5月28日。
② 饶思原、李泽建、王佳惟：《普惠金融视角下农村信用体系建设思考——以河南省兰考县为例》，《征信》2019年第5期。

（四）加强对农户信用评级结果的运用

西安市将收集的农户信用信息与"征信、增信、立信、用信"四信创建结果相结合，并制定出台相关的信用鼓励措施，进行资源配置，将社会资源流向农村地区。金融机构借助西安市农户信用评级系统平台的数据，坚持边采集、边评级、边授信、边贷款的信用等级评价工作模式，不断提升对农户信用等级评价结果的利用程度，加快实现"户户能贷款"的目标。一是为加大农户贷款支持力度，各金融机构都制定了相关办法，开发了"线下+线上"业务办理模式和纯线上业务产品，实现了基于农户信用等级评价结果向农户进行授信，简化了农户贷款流程，减少了公证、抵押手续，降低了农户融资成本，实现了农户在银行互联网信贷平台线上放还款，优化了农户用款体验，切实加大了数字普惠金融支农力度。[①] 二是开展整村授信，助力乡村振兴。金融机构将"整村授信"工作提升到助力乡村振兴、践行社会责任的高度，积极顺应农村市场需求，不断探索为客户提供优质、高效、便捷的特色金融服务，及时调整信贷政策，通过与镇（街办）、村委的对接，全面掌握试点村的基本信息，结合系统对农户信用评级结果的数据分析进行综合评价，开展整村授信工作。三是增加金融供给。农户信用等级评价系统数据与部分金融机构网贷平台数据互通互联，实现了农户信用评级"从采集，到评级，再到授信"的全流程线上操作，打通了农民资金需求与银行放贷之间的最后一公里。[②] 如秦农银行推出的农户线上贷款产品"花无忧""兴农 e 贷""秦税 e 贷"等，通过各机构上报授信白名单，采取线上、线下相结合方式。截至 2022 年 12 月，秦农银行互联网信贷平台累计发放农户贷款 5618 笔，金额突破 42.3 亿元。

[①] 《西安市人民政府办公厅关于印发〈西安市农户信用等级评价办法〉的通知》，2018 年 2 月 9 日，https：//credit. xa. gov. cn/bdfg/206836. jhtml。

[②] 倪海鹭、袁磊：《乡村振兴战略下的农村信用体系建设思考——以江苏省徐州市为例》，《征信》2018 年第 10 期。

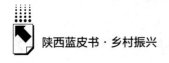

三　西安市农村金融生态建设取得的成效

近年来，西安市政府、中国人民银行西安分行和金融机构紧紧围绕农村信用体系建设工作要点，进一步健全农村信用建设工作机制，强化政策配套，推动平台建设，加大涉农信贷投放力度，农村金融生态环境不断优化。

（一）建立健全信用建设规划，夯实金融生态建设基础

西安市政府制定《西安市农户信用等级评价办法》，指导基层政府和金融机构持续深入开展信用乡镇、信用村、信用户创建活动，建立农村信用信息系统，多渠道整合社会信用信息，促进农村地区信息、信用、信贷联动。西安市政府进一步明确责任，建立健全工作机制，要求市、区、县、镇、村分别成立相应的农村信用建设工作领导小组，健全组织机构，明确责任分工，制定工作方案，细化工作任务，并将农村信用工程纳入政府目标考核，形成"政府主导、人行指导、金融机构主抓、部门协同、社会参与"的信用工程创建合力，共同推进农村信用工程体系建设。截至2022年12月末，西安市农户信用等级评价系统已采集农户信息71万户，已对包括5.4万建档立卡贫困户在内的64.4万农户开展了信用评定，其中信用户占比86.9%。

（二）农村金融生态明显好转，信贷履约率不断提升

随着农村信用建设的深入，农民法规意识和契约精神不断增强，"守信激励、失信惩戒"的效果已经得到验证，农村金融市场环境有了明显的改善。西安辖区部分乡镇干部、村"两委"、农户以及金融机构普遍反映，农村开展"三信"创建以来，信用的品牌价值在农村地区普遍提升，营商环境明显改善，贷款履约率不断提升，金融机构不良贷款率呈现下降趋势。如西安市累计开展整村授信623个村，授信农户15万户，授信金额达54.88

亿元，据不完全统计，截至 2022 年末，西安市已建档农户贷款不良率 0.86%，比开展农户信用评级前的 2018 年下降了 1.6 个百分点。

（三）金融供给不断增加，缓解了农民贷款难的问题

西安市农户信用等级评价系统经过不断优化和改造，已经具备了农户信用信息采集、信用等级评价、信息数据统计等核心服务功能，并且拓展了运用大数据技术与移动互联技术新增农户线上信用贷款、农户信贷信息展示、新型农业经营主体信息录入及农户信息数据入仓等功能。金融机构依托西安市农户信用等级评价系统，推出了"整村批发、集中授信"、秦 e 贷、"农村新能源+精准扶贫"等特色化信贷产品，增加对农村的信贷投放，不同程度地缓解了农民贷款难矛盾。截至 2022 年 12 月，金融机构累计发放涉农贷款 397.22 亿元，信用贷款余额 38.7 亿元，为 237 家新型农业经营主体发放贷款 1.4 亿元，帮助农村地区培育特色优势产业，提高了农民致富奔小康的能力。

（四）发挥大数据功能作用，支农措施更加精准

2022 年，中国人民银行西安分行引导辖内金融机构发挥平台数据优势，推动脱贫攻坚和乡村振兴政策有效衔接。一是充分运用大数据平台，结合西安市区（县）的重点产业，以农村产权制度改革为契机，在西安市探索形成了高陵区虎家村"整村授信+小额担保贷款"、阎良区亚宏面粉"多机构信贷+投资基金+贫困户"、以蓝田县选锋公司为代表的"龙头企业+合作社+扶贫车间"等一批具有示范效应的典型案例，支持特色农业发展。二是发挥"再贷款+财政奖补+担保+农业保险"四项政策联动效能，着力解决农村种植业和养殖业发展资金短缺的问题。三是建立帮扶企业、贫困户、银行机构三方利益联动机制，发挥龙头企业的带动效应，实现"农业产业做强""贫困户脱贫"双重目标，增强了"一企一策"精准帮扶效果。

四　西安市农村金融生态建设遇到的问题和挑战

农村金融生态建设是农村金融良性发展的重要基础，对于乡村振兴背景下的金融服务发展新模式发挥着关键作用。西安市在中国人民银行西安分行和金融机构的大力支持下，对农村金融生态建设助力乡村振兴的方法进行探索，进一步拓展了农村金融市场，加大了农村金融供给，但也遇到了一些问题和挑战。

（一）农村信用评级缺少统一标准

当前，我国在农村信用数据采集方面缺乏明确的法规依据，农户以及农业经营主体信用评级也缺乏明确的评级标准，各地较为常见的做法基本上是由地方政府牵头，人民银行、银保监局、金融部门、乡村振兴部门共同参与推进信息采集和信用评定工作。西安市也采取这种方法开展农户信用评级工作，但相关部门在实践过程中暴露出一些问题，其中比较突出的是其他金融机构参与农户信用评级的积极性不高，即便是在西安市政府大力倡导下，农户信用评级工作的进展也颇显乏力，这与辖内银行机构的数据采集方法有着莫大的关联，很多辖内银行机构在采集数据时，通常优先选择重点客户、优质客户作为信息采集和评级对象，这就使建档评级的普惠性和覆盖率存在不足。另外，西安市辖内的个别银行机构评级的排他性也严重影响了农户信用评级工作的进展。部分银行机构将收集到的农户信息及评级结果视为商业秘密信息，进行严格管理，即便数据交流共享，又因机构评级标准各有不同，各机构独立采集的数据结果很难得到辖内其他金融机构的认可。在此过程中，秦农银行利用自身农村网点多的优势开展大规模的农户信用评级工作，基本完成了西安市农户信用评级工作，但由于信息采集均为秦农银行基层员工和村镇工作人员，这部分工作人员不具备信用风险评价的专业素质和经验能力，这就导致数据采集在信息来源的可靠性、信息本身的准确性以及模型设定的科学性等方面出现公信力不足等问题，不同程度地制约了西安市农村信用体系建设的健康发展。

（二）基层政府对农村信用建设积极性不高

西安市农村人口具有外出务工多、流动性强的特点，大部分"三农"主体信用信息严重缺失，其中不少仍是"白户"，信息采集和维护存在一定的难度。同时，辖区农民受传统"不愿露富"思想的影响，十分注重自己收入的保密性，致使评级工作人员难以掌握其真实信息，这就导致很多信用评级结果无法准确反映农户经济能力和信用状况。与此同时，很多乡村干部认为，农户信息采集是银行的事，与基层政府工作关联度不大，因此存在乡（镇）、村委会重视程度及配合度不够，农户对信息采集认知不足的问题。另外，基层政府利用人工采集这种模式采集到的农户信息，存在广度和深度不够的问题，更无法实现定期及时更新，导致基层政府对农户信息的采集和维护缺乏主动性。

（三）农户信用评级数据共享程度低

目前，西安市政府与秦农银行签订了"三资三化"战略合作协议。秦农银行已搭建的"三资三化"服务平台系统，服务对象主要是农村集体资产户；西安市农户信用等级评价服务平台服务对象是农户；"三资三化"服务平台信息采集大多是对农业农村、税务、工商、秦农银行等行业部门数据的整合，可管理的有效数据为可通过系统集成批量化获取的标准化数据。然而，农户和新型农业经营主体的信用信息往往比较零散，不能大批量收集。若只是对这些信息进行简单的汇总，就不能有效地对农村市场的各个主体进行精准画像。以西安市所建立的农户信用信息系统为例，脱贫攻坚时期的数据在全市得到广泛应用，这一数据的应用在金融机构助力扶贫和乡村振兴贷款投放方面发挥了积极作用，但此类人工获取填入的非标准化数据信息"颗粒度"和更新频率相对不足，一般只能够反映某个时间节点的截面数据信息，并不能充分揭示农户行为习惯、个人偏好、生产经营等信息的连续性和动态变化特征，而且各机构职能部门建立的数据库相对独立，各机构数据标准也各不相同，这种采集到的非标数据无法实现共享，不同程度地影响了金融服务乡村振兴的质效。

（四）农村信用建设部门联动机制有待加强

在西安农村信用建设的实践中，政府各职能部门对相关农村金融生态建设工作的重视程度和目标存在差异，这种现实情况使现阶段农村信用建设难以有效达成"政策共振"。同时，辖内各金融机构间缺乏统筹，各自为政，这难免会有重复采集信息的情况，各机构农村信用建设的能效大打折扣。现阶段，对农村信用建设部门联动机制造成影响的还有一些宏观因素，诸如乡村振兴部与农业农村部合并方案的实施，政府部门的组织架构和工作职责发生变动，这也导致了各部门农村信用评级的工作合力将会减弱。① 目前，在"西安市农户信用信息平台"和"三资三化应用平台"的应用推广过程中，部门联动性问题特别明显。在这项工作开展过程中，各部门既需要把新型农业经营主体信息数据采集入库，又要对原有的存量数据进行维护更新，这些工作都需要政府职能部门的配合和支持。由于政府相关部门对农村金融生态建设的认识不够，相关部门配合的积极性不高，金融机构采集涉农数据只能通过自有资源来沟通协调，使农村信用数据更新的进度稍显缓慢。

五　加强农村金融生态建设助力乡村振兴的政策建议

随着乡村振兴战略的不断推进，党中央把"三农问题"摆在了全党全部工作最重要、最核心的位置。在乡村振兴的大背景下，基层政府应统筹各方力量，将农村信用体系建设与乡风文明、乡村治理协同推进相结合，不断优化金融生态环境，为乡村振兴注入金融力量。

---

① 武力：《高质量发展是实现中国式现代化的关键》，《马克思主义与现实》2022 年第 6 期。

（一）出台相关法规，完善农村信用体系法律框架

一是国家层面对涉农主体公共信用信息进行顶层设计。尽快制定全国统一的涉农主体公共信用信息目录、分类标准和共享法律规范，明确涉农主体信用信息平台承建主体的合法性，规范信息数据使用行为和范围，明确政府职能部门、人民银行和金融机构的权利、义务及法律责任，进一步规范涉农主体公共信用信息的采集、共享、披露、使用方法[①]，为各地平台互联互通和信息共享创造条件，为规范农村信用评级工作提供法律基础。二是把农村信用建设纳入乡村治理整体规划。在开展乡村综合治理的过程中，要注重推进基层政府、村级组织的自治、法治和德治相融合。村"两委"和基层农村执法人员明确工作重点，民政部门、纪检监察部门负责自治管理方面的监督和宣传工作，司法部门、基层法庭和基层公安机关负责法律和治安方面的治理，定期开展农村普法教育和以案说法宣传；党委宣传部门负责社会主义核心价值观教育、积极开展信用知识普及活动，通过基层政府综合施策，提升村民对信用管理的认可度和接受度。[②] 三是建立数据使用规范。规范政府职能部门、金融机构、农业经营主体以及乡（镇）、行政村和农户公共信用信息互联互通的管理办法，通过分级授权和立体化应用打破"部门信息孤岛"，解决政府涉农信息与金融机构信息隔离的难题。

（二）完善农户信用评级标准，提升评级的权威性

一是优化信用评级标准。从评级指标上看，传统金融注重资产和收入，新型评级指标则从重视"资产"向更加重视"信用"转变。银行机构工作人员在村"两委"班子的帮助下，按照农户信用等级评定的标准，对遵纪守法、家庭和睦、邻里团结、信用观念强、履约意识强、法治思维强的群体优先评级授信；对有致富愿望、有致富项目、有劳动能力、无违法犯罪行为

---

① 曾光辉、陈晟涌：《乡村振兴战略下农村信用体系的建设模式和实施路径》，《厦门特区党校学报》2022 年第 5 期。

② 李政为、吴杰：《我国农村信用体系建设的基本模式及政策建议》，《征信》2020 年第 9 期。

的群体优先评级，以诚信和品德为主要条件，对农户进行信用评级。二是合理评定信用等级。农村信用评级工作要统筹兼顾，坚持以农商行、农村信用社、国有银行的县支行为主体，其他金融机构或第三方机构共同参与，成立信用评级工作小组，统筹制定农村信用评级办法和标准，提高评级指标、程序和结果的公允性。在农村信用评级过程中，设立加分项、减分项、一票否决项等条款。具体来说，对有经营实体、创业、房产、保险、党员、教师、退伍军人以及获得荣誉称号等方面信息的农户进行加分，对没有创业增收项目、贷款本息逾期，有对外担保、对外抵押等负面信息的农户分别予以减分，对户主或家庭成员有违法犯罪行为的实行一票否决。根据录入的信息，"农户评级系统"自动生成信用等级评价报告。三是针对村级集体经济实体、农村产业化龙头企业、农民专业合作社等新型农村经济组织的特点，设计客观、有效的信用信息指标体系，结合农户信用档案信息，建立农民专业合作社等农村新型经济组织的电子信用档案，组织金融机构、信用中介机构等研究建立适合农民专业合作社的信用评价机制，将分散的农户信用整合为有组织的集体信用，推进农户之间的风险共担、利益共享。①

（三）完善农村信用平台功能，实现数据的信息共享

充分发挥地方政府在信用建设中的主导作用，中国人民银行、金融机构和社会力量共同参与农村信用平台建设，以数字乡村建设为契机，整合央行征信数据库、征信机构数据库与地方公共信用信息数据库，实现平台数据的交换和共享。一是统筹规划地方政府参与农村信用平台建设。鼓励有条件的市、县（区）按照省级要求参与农村信用信息平台建设的实践和探索。统筹好省、市和县（区）级信用平台建设标准，做到上下联动、互联互通、边界清晰、数据安全，避免信息系统的重复建设。二是建立农村信用管理数据库。发挥农户信用档案的基础作用，依托现有的政府公共信用信息平台，

---

① 肖潇：《正确认识和把握实现共同富裕的战略目标和实践途径》，《马克思主义研究》2022年第4期。

整合涉农数据平台、第三方征信机构、电商和互联网平台涉农信用主体的奖惩信用信息，将这些信息整合到统一开发的农村信用信息平台，推动农村金融机构开发农户信用等级评价模型，建立、完善农户信用等级评价方法体系，根据农村经济特点和评价结果信息反馈，不断提高农户信用等级评价的科学性、有效性。[①] 三是实现信用数据共享。大力推进"互联网+政务服务"，对政府职能部门和农村金融机构有选择地开放涉农信息数据库，在保护涉及社会公共安全、公司商业秘密和个人隐私等信息的前提下，可以逐步依法公开不同农村信用主体的信用状况，增加农村信用建设的透明度。

（四）以乡风文明建设为契机，推动信用建设与乡村治理工作相融合

将农村信用体系建设与乡村治理深度融合，积极营造"用征信、助融资、促发展"的良好农村信用环境。诚实守信是"乡风文明、治理有效"最为密切的内容，也是最能体现农村信用体系建设对乡村振兴的促进作用的重要举措。一是强化县委书记抓乡促村工作，健全乡（镇）党委书记统一指挥和统筹协调推动乡风文明的工作机制，发挥驻村第一书记"抓党建促乡村振兴"的示范带动作用，创新农村信用建设工作方法，推广积分制等治理方式，将条块部门掌握的信息与乡镇、行政村以及农户公共信用信息实现互联互通，打破"部门信息孤岛"以及政府信息与金融机构信息之间的隔离，定期公布"信用村镇"的评级结果和乡风文明建设成效。二是坚持法治和德治相结合。在法治层面，把乡村治理与信用建设融合起来，让农民主动参与到村务管理工作中，增强农民的自治意识；在德治层面，加强信用建设的宣传教育，培育农民诚实守信、艰苦奋斗、互相帮助的良好品德。[②] 三是强化信用评价结果运用。不断拓展农村信用体系的应用范围和领域，在帮助金融机构扩大信用贷款投放覆盖面、提高信贷可得性的同时，研究探索

---

① 韩杰：《陕西省金融支持实体经济发展的路径选择》，《征信》2018 年第 7 期。
② 胡光荣：《创新农村信用体系 夯实服务乡村振兴根基》，《中国农村金融》2022 年第 11 期。

农民家庭和个人信用评价方案，将农民享受的补贴与其信用等级挂钩，这样既能助力乡村治理，促进乡风文明，又能实现信息共享下的多方共赢。

（五）强化信用建设成果运用，全力助推"乡村振兴"

农村金融机构要秉持"征信为民、普惠公平"理念，逐步形成"农户+征信+信贷"的业务模式，把握新机遇，打造新优势，助力乡村振兴，共享发展成果。一是授信政策优先支持乡村产业振兴。要科学制定涉农贷款信贷计划，持续加大"三农"信贷投放力度，在优先匹配粮食种植、良种培育、农林牧渔、产业融合等基础产业融资意愿的条件下，重点聚焦农村集体经济组织和新型农业经营主体，支持构建现代乡村产业体系，促进一二三产业融合发展，实现农业现代化。二是创新农村金融产品。农村金融机构要按照"一镇一品"的思路，为试点乡镇开发如"花卉贷""苹果贷""兴农 e 贷""续贷宝"等一大批服务地方特色产业的专项金融产品，支持试点乡（镇）建设"生态健康养殖示范基地""农业种业研究院"等高新农业产研基地。[①] 推动"信用自治+整村授信""农地流转+产业导入""风险补偿金+担保""农保泰 e 贷"等创新模式在试点乡（镇）应用后，陆续在更大范围推广。三是加大供应链金融服务力度。围绕满足乡村特色产业、农产品加工业、农产品流通体系等领域的多样化融资需求，大力支持农业现代化示范区建设、智慧农业建设、农业科技提升以及乡村旅游、休闲农业、农村康养等新产业新业态健康发展，加大供应链金融服务赋能农业供应链资金流、商流、物流深度融合，推动农业企业做大做强、产业做优，助力乡村振兴。

参考文献

李振邦、岳宗园、李卫红：《农村信用体系建设与乡村振兴的耦合探析》，《征信》

---

① 邓晓峰：《普惠金融视角下农村信用体系建设探索与实践》，《征信》2021 年第 10 期。

2022 年第 6 期。

李庚香：《熔铸新时代河南精神　在全面建设社会主义现代化国家新征程中"奋勇争先、更加出彩"——全面学习、把握、落实党的二十大精神的思考》,《领导科学》2023 年第 1 期。

李冠琦：《关于农村信用体系建设助力乡村振兴的实践与思考》,《浙江金融》2021 年第 3 期。

马惠聪：《在学思践悟中积蓄乡村振兴奋进力量——学习贯彻党的二十大精神》,《广东省社会主义学院学报》2022 年第 S1 期。

黎明、唐瑾：《以信用体系助推中国智慧城市建设》,《中国经贸导刊》2018 年第 27 期。

张端、孙晨曦：《农户信用好　贷款可优惠》,《西安日报》2018 年 1 月 31 日。

杨钧：《加强组织机构代码管理　推进社会信用体系建设》,载《市场践行标准化——第十一届中国标准化论坛论文集》,2014。

晓霞：《融资有渠道发展劲更足》,《陕西日报》2020 年 5 月 28 日。

饶思原、李泽建、王佳惟：《普惠金融视角下农村信用体系建设思考——以河南省兰考县为例》,《征信》2019 年第 5 期。

倪海鹭、袁磊：《乡村振兴战略下的农村信用体系建设思考——以江苏省徐州市为例》,《征信》2018 年第 10 期。

武力：《高质量发展是实现中国式现代化的关键》,《马克思主义与现实》2022 年第 6 期。

曾光辉、陈晟涌：《乡村振兴战略下农村信用体系的建设模式和实施路径》,《厦门特区党校学报》2022 年第 5 期。

李政为、吴杰：《我国农村信用体系建设的基本模式及政策建议》,《征信》2020 年第 9 期。

肖潇：《正确认识和把握实现共同富裕的战略目标和实践途径》,《马克思主义研究》2022 年第 4 期。

韩杰：《陕西省金融支持实体经济发展的路径选择》,《征信》2018 年第 7 期。

胡光荣：《创新农村信用体系　夯实服务乡村振兴根基》,《中国农村金融》2022 年第 11 期。

邓晓峰：《普惠金融视角下农村信用体系建设探索与实践》,《征信》2021 年第 10 期。

223

B.17
农业社会化服务助推乡村振兴的延安实践

宋兴旺*

摘　要： 稳固脱贫成果，实现乡村全面振兴，必须加强农业社会化服务组织的培育。目前，陕西全省农业社会化服务组织超过3万家，延安市的社会化服务工作走在全省前列，探索出了顶端成品果园托管、黄龙粮食生产托管等模式，在引领农业产业高质量发展、助推乡村振兴方面发挥了重要的作用，值得推广和借鉴。

关键词： 农业社会化服务　乡村振兴　延安

一　延安市农业社会化服务工作概况

近年来，延安市坚持将农业社会化服务工作作为推进农业农村现代化的必然选择、保障粮食安全的重要举措和促进农民增收的有效路径，出台政策、夯实责任、争取项目、创新机制、总结经验，有力地促进了以农业生产托管为主的农业社会化服务工作。

（一）"政策扶持+机制创新"引导农业社会化服务组织规范运行

2021年，中共延安市委市政府在全省率先制定印发《关于健全面向小农户的农业社会化服务体系的实施意见》（以下简称《实施意见》），鼓励引导农业龙头企业、农民专业合作社等新型农业经营主体发挥自身优势，为

---

* 宋兴旺，延安市农业农村局农村改革与经济发展科科长、农艺师，主要研究方向为农村改革、农村合作经济发展。

小农户和现代农业发展架起衔接桥梁。《实施意见》在拓展服务领域、发展托管模式、强化示范引领等方面，提出了符合延安实际的举措。同时，延安市委市政府还制定印发《延安市"全程机械化+综合农事"服务中心建设规范》《延安市"全程机械化+综合农事"服务中心创建工作方案》《关于推进现代农业综合服务中心建设实施意见》《延安市农业社会化服务市级示范服务组织评定及监测管理办法（试行）》《延安市2023年玉米大豆"一喷多促"补助资金实施方案》《关于切实做好农机助粮保收社会化服务工作的通知》等文件。

为夯实工作责任，市农业农村局明确由局农村改革与经济发展科牵头，依托果业、畜牧、农机、农技、植保、土肥等业务单位，开展农业社会化托管服务。同时，积极争取在市农机中心新增设立社会化服务科，落实专人，负责全市农机社会化服务工作。

（二）"资金支持+经验总结"推动农业社会化服务组织快速发展

2019年，中央财政下达延安市农业生产社会化服务项目资金1400万元，以服务型农民合作社、涉农企业、农村集体经济组织、专业服务公司、基层供销合作社和家庭农场等为支持对象，完成以农业生产托管为主的农业生产社会化服务面积不少于15万亩。2021~2023年，延安市13县（市、区）共争取中央财政转移支付农业社会化服务示范县项目25个，扶持资金4700万元，其中仅2023年就争取到中央财政扶持资金1900万元，省级"一喷多促"支持资金754.93万元；市级财政补助粮食类社会化服务资金800万元，黄龙县、吴起县财政各配套资金200万元。

同时，延安市不断探索实践，在全市推广面向粮食、苹果、养殖的农机共享、社企联盟、优势互补、资源带动、村社联合的服务模式，牢牢把小农户嵌入现代农业产业链条，推动农业社会化服务组织快速发展。截至2023年6月，延安市共有农业社会化服务组织3256个，其中"全程机械化+综合农事"服务中心56个，服务范围延伸至农业耕、种、防、收、销全过程，粮食作物多环节托管面积达到94.8万亩。

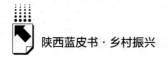

二 延安农业社会化服务两种典型案例

（一）顶端公司成品果园托管服务

陕西顶端果业科技有限公司（简称顶端公司）是洛川本土品牌龙头果企、陕西省重点龙头企业、省市两级优秀民营企业，公司成立于2014年，经过近10年的努力，已经成为引领全省苹果网络营销和标准化托管种植的标杆企业，也是陕西省联农带农的典范。公司带领洛川苹果网络销售从2014年的不足400万元增加到2022年的15.13亿元，企业销售额从2014年的不足200万元增加到2022年的1亿多元。2018年顶端公司聘请土肥、园艺、植保专家及80多名职业经理人，为果农苹果生产全过程提供免费指导、跟踪服务。截至目前，顶端公司在洛川核心区北五乡镇托管果园2万多亩，带动2021户果农年亩均增收2000元，年户均增收2万元，累计增收1亿多元，是全省产业联合体带动效应最为显著的一家农业民营企业。

1. 坚持问题导向，帮助果农解决发展难题

洛川县是苹果最佳优生区，全县95%的农民从事苹果产业，但果农在苹果生产中普遍存在盲目性，成为苹果产业提质增效面临的现实障碍。一是盲目管理。大部分果农缺乏专业系统培训，知识来源碎片化，在管理环节易出现失误。二是盲目投资。果农对投入品缺乏全面了解，农资经营者与果农没有利益关联，经常出现误导、误购伪劣投入品的问题。三是盲目销售。果农品牌意识淡化，市场顺畅时惜售，市场低迷时倾销。2018年，公司开创顶端成品果园托管，把技术资源、投入品资源、销售渠道资源，优化整合配置，辅之品牌效应，破堵点补短板，达到共赢发展。

2. 突出利益联结，推动产业升级

顶端托管模式的核心是产业融合利益联结，把果农和企业都镶嵌在产业链中，让各自在不同的环节上增强主观能动性，发挥创造性。顶端公司成立以来一直坚持"品牌化营销，标准化生产"的经营理念，联农带农，振兴

苹果产业。运用市场经济手段，以大型龙头企业为平台、线上销售为突破点，用品牌化销售提升标准化生产水平，让果农生产出好苹果，卖上好价钱，获得好收益。顶端托管模式组织结构的完备性、生产数据的严谨性、良性发展的可持续性，在整个模式设计中都得到了充分的体现，它紧贴市场需求，完全按照市场规律推行标准化生产的系统流程，通过技术的专业系统性、投入品质量的可靠性，实现了果品内外品质高度一致，补齐了分散经营的诸多短板。

3. 发挥龙头作用，开展全程服务

顶端公司通过开展九方面服务，满足果农的需求。一是测土施肥，根据不同区域的土壤状况，以产量要求和质量标准为前提，制定配方施肥方案。二是统一投入品配套。三是根据不同果园类型，确定修剪、植保技术方案，并进行全程免费指导、生产过程监管。四是采摘前对果品进行抽样检测，以保证农残不超标。五是收录全程管理数据，为消费者提供翔实可考的追溯体系，为经营者提供质量保证依据。六是顺应时价、优质优价、收购入库，保证了托管户收益。七是智能气调冷藏，实现品质恒定，周年销售无忧。八是光电选果达到规格、色度、瑕疵、霉心病率绝对数字化。九是全程冷链发运，确保生鲜体验感。

4. 完善服务体系，实现规模效益

顶端模式2018年开始运营，当年托管4850多亩，涉及560户，由于选园不精准、监管不到位，初期存在不少问题。顶端公司在总结完善的基础上，采取不离优势区域、不离优质果园、不离优秀果农的选取原则，2019年发展托管户800多户，托管面积7100多亩；2020年托管户增加到1060多户，托管面积达到9300多亩；2021年托管户增加到1500多户，托管面积达到13500多亩；2022年托管户增加到2021户，托管面积达到2万多亩。通过5年多发展，标准化技术体系、组织服务体系、质量安全监测体系、数据追溯体系、品牌营销体系进一步完善，托管服务面积持续增加。同时带动了二三产业的融合发展，为洛川当地提供了300人的就业岗位，形成产、储、加、运、销融合的闭环系统，促进了县域经济发展。

顶端公司在苹果生产、加工、储藏、运输、销售等全产业链发力，将群众牢牢镶嵌在苹果产业链中，在企业自身做大做强的同时，努力带动更多老百姓增收致富，让"大有前途"的苹果产业成为联农带农的幸福果，引领陕西省苹果产业高质量发展，为乡村振兴加油助力。

（二）黄龙县粮食生产托管服务

黄龙是典型的农业县，区域面积2752平方公里，农村常住人口1.8万人。随着人口老龄化的到来和城镇化进程加快，劳动力短缺断层、组织化程度低、生产经营粗放"三大瓶颈"凸显。面对这些矛盾和问题，县委、县政府抢抓省级社会化服务示范县创建机遇，在充分调研、反复论证、尊重群众意愿的基础上，用足用活补助政策，因势利导，顺势而为，开展以粮油种植为主的耕、种、防、收四个环节的农业社会化服务，初步探索出了稳定粮食播种面积的保障机制，走出了一条农民增收与服务主体增效的共进双赢之路。2022年共完成服务6.56万亩，覆盖群众1949户。2023年，全县社会化服务面积扩大到8万亩，受益群众覆盖面进一步拓展，被农业农村部评定为全国农业社会化服务典型案例。

1. 搭建平台，托管"有主体"

一是精选服务主体。按照"公平竞争、规范择优"的方式，选择规范化、专业化，有能力、信誉度好的村集体经济组织、农机合作社和懂经营、善管理的带头人承担农业社会化服务，建优服务体系，提供优质服务，提高生产水平。截至目前，入选名录库的社会化服务主体85家，为推行社会化服务提供了坚强的组织保障。二是制定服务清单。围绕农业生产全环节，拟定服务协议，列出内容清单，提供产前、产中、产后"保姆式""点单式"农业生产服务。群众自愿点单，服务主体照单提供农资、农机、农技服务等，提升社会化服务的灵活性和便捷性，吸引更多农户参与。三是完善标准导引。建立了符合乡村实际的农机作业、农技服务、农艺指导质量标准体系，在延安市建立了首个农业社会化服务联盟，引入信用评价机制，聘请第三方公司开展"星级"绩效评价，将评定结果与名录库建设、项目申报挂钩，严把工作程序、严抓合同管理、严格补助申报，全过程、全环节推动项目落地见效，实现服务主体和农户互惠"双赢"。

2. 聚合要素，托管"有保障"

一是夯实农业生产根基。按照"集中连片、能排能灌、旱涝保收、宜机作业、稳产高产"的原则，坚持新建和改造提升"两手抓、两手硬"，2019 年以来累计实施高标准农田建设 12.8 万亩，占全县耕地面积的 70% 以上，为推行规模化、机械化、标准化农业社会化服务创造了条件。二是建强人才队伍支撑。依托县科技人才工作站专家库以及"土专家""田秀才"等，选聘技术指导员 36 人，组建 6 支农业植保无人机飞防应急队伍，由社会化服务组织理事长任中队长，开展农作物病虫害系统防治。服务组织采取规范化聘任制、专业化培训制，实行有偿服务，2023 年实施"一喷多促"玉米面积达到 12 万亩。三是深化金融服务助力。黄龙县政府与中国农业银行签订《金融支持乡村振兴战略合作协议》，率先发放陕西省首笔"农业生产托管贷"，累计为 4 家大型服务主体和 1000 余户小农户投放贷款 4120 万元，破解了设备购置更新资金不足的难题。为降低农业生产风险，在享受国家补贴的基础上，统一对参与社会化服务的农户全额购买种粮保险，给托管农户吃下托管的"定心丸"。

3. 精心组织，托管"有质效"

一是推动农业增效。服务主体有能力把优良的品种、先进的技术装备等要素投入农业生产，资源共享、抱团取暖、统一经营，提高了农技水平、亩产单产和产出效益。据理论测产，托管户亩均增产 55.8 公斤，亩均节省成本 138 元，预计各类经营主体增收 206 万元，呈现"愿意托、专业干、规范做、效益增"的良好局面。二是壮大村集体经济。通过政府引导、村集体主导，搭建了村集体经济组织、专业合作社和农户的合作桥梁，建立了新型的利益联结机制，合作社年纯收益按 5∶4∶1 比例分配，50% 返还村集体，40% 留作发展资金，10% 作为村干部奖励，既壮大了村集体经济，又增加了合作社收益。三是促进农民增收。引入农业社会化服务，解放了部分农村劳动力，农民群众腾出更多时间和精力发展苹果、核桃、中蜂、中药材等特色主导产业。村集体建立富余劳动力台账，根据劳动力个人特长，定向输送至餐饮服务、

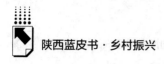
工程项目等行业领域进行务工，增加了群众的工资性收入，优化了家庭收入结构。2023年以来，共输送4600余人外出务工，人均日增收160元。

黄龙县以满足农民群众农业生产服务需求为目标，不断完善服务模式，拓展服务领域和覆盖面，推动农业社会化服务走深走实，为推动现代农业高质量发展提供了不竭动力。

三　面临的现实挑战

受农业环境和土地资源的双重约束，延安市的农业社会化服务工作面临很大挑战，主要表现在以下几方面。

（一）农业立地条件差，规模化发展受限

先天不足，发展困难的局面短期难以扭转。延安市属于丘陵沟壑区，农业生产立地条件较差，可利用土地总体面积少、土地贫瘠零散碎，适度规模经营阻力大，农业机械利用率提升困难，社会资本进入少且示范效应差，赚得少、赔得多，陷入投资乏力、后劲不足的局面。

（二）服务主体不强，难以满足群众现实需求

农业社会化服务组织总体数量超过3000家，但是农机专业合作社较少，且实力不够强，名为合作，实为独营，联结带动效应不够强，多数领办人年龄偏大、文化层次低、经济基础差、管理水平低，基础设施设备整体上条件差、档次低，农机具等硬件不硬、规章制度运营合同等软件较软，习惯单打独斗、相互间合作意识不强，开拓创新精神不够，风险预判能力不强，在机具配置上有重复浪费现象，在机手培育上有后继无人危机，与农民优质高效便捷服务的需求还有较大差距。

（三）帮扶不精准，市场秩序有待理顺

部分县（区）调查研究不够，工作措施缺乏科学性、精准性，没有做

到因地制宜，还在搞"大水漫灌"，导致好心办了坏事。特别是在农机社会化服务较完善区域，存在"画蛇添足"的现象，人为破坏了供需平衡，扰乱了市场经营秩序，造成了资源浪费。

（四）部门协作不够，未形成工作合力

在推进农业社会化服务过程中，一些部门协作意识不强、协作不力，未能把有限的项目、资金进行统筹整合，建立起集中力量办大事的工作机制，导致引导农民参与农业社会化服务的工作成效不显著，阻碍了农业节本增效、农民增收致富的进程。

四　启示与思考

（一）继续争取政策与资金支持

目前，支持农业社会化服务的各项政策正逐步从补主体、补装备、补技术、补作业向补服务转变，越来越多的社会资本和市场主体正进入农业服务领域。应抓住这一难得的发展机遇，继续争取项目资金支持，按照高标准严要求，推进高标准农田建设，确保适宜地块尽可能连成一片，便于大型先进智能农机进地作业，切实降低生产经营成本，提高农业综合效益。

（二）加快适宜发展模式的探索总结推广

充分发挥农机合作社等装备优势，挖掘村集体经济组织统筹协调潜力，导入小农户土地资源优势，积极探索"村集体经济组织+专业合作社+农户"等适宜发展模式，不断完善巩固利益联结共享机制，推动农业规模化、专业化、机械化经营，确保农机、土地利用效率得到提升。

（三）加大"头雁"培育力度

积极采取职业农民培训、选派驻村干部等办法，想方设法把头脑灵活、

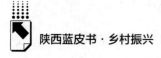

有文化、有意愿、处事公道的年轻人培育成服务组织领办带头人，提高农业社会化服务组织的经营管理水平，推动服务能力提升。

（四）建立长效工作机制

注重调查研究，建立清单管理，强化目标考核，全力做好"店小二"式服务。政府做到既不缺位失为，又不过多干预，坚持求真务实的工作作风，帮助服务主体站稳市场，共同解决好"谁来种地、怎么种地、如何能赚钱"的问题，加快推动农业社会化服务高质量发展。

B.18
府谷县域经济高质量发展的案例研究

冯煜雯　郑志飚*

摘　要：　府谷县地处秦晋蒙三省（区）交汇处，是黄河入陕第一县，稳居"全国百强县""西部十强县"，全省县域经济高质量发展考核中连续两年位列第一。同时存在发展结构不优、投资活力不足、要素保障趋紧等问题，面临"双碳"目标实现和黄河流域高质量发展的机遇和挑战。本研究立足府谷县资源禀赋和经济基础，着重从"镁""煤""黄河""土特产""民营经济""产城融合""资源要素"七个方面做文章，推动府谷县域经济高质量发展。

关键词：　府谷　县域经济　高质量发展

　　府谷县围绕建设秦晋蒙区域重要节点城市为目标，紧扣传统产业提质增效、新兴产业培育壮大，全县经济社会发展不断赶超跨越。府谷县地区生产总值连跨2个百亿台阶，2022年达到901亿元，人均达35万元，是全国、全省平均水平的4倍；工业产值再创历史新高，规上工业总产值突破1400亿元，增加值达336.95亿元；城乡居民人均可支配收入分别达到42677元、19499元。"全国百强""西部十强"地位持续巩固，在全省县域经济高质量发展考核中连续两年位列第一。

---

* 冯煜雯，陕西省社会科学院农村发展研究所助理研究员；郑志飚，陕西省委党校原副校长，教授，主要研究方向为政治经济。

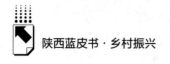

一 县域经济高质量发展的主要措施

（一）坚持稳中求进，经济发展有质有量

围绕"稳煤、强镁、扩电、增气"，狠抓重点行业经济运行调度，制定《府谷县县域经济高质量发展"一县一策"事项清单》，确定金属镁及镁合金主导产业，在助企纾困、环保技改、扶优培强等方面精准施策，靠前发力，原镁产量连续11年稳居全球第一，府谷县企业用兰炭尾气作为燃料炼镁，形成了"煤—电—兰炭—硅铁—金属镁—铝镁合金"的循环经济产业链，实现三废全部回收循环利用。原煤产量长期稳定在9000万吨以上，规模以上工业总产值由2020年的838亿元增长到2022年的1448.17亿元，净增长610.17亿元，增长率72.8%。顶格落实一揽子稳经济和惠企纾困政策，累计减税降费15.26亿元，拖欠民企账款动态清零，新增"五上企业"75户、市场主体7537户。一批打基础、利长远的重大工作加速推动，120万千瓦的新能源项目全面启动，煤层气就地转化从无到有，黄河东线引水工程全面提速，府谷机场、338国道加快推进，建立项目推进"五个一"机制，坚持联审联批、容缺审批，推行"红蓝章"制度。

（二）坚持战略定向，产业转型有力有序

提质升级现代农业产业，深入落实"田长制"，累计建成高标准农田11.3万亩，实施高效旱作节水农业项目1.31万亩，大力发展特色农业，构建糜谷、海红果、羊子现代产业体系，创建省级肉羊农村产业融合发展示范园，建成日产50吨粮食加工生产线，把过去的"救命粮"发展成府谷的"品牌粮"。持续推动"两链"深度融合，设立秦创原府谷创新促进中心，建成全国首条年产千吨级高品质镁示范线，陕西镁基新材料研究中心、中试基地落地挂牌，全年入库科技型中小企业15家，新增高新技术企业13家。压茬推进兰炭、金属镁等传统产业工艺革新、技术改造，2022年工业技改

投资 19.21 亿元。特高压换流站启动送电,西北地区最大火电机组——清水川煤电一体化项目即将建成投用,大唐西王寨电厂启动征地,古城一号煤矿已报省发改委核准,三峡、陕投光伏等 13 个新能源项目建成并网,电力总装机容量 803 万千瓦,中联、中石油等一批煤层气勘探开发项目快速推进,20 万吨镁基新材料、绿电制氢合成氨及储氢电池产业链等一批填补产业空白的延链补链项目加速落地,"一业独大"转向"多元支撑"的产业结构逐渐成势。

(三)坚持守正创新,深化改革有破有立

府谷县把优化营商环境作为"一把手"工程,打造出"助企纾困""千人帮千企""交地即交证""验登合一"等一批"府谷品牌",获评"陕西省营商环境创新示范区"称号。重点领域改革多点突破,建立联审联批工作专班,对重点项目实行并联审批,"一件事一次办"集成改革扎实开展,企业开办"一日办结",服务事项一窗受理率 99%、网上可办率 95%,不动产登记和水电气暖联办过户典型经验全市推广,在全省率先施行 28 类项目免办建设工程规划许可,不断完善"双随机、一公开"监管、跨部门协同监管机制,严格执行"双公示"数据标准和归集共享时限要求,确保信用信息数据和质量报送工作达到 100% 要求。积极拓宽企业诉求渠道,开辟线上、线下"有诉即办"通道,建立营商环境投诉建议平台,集中开展企业问题线上梳理、调度、纾解、反馈、评价等工作。全力加大企业融资支持力度。召开担保圈风险化解座谈会和政银企对接会。利用蚂蚁金服大数据平台,筛选优质信贷客户,加大金融服务的渗透领域和覆盖面。"增量配电网改革试点县"建设规划获省发改委批复,高新技术开发区、现代农业示范区整合优化基本完成,化工园区通过省级认定。

(四)坚持品质提升,城乡统筹有点有面

编制完成国土空间详细规划,形成老城经济中心、新区行政服务中心、新府山宜居中心"三位一体"城市空间布局。以创文为统揽,狠抓老旧小

区拆除、道路提升改造、城市绿地建设等工作，城市旧貌换新颜，创文省级测评考核排名第一，获评"全省县城建设示范县"。大力实施乡村振兴战略，村集体经济收入全部"破零"，98个薄弱村收入提升至5万元以上，推进武家庄等5个示范镇、白云乡等4个示范村创建，木瓜镇获评国家级农业产业强镇。农村人居环境得到整治提升，污水管控率、垃圾处理率分别达到41.3%和85%。累计完成造林种草21.3万亩，恢复矿山生态18万亩，治理水土流失面积80平方公里。沿黄垒石造林成为省市生态治理典范，农村人居环境整治通过国家二类县考核验收。

（五）坚持以人为本，民生福祉有保有增

滚动实施十件民生实事，民生支出占财政支出的80%以上。教育领域改革扬帆起航，县财政在教育领域投入净增1亿元以上。交流轮岗、人才引进、优质教育资源下沉等工作全面推开，新增学位3574个，学前教育普及普惠率、职业教育水平位居榆林前列，府谷中学被评为陕西省示范高中。推动优质教育资源下沉，健全完善教师绩效奖励机制，推行教师"县管校聘"和交流轮岗，加大乡村教师评优晋升倾斜力度。深化医药卫生综合改革，将普通门诊费用纳入报销范围，启动县医院创建三级医院，县医院入选国家"千县工程"，整合优化基层卫生资源，打造东西南3个区域医疗中心。兜实兜牢民生底线，累计发放各类救助金近1.5亿元，租售保障房3400余套，新增城镇就业3500人以上，城镇登记失业率控制在3.8%以内，城乡医保实现应保尽保，城镇医疗、农村合作医疗参保率达98%，创新巩固脱贫"十项措施"，脱贫人口人均纯收入增长14.4%，城镇、农村居民人均可支配收入和增速指标分别居全省第一、第二位。

（六）坚持底线思维，安全及生态治理有攻有守

全面完成安全生产专项整治三年行动，认真梳理安全隐患较为突出的重点领域、重点环节，制定实施煤矿、危化品等5个重点领域61条硬措施。扎实开展14个重点领域安全大核查、21项安全大排查，"零容忍"处置影

响安全生产的苗头性问题，累计发现隐患问题2.7万条，完成整改2.34万条，整改率达86.8%。一体推进中央环保督察问题整改，22个"明盘"全部完成剥离退出，全面进入整治实施阶段，432台单炉产能在7.5万吨以下的兰炭生产装置已全部拆除。三年化解政府性债务46.28亿元，连续两年被评为全省平安建设先进县。

二 县域经济高质量发展的条件分析

（一）优势机遇

1.区位优势

府谷县是陕西省的北大门，地处秦晋蒙三省（区）交汇处，内蒙古高原与陕北黄土高原东北部的接壤地带，位于黄河与长城交汇的地方，是黄河入陕第一县，境内黄河流长108公里。全县总面积3229平方公里，辖14个镇，172个行政村，地貌大体以长城为界，北部为风沙草滩区，占总面积的42%，南部为黄土丘陵沟壑区，占总面积的58%，黄河环抱、长城揽怀，素有"鸡鸣闻三省"之称和"黄河金三角"之美誉。

2.交通优势

铁路交通便捷畅通，神（木）—朔（州）、准（旗）—神（木）、准（旗）—朔（州）铁路穿境而过，府谷经西安至安康、神木至大同铁路客运列车先后开通。公路网络四通八达，以神府高速公路、府店、大石为主骨架，府准、野大、府墙等干线公路为次骨架，专用公路和通村公路为辐射的公路网络，沿黄公路陕西段自此起始，截至2022年全县公路通车总里程3529公里，其中高速公路43公里，一级公路133公里，府谷机场、338国道正在加快建设。

3.矿藏优势

境内拥有各类矿藏20多种，水丰煤富是最突出优势，区域年水资源总量6.06亿立方米，堪称陕北高端能源化工基地的"水龙头"，府谷金属镁产量已经占据世界产量的 40%、中国产量的 56% 以上，"府谷镁"载誉全球，享有"中国镁谷、世界镁都"之美誉，高岭土、铝矾土等矿产资源探明储量居全国之首，此外煤层气、石灰岩、耐火粘土、膨润土、铁矿等要素资源也十分富集。

4. 能源优势

"府谷煤"名扬海外，属优质的动力煤和化工用煤，年产量近 9000 万吨，在保障国家能源安全中发挥着重要的作用，府谷已成为国家级陕北能源化工基地的重要组成部分，也是国家"西煤东运""西电东送""西气东输"的重要枢纽。

5. 文化优势

黄土文化和草原文化在这里辉映，长城文化和黄河文化在这里融合，境内有府州古城、七星庙国家文物保护单位 2 户，3A 级景区 4 处。

6. 特色经济优势

海红果、黄米、红枣、杂豆和羊毛绒等农特产品享誉全国。"府谷海红果"被认定为国家地理标志产品，"府谷黄米"注册为地理标志证明商标，府谷县被授予"中国黄米之乡"和"中国海红果之乡"。

7. 民营经济优势

府谷县民营经济占县域经济总量的 2/3，成为陕西省民营经济实力最强的县域，是最具代表性的民营经济转型升级试验区之一。民营企业创造了全县 65% 的生产总值、75% 以上的税收。全县规上企业 433 家，其中民营企业 405 家。府谷县政府积极营造尊商重商的社会环境，激发民营经济发展活力。

8. 战略机遇

府谷处于成长型资源城市发展阶段，深度融入共建"一带一路"、新时代西部大开发新格局推进、数字中国建设、黄河流域生态保护和高质量发展及乡村振兴等重大战略，为全县推动高质量发展提供了重大历史机遇；以国内大循环为主体、国内国际双循环相互促进的新发展格局，为府谷加快低碳型新兴产业全产业链布局、扩大更高水平对外开放提供了巨大市场机遇；国家能源安全战略必将进一步凸显府谷作为国家西煤东运、西电东送、西气东输的重要枢纽作用和地位。

（二）制约因素

1. 生态环境制约

境内山大沟深，地形支离破碎、沟壑纵横，生态环境脆弱，县域全境均处于黄河中游粗泥沙集中来源区，水土流失严重，府谷县处于神府煤田腹地，多年的资源开采带来了植被破坏、水位下降、水质污染、采空区塌陷等诸多环境问题，面临黄河流域生态保护和高质量发展的挑战；资源开发将在10年左右达到峰值，进入资源型城市主动转型的重要窗口期，碳达峰和碳中和目标是转型升级最大挑战。

2. 发展结构不优

创新转型动力不强、新动能培育滞后、战略性新兴产业支撑性不强。先进高效的大型现代化煤矿和技术装备落后、管理水平差的煤矿并存，企业智能化水平提高较慢，生产技术与装备水平不高，核心关键技术缺失，科技创新动力不足。"一煤独大"的深层次问题还没有解决，直接体现在三次产业比例失衡，2022年三次产业结构比为：1.3∶78.1∶20.6，"一产小、二产大、三产弱"的特征十分明显，产业结构、能源结构与"双碳"目标要求不相适应。

3. 投资活力不足

受产业政策、环保政策调整，以及国内外市场需求低迷、省内电价上涨等因素影响，民营企业投资积极性不高、信心不足。2022年底全县金融机构各项存款余额871.76亿元，人均存款超34万元，但存贷比仅为29.3%，较上年同期下降11.7个百分点。

4. 要素保障趋紧

随着经济增长、产业发展、企业增量的需求侧不断扩张，用水用地、能耗指标、要素成本的供给侧日趋紧缩，致使固废综合利用、榆镁集团镁基新材料等重大项目推进缓慢。

5.稳增长压力较大

经济高质量发展支撑不足，产业链供应链不完善，发展不平衡不充分问题尚未解决。受全国市场需求低迷和省内电价上涨影响，电石、铁合金等企业运行压力较大，2/3以上企业处于停产半停产状态，工业产品产量、价格双下降。

三 县域经济高质量发展的对策建议

（一）做好"镁"的文章，打造世界级"镁都"

建议陕西省统筹镁产业发展，给予更多的政策支持，把府谷打造成中国的"镁谷"、世界的"镁都"。谋划储备、引进一批镁合金、铝镁合金、高端宽幅板材、挤压型材、汽车轮毂压铸件、航空军工产品等终端产品制造项目，延长产业链，促进原镁就地转化。加快推进镁渣资源综合利用和镁生产减碳降碳项目建设，推进补链工作。远期谋划好府谷铝资源开发及利用项目，统筹做好镁铝合金产业融合发展工作。

重点研发镁绿色冶炼技术和高纯度镁产品，攻关镁合金材料研究、镁合金高端型材料挤压与锻造技术研究与应用、氢能储存等共性技术难题。着力推进镁渣综合利用开发与研究，探索在镁产业集中区建设镁渣综合处理中心，支持企业开发镁渣制墙体材料、脱硫剂、硅肥等项目，提高镁渣资源开发利用水平，推动镁产业链延伸。按照"源头减碳、过程降碳、末端固碳"思路，加快工艺革新，加大节能化、智能化改造，全力推进金属镁产业绿色低碳发展。全面提升镁冶炼的自动化监控与过程控制水平，优化工艺流程，节约生产成本，改善生产环境，推动镁产业走节能、环保、循环的可持续发展道路。推动"府谷镁都"原镁材料以及以镁为基础的镁铝等各种合金产品登上"中欧中亚班列"，打通金属镁出口中亚、欧洲以及东南亚等国际贸易通道，不断提升"府谷镁都"的国际影响力。

（二）巩固"煤"的地位，推动能化转型升级

围绕世界一流高端能源化工基地煤电产业承载区建设目标，以清洁低碳发展为导向，以科技创新为支撑，推进煤炭"三个转化"，打造千亿级能化产业集群。大力发展清洁煤电，推行洁净煤发电技术，打造煤电循环经济产业链。鼓励兰炭企业采用新工艺、新技术、新装备，完成兰炭环保升级达标改造。积极开发活性炭、洁净炭、功能性碳材料等产品，拓展发展煤焦油、煤气化等中高端深加工产品，发展型焦、电石、硅铁、聚氯乙烯、甲醇及煤焦油加工等项目，煤矸石发电、工业废物制水泥，实现兰炭产业高值化发展。

发展风电、光伏、储能、煤层气等清洁能源和综合能源服务，推进"零碳""低碳"技术研发应用、成果转化和产业集聚。推进火电—新能源—储能融合发展，打造煤火风光储用一体化、源网荷储平衡的电力体系。以榆林市建设中国"西部氢谷"、培育千亿级氢能产业集群为契机，构建氢能全产业链，推进制氢、输氢、加氢等氢能产业链关键技术的转化应用，争取氢能研发、生产、储运、消费、装备制造等项目落地府谷，超前布局汽车加氢站、榆林氢能储运分中心、混合（氢气油）补给站、氢气管网等基础设施，打造高碳城市低碳化发展示范样板。

（三）做优"土特产"精品，大力发展特色经济

做精做优"羊子、小杂粮、海红果"三大农业主导产业，积极发展瓜菜、生猪、花椒、中药材等特色农业产业，构建"3+X"特色现代农业产业体系。

以榆林市建设"世界级羊产业基地"为契机，实施府谷百万只羊子、百万吨草产业"双百"工程，打造沿黄特色养殖产业带，带动饲草种植、饲料加工、肉品加工、羊毛绒集散、粪污资源化利用等业态发展，做强以优质湖羊为主导的羊子产业集群，打响"府州羊肉"品牌。以建设中国糜子（黄米）产业集散地为目标，推进木瓜、田家寨、武家庄、孤山等镇小杂粮

绿色示范种植基地建设，开发小杂粮营养健康食品。建设海红果优质果园基地、标准化采摘园，改造提升低产果园，探索发展林菌、林药、林禽等林下复合型农业。大力实施农民增收致富提升工程，不断壮大集体经济，培强经营主体，育强链主企业，完善联农带农机制，巩固拓展脱贫攻坚成果，加强对易返贫致贫人口的动态监测，继续精准施策。

（四）做美"黄河"文章，推进生态文明建设

府谷作为黄河入陕第一县，也是全国 138 个水土流失重点县之一。建议陕西省在黄河流域山水林田湖草生态保护方面，充分考虑黄河府谷段生态保护治理在全流域高质量发展中的重要性，给予一定的资金和项目支持。坚持水沙同治，加强河流河道疏浚、新建堤防、平整滩地、生态绿化、泥沙拦蓄等建设，实施京津风沙源治理水利水保、节水灌溉等"山水林田河草"综合治理项目，打造黄河沿岸生态廊道。将矿山环境整治、耕地层土壤剥离与土壤改良、土地流转、耕地后期管护利用等集合起来，打造矿山采空区修复与水土保持、盐碱地改良、生态屏障建设为一体的可复制推广的示范模式。

建设大宗工业固废综合利用基地，推进建筑垃圾处置场、储运场、资源化利用设施及项目建设。大力发展生态农业、立体农业，加大农作物秸秆、养殖粪污、农产品加工废弃物等资源的综合利用，建设生态循环农业产业园。挖掘黄河文化、历史民俗文化等文化资源，打造黄河沿线自然风情游、长城沿线历史古迹游等精品旅游线路。

探索建立生态价值实现机制。落实生态环境损害赔偿制度，争取黄河流域横向生态补偿机制试点。吸引多方主体参与矿区地质生态修复，探索将两权价款、资源税、环保税和水土保持费等税费部分用于生态治理。参与和推进流域联治试点，探索设立县级生态保护与修复专项奖补资金。

（五）突出"产城融合"理念，提升承载能力

抢抓"两新一重"建设机遇，积极推进以县城为重要载体的新型城镇

化建设，加速人流、物流、商流等要素集聚，促进产城融合，争创一批国家重点镇、省级示范镇。

加快推进县域"新基建"，推动县镇村同步建设千兆光网和5G网络等数字化设施，建成府谷云计算大数据运营中心，完善大数据中心服务功能，利用数字技术，助力各类企业"上云"，打造不同行业领域的数字应用场景，推进智慧府谷建设。构建智慧能源系统，建设能源管控在线平台，启动煤电化载能区增量配网试点，建设区域高效智能电网。

构建以县城为中心的县域商贸物流网络，加快建设县域商业消费集聚区，做活县域夜间经济，发展新型消费、即时消费。打造县级智慧物流产业园，建设改造一批县级物流配送中心和乡镇快递物流站点，推进交通运输建设、服务向外围区县延伸，加快交邮融合、电商物流、客货同网等多种形式的农村物流发展，构建"一点多能、一网多用"的农村运输服务模式。将"通村通组路"提升改造为"产业路""产业通道"，推进城乡公交线路向城区周边重点镇村延伸和农村客运班线公交化改造。统筹城乡基础设施布局和建设，推动交通、通信、供水、供电、供气、垃圾处理、污水处理等基础设施向农村延伸。

统筹城乡教育、医疗、养老等公共服务设施建设，推进城乡基本公共服务一体化。优化城乡教育联合体模式，推动优质教育资源向镇村倾斜；强化基层公共卫生体系，加强紧密型县域医共体建设；健全县镇村衔接的三级养老服务网络，发展乡村普惠型养老服务和互助性养老。

（六）用足"民营经济"优势，打造科创高地

聚焦镁合金、煤化工、装备制造、氢能产业等领域发展，推动民营企业延链补链，向价值链高端迈进。培育行业领域标杆企业，带动"专精特新"中小企业、科技型"小巨人企业"、省级成长型中小企业发展。建立民营企业公共服务平台、创新创业平台、信息服务管理平台。

建设高能级创新平台。积极对接秦创原、中国西部科技创新港、西安科技大市场等各类创新平台，积极布局工程技术研发中心、重点实验室等创新

平台，加快省级金属镁产业工程技术研究中心、煤与煤层气共采实验室等平台建设。加大与有色金属、煤电等科研院校合作，鼓励共建"飞地"实验室、技术转移中心、成果转化中心等创新平台。按照"创新孵化器+转化基地+产业化基地"的模式，在京津冀、长三角、粤港澳大湾区等地区布局异地孵化器，建设"政产学研用"创新平台、众创空间孵化器、公共中试车间、创新育成中心等平台。探索建立府谷高新技术"服务超市"，推进能源化工、新材料、装备制造等先进技术成果在府谷就地转化。

在股权投资、技术奖励、风险基金、产业基金等方面给予更大扶持力度。借鉴昆山经验，探索"特色产业企业科技创新积分"管理模式，提供政策咨询、创业辅导、技术对接、知识产权维权等"一站式"服务。以企业创新能力作为核心指标，强化与银行、基金、风投等专业机构合作，对种子期、初创期科技企业制定"一企一策"金融方案，加大对基础前沿研究的财税优惠，完善以财政资金为引导、社会资本为主体的多元化科技投融资机制。

（七）夯实资源要素保障，深化机制改革

深化户籍制度及其关联的公共服务和社会保障制度改革，推动农业转移人口市民化。建立"人地钱挂钩"等配套激励政策和农村"三权"自愿有偿退出机制，提高城市政府愿意吸纳落户和农业转移人口愿意在城市落户的"两个积极性"。建立人才入县下乡激励奖励机制，设立人才专项基金，探索人才"公聘民用""市引县用"等制度，创新业务咨询、技术合作、人才租赁等方式灵活引聚候鸟型人才。积极开展"企业、项目、平台、人才"对接活动，鼓励企业、园区广泛招才引智，促进项目、资金与人才全面引进。鼓励本地外出的各类人才返乡创业兴业，鼓励离退休干部、知识分子和工商界人士等"告老还乡"。开辟人才服务"绿色通道"，建立县乡人才评聘单独评审制度。

选择一些镇村开展农村闲置宅基地和闲置住宅盘活利用省级试点示范工作。将节余农村集体建设用地优先用于发展乡村产业项目，探索开展农村闲

置宅基地和闲置住宅盘活利用。提高宅基地利用效率，探索对增量宅基地实行集约有奖、对存量宅基地实行退出有偿，探索跨县域占补指标有偿使用和调剂制度。持续推进批而未供和闲置土地处置，高质量推进"标准地""亩均论英雄"改革。

开展"政金企"融资对接，构建"投、贷、担、贴、保、退"六元联动融资模式。设立支持县域工业园产业发展基金等，联合各类资本主体共同打造一流的投融资生态，加大对重点企业和项目的融资支持。借鉴山东经验，建立县域经济新旧动能转换基金，重点投资新技术、新业态、新模式项目，基金采取引导基金、母基金、子基金三级架构，按市场化方式与金融机构和社会资本、投资机构合作，撬动各类资本。

强化县域经济高质量发展考核结果运用，结合全省排名，项目建设、土地指标、专项资金等方面优先支持，全力做好县域省市重点产业及乡村振兴项目要素保障。

B.19

灞桥区农村集体"三资"监管模式研究

高希峰 窦江涛 魏 鹏*

摘 要： 党的十九大提出实施乡村振兴战略，强调要"深化农村集体产权制度改革，保障农民财产权益，壮大集体经济"，为新时代深化农村改革指明了方向。近年来，灞桥区以习近平新时代中国特色社会主义思想为指导，全面贯彻落实中央一号文件精神，以清理整治农村集体"三资"合同为切入口，规范农村集体"三资"监管服务，发展壮大新型集体经济，取得显著成效，其探索形成的"12345"工作法入选西安市第三批乡村振兴十大案例。

关键词： 灞桥区 农村集体经济 "三资"监管

农村集体"三资"签订的合同是农村集体经济组织管理集体资产、开发集体资源、发展集体经济的有效手段和途径，是非常重要的法律文书。近年来，农村集体产权制度改革不断深化，推进"三变"改革、发展壮大新型农村集体经济等工作正深入开展，灞桥区作为西安市六个主城区中唯一的涉农区，通过对辖区内 175 个农村集体经济组织（股份经济合作社）的"三资"合同进行清理整治，增加了集体经济收入，壮大了村集体经济组织实力，成为陕西省乡村振兴典型案例。

---

* 高希峰，西安市灞桥区物资总公司党组书记、经理，主要研究方向为农村综合改革、乡村治理；窦江涛，西安市灞桥区经营管理指导站副站长、高级会计师，主要研究方向为农村集体经济；魏鹏，西安市灞桥区经营管理指导站站长、农艺师，主要研究方向为乡村振兴、农村改革。

一　主要做法

灞桥区委区政府坚持问题导向、目标导向、效果导向相统一，以农村集体经济合同清理整治工作为切入口，破除制约农村集体经济发展的顽疾。区纪委牵头，区农业农村局负责具体落实，区级职能部门团结协作、紧密配合，探索出了合同整治"12345"工作模式。

（一）紧盯1个目标，把准合同清理整治工作方向

灞桥区委区政府从实施乡村振兴战略、深化农村集体产权制度改革、发展壮大农村集体经济、强化乡村治理的角度出发，为坚决整治农村集体签订的出借、出租、担保合同中的不合理、不合规、不合法问题，规范农村集体经济组织各类经济活动，提出了明确的目标任务，即"通过开展清理整治专项工作，构建'主体清晰、程序合法、内容规范、执行有序、监管严格'的农村集体经济合同管理体系，达到规范农村集体'三资'管理、治理农村乱象、保障群众利益、夯实发展基础的基本要求，为发展壮大我区农村集体经济奠定坚实基础"。

围绕目标任务，区纪委会同区农业农村局，深入街村调研，召开座谈会，听取基层意见建议，并多次研讨制定实施方案，征求街道部门意见，围绕"明确目标任务、整治范围、组织机构、工作步骤、工作要求"五个方面，制定并印发了《灞桥区农村集体三资签订合同专项整治工作实施方案》，为街道、村组把准农村集体经济合同清理整治工作方向提供了有力的政策支持。

（二）把握2条原则，确保合同清理整治工作稳步推进

农村不规范合同涉及的历史遗留问题较多，矛盾突出。针对农村集体"三资"合同清理整治的复杂性，清理整治工作始终坚持两条基本原则。

一是坚持依法依规。严格按照农村集体经济合同相关法律法规政策规

定，开展农村集体"三资"合同审核、整改纠错，把法律政策要求贯穿始终。同时发挥容错纠错机制，对按要求时间节点积极配合整治、落实整改的，不作为线索查处；对不配合整治的，由区纪委监委对背后存在的干部不作为、乱作为、侵吞侵占、滥用职权等问题进行深入调查、严肃处理，维护法律政策的严肃性。

二是坚持民主公正原则。在清理整治工作中，注重发挥农民主体作用，把决策权交给农民，所有经济合同都要通过村组民主议事决策程序表决通过，保障农民知情权、参与权、表达权、监督权。对于有争议的合同，鼓励双方在平等协商基础上、公平合理解决争议，保护双方的合法权益，努力营造良好的营商环境氛围。

（三）坚持3级联动，形成合同清理整治工作强大合力

为加强对农村集体"三资"合同清理整治工作的组织领导，在区级、街道、村组分别成立了清理整治工作机构。

区级层面，组建清理整治工作组，由区委统筹安排，区纪委监委牵头抓总，区农业农村局组织落实，区司法局、区审计局、区行政审批局、资源规划灞桥分局等有关部门配合，联合办公，分工协作，对合同的合法性、合理性、合规性和合同价款履行情况进行审核，并全程对村组清理整治工作进行指导、督导。街道层面，成立清理整治工作专班，党政主要领导亲自抓，实行领导包片、干部包村、科室分工协作，有序推进合同的排查收集、问题研判、价款追缴，指导村组规范开展合同协商、公示、决策、纠错等工作。村级层面，成立以党支部书记为组长的清理整治工作组，成员包括村"两委"干部、集体经济组织负责人、老党员、老干部、老会计。形成了由村党支部组织领导、村民委员会配合、农村集体经济组织具体实施、群众广泛参与的合同清理整治工作格局。

（四）狠抓4个环节，确保合同清理整治工作取得实效

在清理整治工作中，狠抓农村集体"三资"合同的"排查收集、集中

审核、整改纠错、建章立制"四个重点环节，有序开展整治，形成工作闭环，确保合同清理整治工作取得实效。

一是排查收集。明确农村合同清理整治范围为正在履行的涉及农村集体经济的书面合同、口头合同，要求各村组对照清产核资台账，全覆盖排查与集体相关的各类合同，发动群众，积极提供合同线索，专人收集上报。街道主要领导、村党支部书记、集体经济组织负责人签字背书，作出上交合同无遗漏承诺。区纪委监委专项跟进督导，做到农村集体合同应收尽收，全部上报，全区共收集经济合同 2629 份，其中：资金类合同 60 份、资产类合同 735 份、资源类合同 1389 份，项目管理类合同 15 份，劳务服务类合同 39 份、其他合同 20 份；口头合同 371 份，统计合同年价款收入 2.56 亿元。

二是集中审核。区农业农村局、区司法局、区行政审批局、区审计局分别对每份合同的合规性、合法性、合理性、价款执行情况进行审核，各部门制定了符合法规政策、具有操作性的审核要点，细化了合同存在问题的判定标准，集中办公，联合审核，同时聘请专业律师、会计师、评估机构人员参与审核审查，对 2629 份书面合同逐一逐项给出了审核意见和整治纠错的建议，为村组清理整治工作把准"脉"，开好"方"。区级集中审核发现：缺少签订合同相关议事决策、批准备案程序资料等程序不合规合同 1935 份；主体资格不具备、内容约定不明确、超过法定最高期限、形式要件不全等合法性有瑕疵合同 1749 份；约定价款明显有失公允的不合理合同 279 份；收款金额与合同约定不一致、财务资料不完整、有收款收据无记账凭证、无收款收据有记账凭证等履行不到位合同 2042 份。区审核纠错办从合同的合法性、合同执行、价款合理性、合规性、其他等五个方面梳理了 17 类具体问题，印发给街村，指导帮助街村进行整改纠错。

三是整改纠错。压实街道党工委、办事处的属地监管责任和村党支部书记的领导责任，发挥村组集体经济组织主体作用，发动群众参与、监督、支持不规范合同整治纠错工作。村"两委"、集体经济组织按照村组研判、双方协商、村组决策、签订合同、备案存档五个步骤，先易后难，以点带面，稳步推进整治工作。目前，已依法依规终止违法合同 75 份，重新签订合同

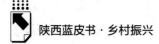

986 份，签订补充协议 420 份，纠正问题合同 2505 份。全区 111 个村（农村社区）在合同清理整治中共增加集体经济收入 1.17 亿元，其中：追缴合同价款 9821 余万元，年增加合同价款收入 1943 余万元。在合同清理整治期间，区纪委约谈提醒干部 15 人次，立案调查 38 人，移送司法机关 7 人，违规违纪处分 36 人。

四是建章立制。在推进不规范合同清理整治的同时，本着"整治以前、规范以后"的原则，先后出台了《灞桥区农村集体经济组织财务管理》《农村集体经济合同管理办法》等，制定了农用地流转、房屋出租、场地经营等 14 类规范性合同范本，用制度规范农村集体产权交易与各类经济合同，完善了农村集体"三资"管理制度，补齐了"三资"管理的短板。

（五）落实5项举措，巩固提升合同清理整治工作成果

针对农村集体"三资"合同清理整治工作中存在的问题，总结经验教训，完善了"五项"工作机制，全面加强农村集体"三资"监督管理工作，进一步夯实农村集体经济发展基础。

一是规范村组议事决策程序。对于村组签订集体经济合同等重大事项，要求严格履行"四议两公开"议事决策工作机制。

二是全面实施分账管理。全面实施村民委员会与股份经济合作社资产财务核算分账管理，建立村民委员会账套 111 套、农村集体经济组织股份经济合作社账套 175 套，村级两个组织财务会计独立核算，全面实施"村账街管""社账街管""组账社管"，健全完善了农村集体"三资"监管各项规章制度。

三是加强产权交易体系建设。细化区、街、村三级农村产权交易机构工作职责、服务范围、交易流程，规范集体资产资源交易行为和集体经济合同备案管理，促进农村集体资产资源配置市场化、产权要素资本化、管理监督规范化。

四是推进农村集体"三资三化"平台建设。构建融合集体"三资"管理、合同管理、流程管理、报表分析、预警提醒、网络公开、银农直连等功

能的农村集体"三资三化"管理网络平台,实现农村集体"三资"管理及运行情况的实时查询、实时分析、实时监管、实时公开。

五是充实基层农经机构队伍。与秦农银行合作,开展市级农村集体"三资"管理试点,在各街道建立农村集体"三资"管理服务中心,安排6~8名专职工作人员,负责农村财务会计核算、"三资"监管、产权交易、合同管理等工作,确保基层农经管理工作"事有人干、责有人担"。

二 取得的成效

通过完善落实"五项"工作举措,农村集体"三资"合同清理整治工作取得阶段性成效,回应了群众的关切,解除了基层干部的顾虑,进一步算清了村集体的账,健全了农村"三资"管理制度,提升了乡村治理的成效,为发展壮大集体经济、推进城乡融合发展奠定了坚实基础。通过清理整治农村集体"三资"合同,规范农村集体"三资"监管服务,灞桥区累计增加集体经济收入1.17亿元,全区实现农村集体经济收益空壳村、薄弱村双清零。2022年全区生产总值663.18亿元,农业产业增加值18.96亿元,城乡居民人均可支配收入分别达到45874元和22305元。2023年,全区农村集体经济收益1.45亿元,集体成员分红0.52亿元,集体经济收益50万元以上的村有57个,100万元以上的村有33个。

灞桥"三资"合同整治做法经验得到陕西省和西安市领导充分肯定,先后在灞桥区召开西安市"三变"改革现场会、西安市农村"三资"专项治理工作动员部署会、陕西省农村集体经济合同清理规范工作动员部署暨现场观摩会,灞桥合同整治"12345"工作模式被推广到陕西全省各区县。2022年7月5日,《中国纪检监察报》"高质量发展践悟"专栏报道了灞桥区推动"三资"管理规范化,开展农村集体"三资"不规范合同专项整治工作。2023年6月15日,又以"陕西靶向施治乡村振兴领域不正之风和腐败问题 小切口撬动'三资'治理"为题,对灞桥区的"三资"清理整治工作进行了报道。

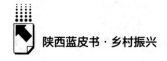

三 几点启示

结合灞桥区农村集体"三资"监管工作经验，得出以下几点工作启示。

（一）加大思想宣传力度，合力提高监管质效

农村集体"三资"监管问题成因复杂，农民群众期望值高，清理整治工作千头万绪。建议改变传统的"碎片化""应急式"监督管理模式，有效发挥农业农村部门的牵头作用，加大纪检监察、财政、审计、司法、资规等部门的工作协同力度，形成监督合力。特别是要强化执纪执法与责任追究力度，对严重违法违纪问题采取"零容忍"态度，严格依法依规处理。各乡镇人民政府应增强工作责任心，提高工作执行力，进一步建立健全"三资"管理制度，采取切实有效的措施，强化对乡镇干部和村"两委"班子成员的法制、纪律教育和监督。乡镇会计服务站、村务监督委员会等机构相关人员应加强自我管理、自我约束、自我监督，切实履职尽责、强化责任担当，改变"监管乏力""流于形式"的工作现状，提高监管质效。

（二）积极化解村级债务，全力壮大集体经济

在"三资"合同清理整治过程中，既要依法依规，也要立足农村改革发展实际；既要注重清理整治原有合同，也要规范管理新形成的合同，更要持续管好所有合同；既要考虑集体经济利益，也要兼顾营商环境，确保各项工作取得实效。应牢固树立过"紧日子"的思想，在确保基本民生正常运转的前提下，节约用水、用电、用纸等，进一步压减一般性支出，严控"三公"经费预算，提高资金使用效益，杜绝新债产生。要把加快发展作为化解村级债务的根本举措，着力培育和壮大村级集体经济。立足村情区情，加大对荒山、荒地、林地、果园、闲置房产和设备等一切可利用资源的盘活力度，精准对接市场需求，探寻产业发展新路径、新模式，多渠道增加集体经济收益，在发展中化解村级债务。

（三）加强工作队伍培训，着力提高监管能力

村集体"三资"合同的清理整治工作是一个长期的过程，既要有攻坚克难、猛药祛疴的勇气和韧劲，也要有一定的工作耐心，正确面对问题合同的复杂性。要加强"三资"监管队伍工作培训，提高监管能力。对村集体组织班子涣散、干部能力不足、缺乏担当精神的村，要多给予关注和指导，通过组织选任、社会招录等方式，遴选一批素质过硬的年轻干部，充实到基层工作队伍，选优配齐乡镇"三资"监管力量。针对目前部分乡镇财务人员和村级报账员业务不熟、年龄偏大等情况，加大对这一类专业人才的培训，增强培训的实效性、精准性，使其能够熟悉我国财经政策、法律法规和国家统一的会计制度，提高其业务水平、专业技能及监管能力。

B.20
乡村民宿产业发展赋能乡村振兴模式探索
——以西安市长安区抱龙村为例

李晶晶　樊琳　郝思强　陈小玮*

摘　要：　乡村民宿产业是实现乡村产业兴旺、推动乡村产业融合发展、全面推进乡村振兴的重要抓手，是坚持走"绿水青山就是金山银山"的绿色低碳环保之路、实现中国式现代化的具体实践。西安市长安区抱龙村作为陕西西安乡村民宿产业发展典范，荣获2022雪鹿奖·乡建年度榜样奖。近年来，抱龙村积极探索乡村民宿产业高质量发展新模式，结合自身区位优势，以科学规划引领民宿发展，充分利用自然人文资源，盘活乡村闲置资源，持续深化生态绿色理念，以民宿产业发展激活乡村振兴新动能，具有较强的示范意义和借鉴价值。

关键词：　乡村民宿　乡村振兴　产业发展　抱龙村

党的二十大报告明确提出，"全面推进乡村振兴""发展乡村特色产业，拓宽农民增收致富渠道；统筹乡村基础设施和公共服务布局，建设宜居宜业和美乡村"。2023年中央一号文件提出，"推动乡村产业高质量发展的重要内容之一是推动乡村民宿提质升级"。乡村民宿作为乡村特色产业中的一种新产业、新业态，在乡村振兴战略背景下，处于发展的机遇期，以"小民

---

* 李晶晶，陕西省社会科学院人事处干部，主要研究方向为人事人才管理、生态经济；樊琳，陕西省社会科学院办公室干部，主要研究方向为档案管理；郝思强，西安市未央区人民政府办公室干部，主要研究方向为生态文明与区域发展；陈小玮，陕西省社会科学院文献出版中心《新西部》编辑部副研究员，主要研究方向为农业经济。

宿"带动"大产业"，对于推动乡村经济快速增长，实现美丽乡村建设的可持续发展之路具有重要意义。

一 区位优势

（一）自然人文资源丰富

秦岭北麓长安段东西长约46公里，南北宽约40公里，总面积约876平方公里，约占长安区总面积的55%；秦岭陕西段有72峪，长安独占24峪。区域内山水隽秀多姿，生态物种多样，人文底蕴深厚，名胜古迹遍布，因其地处关中平原腹地，拥有丰富的自然资源和旅游资源，被誉为西安市的"天然生态屏障""生态保护伞"，素有"西安后花园"之称。抱龙村始建于唐贞观年间，位于秦岭北麓环山路以南，西邻子午峪，东接天子峪，依抱龙峪而建，沿着山水走向一路直通抱龙峪口，依山傍水，景色宜人，历史文化资源深厚，素有"青山抱水避喧嚣，龙瀑飞花居终南"之称，是游客观赏秦岭风光、体验自然山水之美的胜地。

（二）政策支撑有力

为当好秦岭卫士，持之以恒深化秦岭生态环境保护工作，使自然资源保护、利用、开发等活动合法化、规范化，陕西省出台了《陕西省秦岭生态环境保护条例》《陕西省秦岭生态环境保护总体规划》等政策文件，明确秦岭核心保护区、重点保护区和一般保护区，实行分区保护。① 在一般保护区内以发展生态农业、生态旅游为主，从严控制产业准入，明确了乡村民宿发展的主要地域范围，为乡村民宿发挥推动经济社会高质量发展、促进人与自然和谐共生的功能提供政策支撑。②

---

① 《陕西省秦岭生态环境保护条例》，https：//js. shaanxi. gov. cn/zuanlan/2020/11/111461. shtml。

② 《陕西省人民政府办公厅关于印发秦岭生态环境保护总体规划的通知》，http：//www. shaanxi. gov. cn/zfxxgk/zfgb/2020/d17q/202009/t20200921_ 1728563. html。

近年来，国家积极出台多项政策鼓励民宿产业发展，不断加大支持与扶植力度，2022年7月，文化和旅游部等十部门出台的《关于促进乡村民宿高质量发展的指导意见》指出，"到2025年，初步形成布局合理、规模适度、内涵丰富、特色鲜明、服务优质的乡村民宿发展格局，需求牵引供给、供给创造需求的平衡态势更为明显，更好满足多层次、个性化、品质化的大众旅游消费需求，乡村民宿产品和服务质量、发展效益、带动作用全面提升，成为旅游业高质量发展和助力全面推进乡村振兴的标志性产品"。① 为推动陕西特色民宿业态健康发展，陕西省商务厅印发《陕西省特色民宿示范标准》。西安市先后出台了《民宿基本要求与分级》《民宿示范村服务与管理规范》等相关政策和行业标准。2022年9月，长安区又出台了《民宿发展指导意见（试行）》等，进一步规范乡村民宿产业发展，助推乡村产业振兴。

（三）绿色生态持续向好

为持续保护好秦岭生态环境，长安区秦岭保护局坚持山水林田湖草系统治理，秦岭植被覆盖率不断增加，生态环境质量持续提高，为实现绿水青山转化为金山银山打好了秦岭生态底色。

截至2023年8月，秦岭范围森林面积达到477万多公顷，森林覆盖率达82%以上；秦岭北麓森林69万公顷，森林覆盖率达71%。秦岭生态环境质量呈现逐年向好发展趋势，2021年秦岭生态环境质量评价（EI）指数较2019年同比上升0.50（见图1）。2022年，秦岭生态环境质量达到优良等级的区域持续扩大，面积占比提升至99.3%，较2021年增加0.3个百分点。

（四）人居环境改善

近年来，长安区积极开展"花园乡村"建设，打造出691个美丽庭院、

---

① 《文化和旅游部 公安部 自然资源部 生态环境部 国家卫生健康委 应急管理部 市场监管总局 银保监会 国家文物局 国家乡村振兴局关于促进乡村民宿高质量发展的指导意见（文旅市场发〔2022〕77号）》，https://www.gov.cn/zhengce/zhengceku/2022-07/19/content_5701748.htm。

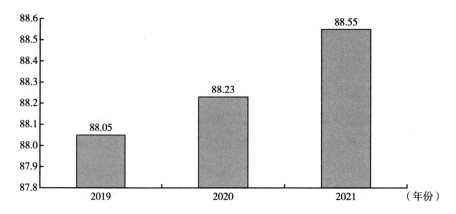

图1 2019~2021 年秦岭生态环境质量（EI）指数

70 个郊野公园、46 个景观节点，以及富有地域特色、文化特色的全域花园乡村，让乡村民宿产业发展有载体、有依托。

　　截至 2022 年底，长安区已完善八大基础设施，修建排水渠 10.3 万米，农村固定公厕 183 座，改造农村户厕 58805 座，建成农村生活垃圾压缩站 17 座，"五化"道路 128 条 347 公里，打造景观节点 698 处、休闲广场 182 处，新增绿植 624 万株。① 积极落实"峪长制"，实施 12 条峪口峪道生态环境综合治理，已完成子午峪、小峪等 8 条峪口峪道治理任务，建成 8 个秦岭峪口保护站及智慧化管控平台。②

　　长安区位于西安城市近郊区域，高速公路、国道等主干交通高效畅通，外环高速、包茂高速穿境而过，地铁、公交织密线网、互联互通，54 公里长的 108 省道"山水文旅体验线"串联了 85 个花园乡村、12 家 A 级旅游景区景点，公共交通抵达性高、成本较低，便于城市居民短途旅行，畅游秦岭山水。③

① 朱凌青：《集智聚力绘全景　焕新乡村精气神——陕西西安长安区全域推进花园乡村建设》，《农民日报》2022 年 11 月 7 日。
② 高乐、谢楠：《长安区加强峪口综合治理　用心用情守护青山绿水》，《西安日报》2023 年 2 月 24 日。
③ 李卫：《陕西省乡村旅游高质量发展现场推进会召开》，《陕西日报》2023 年 8 月 7 日。

（五）民宿产业市场活跃

《2022年携程乡村旅游振兴白皮书》显示，从2012年到2019年，我国乡村旅游接待人次从近8亿跃升至30亿，年均增速超过20%；携程网络平台的乡村民宿数量，从2017年的7万余间，增加到2022年的近30万间，年均增速超过20%。途家网络平台发布的《2023年上半年乡村民宿发展报告》显示，截至2023年7月，乡村民宿累计接待近300万人次，为乡村民宿房东创收超15亿元，是2019年同期的3.5倍；截至2023年10月6日，中秋、国庆"双节"期间国内热门城市民宿预订量同比2019年增长1.5倍。

当前，西安属于国内民宿发展的头部城市之一。2021年西安乡村民宿共计10000家，等级民宿200家，示范村30个，床位10万多张。截至2023年3月，长安区乡村民宿从2019年的19家增长到70余家，其中高品质民宿19家，客房约500间，床位数超过1200张，初步形成了类型多样、特色各异、优势互补的民宿产业发展格局。①

二　主要做法

抱龙村地处秦岭北麓，海拔落差达500多米，农田灌溉困难，农业生产落后，第一、二产业发展局限性较大，2019年以前村民主要靠卖石料或外出打工谋生，抱龙村曾被认定为省级贫困村，是典型的空心村。党的十八大以来，抱龙村牢固树立"绿水青山就是金山银山"的发展理念，坚持生态建设与乡村振兴融合发展，积极将生态保护和美丽乡村建设带来的环境优势转化为乡村民宿产业发展优势，从"落地生根"到"蝶变崛起"，探索出一条以产业发展带动农民增收致富、赋能乡村振兴的新路径，让秦岭的绿水青

---

① 付玉玮、庞世龙、郭莹芮：《好口碑让长安区"朋友圈"越来越大》，《陕西日报》2023年2月24日。

山变成人民群众的金山银山。截至 2023 年 3 月，抱龙村已有正式注册的民宿企业 16 家，相继为 100 余名村民提供就业岗位，促进了城市文明与乡村文明的碰撞、融合，有效提升了当地村民的生活品质与精神面貌，激发了村民对美好生活的向往。

（一）深化绿色理念，规划引领建设

抱龙村立足"和美乡村"的建设目标，结合自身发展，深化人文绿色理念，丰富其内涵为"六和"，即"和于时代、和于自然、和于城乡、和于近邻、和于百业、和于乡党"，以期率先实现"六和并举"的和美乡村美丽愿景。

近年来，抱龙村形成政府部门、企业、高校、乡镇、村联合组成的规划主体，坚持规划引领，扎实推进乡村建设。西安建筑科技大学规划团队自 2019 年常驻抱龙村以来，坚守秦岭生态保护原则，深化绿色发展理念，依托秦岭北麓自然生态环境，按照"调查—规划—设计—建设—运营"五位一体的全程陪伴式乡村建设模式，由驻村规划师、乡镇干部、村民及施工单位等多方组成乡村建设同盟，指导乡村规划实施，依托村庄地形地貌和生态环境，聚焦"绿色、低碳、环保"，尽最大可能采用原有设施废旧材料、乡土材料，结合村庄特有的垒石工艺，将现代化规划设计注入村庄空间，"点石成金"。

（二）开放治理思维，强化组织力量

在党委、政府部门的统一领导下，抱龙村"两委"积极发挥党支部战斗堡垒作用，以开放式的治理思维构建"校（高校）—地（地方政府）—村（村集体）—企（国企、民企）—社（社会组织）"五方治理平台，由西安市长安区乡村振兴局、西安建筑科技大学陕西省村镇建设研究中心、西安天和北斗建筑规划设计有限公司、长安区子午街办抱龙村村民自治委员会和陕西新鸿业生态景观设计工程有限公司共同组建了"抱龙村乡建共同体"，让政策自上而下地引导社会多元力量参与，形成共谋共建共治共享的乡村自治力量，推动乡村实现"空间—产业—社会"的全面转型。

抱龙村积极发挥乡贤理事会的作用。一方面为村民反映村情、参事议事、表达自身利益诉求提供了交流平台，获得了村民充分的信任与情感认同；另一方面为在外乡贤提供了参与乡村建设的途径，引导多方主体共同参与到乡村公共事务中，有效提升了村民的参与意识和主人翁责任感。另外，基层党组织承担起乡村建设的主体责任，民宿经营者联合其他个体商户成立了"抱龙同心商业联盟"和新一届抱龙村议事会，新老村民代表共商共议乡村事务，为抱龙村可持续发展群策群力。

（三）盘活闲置资源，激活产业动能

抱龙村坚守"耕地红线不能动，农民利益不能损"的底线原则，积极探索盘活农村闲置土地、空闲农宅，多方学习借鉴先进经验，通过长安区乡村振兴农村产权交易平台，将农村承包土地经营权、集体资产使用权、农村集体经济组织股权、宅基地使用权、农业生产设施使用权等纳入交易范围，推进流转模式多样化，确保了集体经济收益和群众利益。

2019年以来，抱龙村"两委"主动引入国企、民企、个体经营者等社会力量，村集体作为中间担保方，确保闲置民宅所有者和使用者权益，最大限度降低投资风险。采取"村集体经济合作社+企业+农户"的发展模式，以村集体经济合作社为主体，筹备成立抱龙村现代农业发展有限公司，将部分闲置民宅变身精品民宿，唤醒了村里的"沉睡资源"，激发了村集体经济发展新动能。

据了解，抱龙村第一家民宿产业"云裳花栖"开业于2020年12月，从租赁村委老支书自家宅基地开始，随后和抱龙村股份经济联社合作，按照高端民宿标准改建了7户村民宅基地及一处河滩地。从最初村民一院三间两层的宅基地年出租收费在6000~8000元，到目前同样的宅基地年出租费基本达到20000元以上，所租赁的7户村民宅基地每年向村集体缴纳租金约14万元。

目前，云裳花栖占地面积约 3070 平方米，建筑面积约 620 平方米，从最初只有一座院子 9 间房，到现在有 3 院 25 间房，可同时接待 50 人住宿、50 人书咖休闲、150 人用餐，并满足亲子家庭、会议团建、私汤包院等不同需求。自开业以来，相继荣获"2021 陕西十佳最美乡村民宿""西安市 2021 年精品型民宿"称号；成为抱龙村"乡村会客厅"、民宿龙头企业，示范引领该村民宿从 2 家发展到 16 家，以单体民宿小气候催生抱龙村乡村民宿集群大气候的形成。

（四）整合多方力量，激活人才引擎

乡村振兴，关键在人。乡村民宿作为乡村特色产业，离不开乡村各类人才的支撑；乡村民宿的发展，又反过来带动各类人才向乡村汇聚，为乡村振兴带来人口红利。2019 年至今，西安建筑科技大学驻村规划团队从专业角度为抱龙村提供规划设计服务，为乡村整体规划建设和乡村民宿产业建设项目提供可实施方案，并对方案落地进行实时监督反馈，做到全程陪伴式服务。民宿产业的发展还吸引更多乡村外出务工人员返乡就业或创业，激活乡村振兴内生人才动力。截至 2023 年 3 月，抱龙村乡村民宿帮助近百名村民实现"家人不出村，便能就新业"的愿望。

抱龙村所属的子午街道以街道党校为依托，持续坚持以党建工作为引领，抓好党员干部培养工作，不断凝聚党员干部群众奋进合力。截至 2022 年 10 月，共招录学员 8 期 360 余人，结业学员 230 人，培养积极分子 160 多人，发展高素质青年党员 60 多名，21 名学员当选村"两委"成员，占到"两委"班子总人数的 29%，6 名学员加入子午全科网格员队伍，成为子午街道强化基层治理、推进乡村振兴的一支重要力量。抱龙村"两委"干部积极参加长安区"强化基层治理、推进乡村振兴"青年人才培训班，学习相关政策文件，积极践行新发展理念，为乡村高质量发展贡献力量。

（五）挖掘本土特色，传承文化基因

抱龙村始建于唐，因"抱出天子升龙来"传说而得名，在乡村民宿建

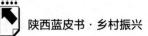

设与发展中挖掘抱龙峪丰富有趣的民间历史典故，遵循天人合一、克勤克俭的传统文化和传统美德，构建了一个文化"宝藏空间"。推动民宿从"硬件"到"软件"不断升级，在与民共建的过程中塑造了"龙墙"传说和新乡村文化；在民宿主题、景观塑造、产品包装中融合相关历史文化元素；在建筑、装修、装饰、餐饮、客房等方面体现地域特色，注重民宿产业与历史文化资源融合发展。

云裳花栖将抱龙峪周边的库峪、祥峪、大峪等峪口称谓应用于客房名称，将当地自然景观和人文历史与民宿文化融为一体。同时，抱龙村乡村民宿为各类文化活动的举行提供了专业场地，连续举办"乡村音乐会""传统节日音乐诗会""新书发布诗歌朗诵会""乡村建设论坛"等文化主题系列活动，实现"文旅融合"和"沉浸体验"相结合，增强文化交流，传承文化基因。

三　存在的问题

2019年以来，抱龙村经历空间环境的建设提升、民宿产业的孵化运营和乡村社会的复兴重塑，逐步发展为长安区规模最大的乡村民宿集群之一，成为西安市远近闻名的"民宿村"，被评为"国家2A级旅游景区"，入选"西安市第一批千年古村落名录"，列入西安市宜居宜业和美乡村示范村建设目标。抱龙村通过发展乡村民宿产业，与当地的生态环境、基层治理、闲置资源、产业振兴、人才建设、文化传承等实现互促互进。然而，对标国家"建设宜居宜业和美乡村"和"乡村民宿提质升级"要求，抱龙村民宿产业发展仍存在一些不足。

（一）资源配置有待进一步优化

乡村民宿的开办经营和提升改造需要进一步科学化、规范化，现有的公共服务和基础设施需适时维护和完善；乡村民宿专业人才队伍匮乏，整体管理服务水平需提高，从业者的合法权益保障待加强；部分闲置农宅的再利用存在一定潜在投资风险。

（二）产业融合仍需不断深化

乡村民宿产业上下游连接不够紧密，未形成高效完整的产业链条；整个产业链横向拓展不够丰富，产业融合缺乏立体化和科技化，全价值链开发深度欠缺；经营项目相对比较单一，品牌意识欠缺，精品型较少；利用互联网、电商平台和数字化技术等开展"民宿+"融合发展有待加强。

（三）监督管理体制机制有待完善

乡村民宿管理不够规范，影响游客体验感；监督管理机制不够健全，部门缺乏联动协调机制，存在交叉检查现象，影响民宿的正常经营活动；民宿经营受季节、时间节点影响较大，淡旺季经营管理方式待提升；大型活动、安全设施及突发事件处理应急管理措施需进一步强化，尤其是地质灾害易发点及雨雪汛期的应急管理。

四　对策建议

（一）科学配置资源，夯实乡村民宿产业赋能乡村振兴基础

1. 充分开展调研，做好科学规划

构建深度驻村乡村规划建设机制，联合相关高校、科研院所设计团队，形成常态化驻村工作模式，开展"调研—规划—设计—建设—运营"全过程陪伴。规划设计团队要对区域范围内的乡村资源进行全面系统的调查研究，对乡村的区位、环境、特色、交通、土地性质、房屋产权等精准把握，协调不同主体的诉求，明确乡村定位及长远规划，科学编制好乡村建设规划。

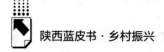

2.完善配套设施，满足体验需求

政府牵头持续做好乡村环境整治，不断完善公共设施，建设地面和立体停车场、服务驿站、游步道、骑行道、休憩点、租赁服务站、道路标识系统等；做好各类生态基础设施比如大气、水质、生物多样性日常监测设备的维护；确保基站建设畅通，强化 5G 网络、手机信号、WiFi 等通信手段的便捷性。乡村民宿经营者根据不同服务对象的定位及需求配置室内陈设，比如，营造温馨气氛的软装搭配、亲子主题房间的玩偶、年轻人群的投影式观影设备等，另外，民宿经营者要做好住宿餐饮娱乐等设施的安全保障、卫生消毒等工作。

3.加强人才队伍，增强服务力量

加快人才引进和培养体制机制创新。制定出台助力和保障乡村民宿产业发展的人才政策，借助资金回流、技术回乡、智力回哺、项目回移等方式，以乡情乡愁为纽带，重点引进有管理经营经验的乡村民宿管家和从业者从事经营管理工作，将该类人群统一纳入县域乡村振兴人才培育计划。邀请建筑师、设计师、艺术家、媒体人等在乡村民宿设立工作室，吸引更多乡贤、在外打工人员和大学生创业者进入乡村民宿行业创业就业。

加大对乡村民宿从业者的培训力度。积极与高校合作建立乡村民宿人才联合培养机制，发展校企联合培养模式，建设校地合作实践基地；加大对从业人员民宿管理、服务技能、自媒体、突发事件应急处置能力等专业培训；同时，积极探索做好民宿管家专业技术人员的职称管理和人才保障工作，对在当地参加培训并通过考核的民宿管家给予奖励补助，对获得技能等级证书的本村人才给予人才技能津贴，促进民宿产业人才职业化发展。进一步加强落实人才保障措施，按时按要求缴纳社保，建立完善人才培育、激励、评价机制。

4.盘活闲置资源，保障多方权益

摸清底数，建立台账。地方政府要摸清辖区可流转土地数量及面积，加强土地、宅基地等集体资产管理，建成区、街、村三级农村产权交易服务体系，将新型经营主体、农村土地流转服务、农村土地融资抵押贷款等集体资产流转交易纳入平台监督管理，实行场内公开交易，确保交易规范化、制度化。

探索多种发展模式，推动闲置资源转型升级。将闲置宅基地和土地集中，进行整体打造。由村集体对村内空置宅基地统一租赁回收，或是村民用宅基地入股，另外可以尝试对村民宅基地进行有偿腾退，将土地由村民个人住宅用地腾退为村集体建设用地，按程序公开挂牌，出让土地使用权给民宿投资者。村委或村集体作为中间担保机构，通过引入外来企业资本或自筹资金，进行整体改造，构建具有一定规模的民宿区域，最大限度减少土地使用风险，让民宿投资者放心投资，让村民获取投资分红。

发挥政府主导作用和监管作用，把村集体和村民纳入民宿产业发展整体利益规划，保护村民合法权益，统筹协调各方利益。比如，银川市贺兰县立岗镇星光村作为全国农村宅基地改革试点村之一，创新村集体收益模式，农民以土地、"宅基地+院落"入股，采用"保底分红+效益分红"的模式实行收益分配，每亩地每年保底分红700元，每个"宅基地+院落"保底分红1000元。入股的土地发展立体种养产业，年纯利润的30%与农民进行二次分红；将农民入股的"宅基地+院落"统一改造为集研学旅游、农事体验、烧烤、农家餐饮于一体的特色民宿，院落获得收益的30%与农民进行三次分红。①

（二）深化产业融合，激发乡村民宿产业赋能乡村振兴动能

1. 提高融合层次，优化融合结构

在纵向上，按照和美乡村现代化建设要求，推行乡村民宿规建营一体化，将前期选址、规划建设、设计布局、软硬装修、市场推广、日常运营、提供服务等环节链接成一个有机整体，实现"小民宿"与"大市

---

① 《"土资源"变成"金资产"　银川土地权改革激发乡村振兴新活力》，https：//mp.weixin. qq. com/s/rBEqCOkFyrOUHU_ HFKJGRQ。

场"、城市和乡村要素的有效联结。在横向上，时刻关注旅游市场动态，持续挖掘乡村民宿产业潜力。可通过"民宿+"方式促进乡村民宿与休闲现代农业、大中小学生研学、绿色生态产品、艺术体验馆、土特产展馆等融合发展。还可通过与文化教育、专项体育项目等产业的融合，扩大新型服务消费，如依托西安"三河一山"绿道积极培植野外拓展、徒步骑行、户外露营、环山自行车赛等山地户外旅游体育活动，形成新的消费热点。进一步拓展休闲农业、农副产品加工、文化创意、手工制造、电商物流、健康养生等综合业态，构建"三产联动、多业融合"的乡村民宿经济新业态。

2. 发挥品牌引领，增强融合实力

合理规划乡村民宿走特色化、低碳化、品质化路线，重点培育乡村民宿示范点，树立标杆项目，形成梯度示范发展，发挥品牌引领，带动更多的资金、资源投入，从而形成集群式发展。明确乡村民宿定位，塑造品牌化战略。发展乡村民宿前期要做好市场分析，明确客户群体、细分市场与发展目标。比如，秦岭一般保护区发展乡村民宿可以围绕以中华优秀传统文化为代表的文化品牌，通过实施品牌策略，制定长远发展规划，努力塑造秦岭乡村民宿品牌整体形象，增强乡村民宿品牌的辨识度和价值。

3. 培育多元主体，强化融合支撑

加强乡村民宿经营主体与当地村集体、村民的融合。民宿经营者与村集体、村民建立经营联盟，村集体可以通过股份经济合作社、集体资产管理公司等集体经济组织，推动村民积极参与民宿产业发展。通过全民入股、联合投资、成立村投经济组织等多样化的民宿投资模式，引领村民从民宿产业发展的"看客"向"参与者"转变。创新体制机制，让村民成为共谋共建共享主体。乡村民宿要把实现好、发展好、维护好广大村民利益作为推进产业融合的出发点和落脚点，产业融合发展要立足乡村、依靠村民、惠及乡村，要完善乡村民宿产业链与村集体、村民的利益联结机制，让村集体和村民共享产业融合发展的增值收益。

（三）增强文化自信，开发乡村民宿产业赋能乡村振兴源泉

1.挖掘特色文化，打造独特优势

乡村民宿在装修设计、陈列布景、文化活动等方面都要传递民宿经营者想要表达的独特文化理念。充分挖掘当地民风民俗和历史文化资源，如红色文化、酒文化、茶文化等，以乡村生态环境和优秀传统文化为核心，凸显民宿的本土特色，提升民宿文化内涵。

2.加大科普宣传，拓宽受众广度

乡村民宿经营者要充分利用自媒体宣传提高乡村民宿知名度。运用好自媒体平台进行传播，如美团、大众点评、抖音、小红书、微信公众号等平台多管齐下，做好当地历史文化的传播。积极探索多主体、多主题的文化宣传体系，打造沉浸式体验。顺应本地区自然和人文环境，在讲故事、传文化、重体验上下功夫，针对不同群体设置更具针对性的活动，如适合青少年的历史人物动漫展，适合青年的乡村音乐会、文化创意集市，适合中老年的健康养生活动，适合大众的读书会、绘画展、主题日活动等，提高乡村民宿知名度和吸引力，推动实现可持续发展。

3.开发文创产品，促进文化传承

从优秀传统文化中汲取养分，运用风格多样的艺术形式，开发周边配套产品，将民俗特色融入文创产品中，促进不同民宿不同地域的文化交流与传播。举办适合自身的优秀传统文化活动，邀请当地著名文化艺人、非遗传承人现场展示、传授技艺，在乡村民宿内创建一些茶艺、插花等课程，邀请游客一同体验感受传统技艺的魅力，充分挖掘地方文化的丰富内涵，真正做到中华优秀传统文化的创造性转化、创新性发展。

（四）加强监督管理，提升乡村民宿产业赋能乡村振兴保障

1.遵守政策法规，做好日常管理

严格遵守政策法规，规范乡村民宿产业的发展，优化民宿规划、建设、经营整套流程，营造良好的营商环境；出台相关优惠政策措施，针对民宿等

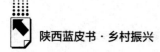

级创建、入住率、项目开发等方面给予资金补贴和奖励，提高经营者的主动性与积极性。民宿经营者要持续推进日常管理的制度化、规范化、系统化，提升环境卫生标准，完善安全设施。

充分发挥属地管理责任，有针对性地开展联合检查。利用好"双随机、一公开"机制，开展跨部门、跨区域双随机监管，坚持问题导向，重点针对燃气设备安全、食品安全、网络经营、环境卫生等群众关心社会关注的重点问题进行风险监控，实现一次性全方位监管。另外，通过乡村民宿行业协会推进行业自律管理和标准化建设，研究制定行业自律管理制度；通过开展政策宣讲和从业人员培训、经验交流等形式强化内部建设。

2.创新经营方式，确保最大收益

利用数字技术融入乡村民宿日常经营管理。民宿内部的构造和设施广泛应用数字技术和现代科技，民宿改造升级时对灯光、窗帘、引导、电视、卫浴、监控等进行数字化植入，满足旅客对便捷性、舒适性和隐私性的需求。

实施绿色低碳化经营。建造上选用环保材料，配备节水节电和节能环保设施；公共空间要有绿色民宿标识，将绿色理念植入服务中，温馨提醒旅客参与绿色低碳生活方式；建立绿色民宿工作机制，加强监督示范，对绿色低碳升级改造实施效果好的项目进行扶持奖励。另外，面对乡村民宿淡旺季现状，作为民宿经营者需有客观的预判，对市场保持敏感度，提前做好旺季客流的服务接待方案，在旺季做好客户服务和效益最大化，在淡季前期做好淡季小众、定制化产品的宣传和推广，做好从业人员的专业培训和硬软件设施的维护更新工作。

3.健全应急管理，守好安全底线

政府部门一方面应健全应急管理机制，落实好安全主体责任，制定突发事件专项应急预案，加强从业人员安全培训，强化突发事件应急演练，全面提高突发事件应急处置能力；另一方面在旅游高峰期以及节假日期间，应严格落实应急值守和领导带班制度，及时向旅行社以及广大游客发布天气变化、地质灾害等风险预警信息。不断完善人防、物防、技防等安全管理手段，加大对风险高发区域、高发时段以及人员集聚区域的安全检查力度和应急设备物资投放比例，确保乡村民宿产业安全健康有序发展。

参考文献

《2020 年陕西省生态环境状况公报》，http：//sthjt. shaanxi. gov. cn/html/hbt/newstype/open/xxgkml/state/gb/80793. html。

《2021 年陕西省生态环境状况公报》，http：//sthjt. shaanxi. gov. cn/html/hbt/newstype/open/xxgkml/state/gb/80793. html。

《秦岭生态气候公报（2022 年度）》，http：//qinling. shaanxi. gov. cn/article/7951. html。

B.21
把党组织建在农业产业链的
创新经验研究

——以城固县为例

胡新利*

摘　要： 近年来，农业产业化快速发展，农业产业链条不断延伸，农村党员身份发生转变。城固县积极应对农业农村出现的新变化，创新党组织设置方式和党员管理模式，在茶产业链、稻渔产业链上建立党组织，取得显著的实践效果，促进一二三产业融合发展，实现农户、经营主体、村集体三方共赢。

关键词： 城固　农业产业链　党组织

党的二十大报告指出，全面建设社会主义现代化国家，最艰巨最繁重的任务仍然在农村。城固突出党建引领，着眼于增强产业内生动力，在抓党建促乡村振兴方面大胆尝试，率先在农业产业链上建立了茶产业链党总支、稻渔产业链党委，基层党组织抓党建促发展的作用充分发挥，党员干部干事创业的凝聚力、创造力有效迸发，为农业产业的发展注入持久动力。党组织赋能产业链各环节发展的新举措，极大地促进了茶产业全产业链的高质量发展，受到了省农业农村厅领导肯定，被《陕西日报》、陕西党建网等媒体广泛宣传。稻渔产业的突破发展得到了省委主要领导调研肯定，央视新闻、

---

* 胡新利，汉中市人大常委会副主任、中共城固县委书记，主要研究方向为党的建设。

《人民日报》、新华社等媒体广泛报道，成为围绕发展抓党建、抓好党建促发展的先进典范。

一　实施动因

（一）传统的党组织设置方式急需改变

近年来，随着农业产业化的不断推进，生产要素流动加快，传统的按村或居住地分块设置党组织的方式已不适应形势发展需要，客观上造成了党组织核心领导作用发挥不到位。农业产业化把农村党员群众的生产经营活动，纳入了以产业为纽带、以利益为动力的产业链条中，突破了原有的地域界限，迫切需要开放、灵活的党组织设置方式。

（二）传统的党员管理方式亟待创新

产业化快速发展，农业产业链条不断延伸，农村党员的流动性越来越强。相当数量的青壮年党员，以产业为纽带聚集在一起，围着产业转、跟着产业跑，他们的组织关系虽然在村里，工作和生活却在产业链上，村级党组织很难对他们实施有效管理，迫切需要探索新的农村党员管理方式。

（三）党员身份的转变对党组织先进性建设提出挑战

产业链上聚集了大批农村优秀人才，在一定程度上代表了农村的先进生产力。许多农村党员的身份正在发生转变，开始由地地道道的农民变成"打工族"、经纪人，由只会耕田种地的"锄把子"变成能上网、懂经营、会"点鼠标"的"小老板"。农村党建如果不及时跟进，很难体现农村党组织的先进性。

综上所述，当下亟须破解的命题是如何在农业产业链上加强党的领导，发挥党组织示范引领作用，促进党建工作与经济工作深度融合，实现农业产业高质量发展，带动群众增收致富。

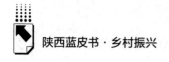

二　主要做法

（一）组建多种形式的产业链党组织

为充分发挥党组织的引领示范作用，统筹人才、资金、项目等力量，更好地服务和带动全产业链发展，城固县先后成立了城固县茶产业链党总支部、稻渔产业链党委。在党总支、党委下，以种植养殖专业合作社为载体，成立了县茶叶种植党支部、县稻渔种养殖党支部；以加工生产企业为依托，成立了县茶叶加工党支部、县稻渔加工党支部；以销售企业为主体，组建了县茶叶营销党支部、县稻渔产品营销党支部。每个党支部组建若干服务党小组，具体承接和负责全县茶产业、稻渔产业链上的各项服务工作。党委和党总支采用单独组建、联合组建、挂靠组建等多种形式组建产业链党组织，让身份是党员的董事长、总经理担任支部书记，身份是党员的企业高管担任支部委员，并对产业链党组织功能进行细化，将政治功能分解为宣传贯彻党的政治主张、落实党的产业政策、引领教育管理党员、组织和联系群众等职责。将服务功能分解为帮助解决产业发展面临的资金、人才、技术等难题，协调解决征地、用工、资金、矛盾纠纷等各类问题，为企业发展营造良好的环境；引导群众参股经营，组织开展技术技能培训，带动帮扶困难群众等。有效整合调动了全产业链上下游各种资源信息、项目资金、技术力量为产业的发展提供服务，引导农业产业从单纯的生产加工销售向旅游观光餐饮文化三产方向发展，加快了城固县农业产业化转型升级，实现党的建设与经济发展相融互动。

（二）探索全产业链建设党组织新模式

针对部分新型农业经营主体和非公企业党的组织设置与企业法人治理结构衔接不够、党的组织生活与企业生产经营活动"两张皮"等问题，城固探索出了"抓党建、强组织、兴产业、促振兴"的全产业链建党组织新模式，在保留党员原组织关系的前提下，从产业链上相关企业、相关职能部门、行业协会选配党员组成党委（总支）班子，按照"一方隶属、参加多重组织生活"的原则，协调产业相关各部门职能分工。夏茶和秋茶一般是走外贸，但是外贸订单数量大，小的茶企难以承接。茶产业链党总支召开座谈会分解外贸茶叶订单，各茶企按照县茶业协会统一制定的质量标准进行加工生产，销售外贸茶 200 吨 400 多万元，解决了小型茶企难以直接参与外贸的难题，带动周边茶农持续增加收益。稻渔产业链党组织成立 6 个产业服务党小组，以党员专家为骨干，专业技术人员为主体，建立"稻渔种养智囊团"，深入龙头、天明等镇开展技术培训 20 余场，指导新建稻渔基地 5000 多亩。

（三）创新产业链党组织活动形式引才聚才

把懂农业、爱农民、爱农村的新型"三农"人才聚在产业链上，推动实现"强村"与"育新"增效同步发展，兴业与脱贫致富同步推进。产业链党委组织专家修编了《稻渔综合种养六种养殖模式标准（简版）》《稻米种植技术标准（简版）》，为全县稻渔种养统一标准。将活动串在产业链上。鼓励产业链党组织创新党组织活动形式，与技术创新研讨、建言献策同步开展，把"三会一课"开展在生产一线，把党的组织生活串联到生产一线。让群众富在产业链上。以产业链党组织为引领，建立与农户利益联结机制，引导群众以土地经营权流转"获租金"，扶贫资金入股企业"变股金"，就地打工"挣薪金"，宅基地、林权等资源入股合作社"分现金"。产业链党组织的正确主张与企业的经营决策相融合，实现党建的政治引领优势向产业发展优势的转化。

（四）推进产业链建设与党建工作相融合

发挥产业链党员示范带头作用，创建"产业链党员示范岗""党员红旗手示范基地"，划分党员责任区、开展"一帮一"活动，做给群众看、带领群众干，推动新型农业经营主体不断发展壮大。发挥县农业农村局党建的行业指导优势，将为企业提供产业规划、项目申报、融资贷款等服务与党建指

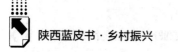
导工作同安排、同部署，以农业龙头企业、合作社、家庭农场等新型农业经营主体党组织为纽带，将分散的农户组织起来、分散的产业链接起来，推动党的建设和经济发展深度融合。深入开展"产学研"合作，与陕西省水产研究与技术推广总站、西北农林科技大学等科研院所对接，探索推广"示范园区（企业）+技术专家+核心示范户+辐射带动户"模式，培育了一批既懂"渔"又懂"稻"的"土专家"。实施高素质农民培育计划，培育粮油高产栽培技术专业高素质农民150人，培育认定职业农民1462人，有效激发了实用人才创新创业热情，进一步带动城固县农业产业发展。

三 探索与成效

（一）制度建设引导产业链党组织规范运行

通过建立产业链党组织，规范制定了《党员党组织工作制度》《学习教育制度》《科技服务制度》，2个产业链党组织每季度召开一次产业链党组织工作会议，对本季度工作开展情况进行总结，分析存在的问题，提出整改措施，并对下一季度工作如何开展提出计划。稻渔产业链党委还研究制定了《稻渔综合种养技术规范》等标准，党组织书记示范，带着党员干部群众一起干，一起致富。产业规模持续壮大、产业质效明显提升，产业链从业人员达到1万余人，稻渔产业经营主体发展到41个，稻鳖、稻虾、稻鱼、稻鸭、稻蟹、稻鳅6种生态种养模式得到了创新推广，累计建成稻渔综合种养基地1.8万亩，年综合产值超亿元，率先在全市建成3500亩数字化稻渔基地和工厂化水稻育秧中心，先后打造出了高档优质"鸭田米""鱼田米""稻田蟹""稻田虾"等产品品牌，实现了"千斤粮万元钱"的目标。

（二）主导产业延链补链作用明显

发挥茶产业链党总支引领作用，持续整合全县投产茶园13.4万亩，茶叶生产加工企业51个，茶叶专业合作社16个，茶叶经营门店49个，55名党员，从业人员 1 万余人，覆盖了种植、加工、销售、文旅三产在内的全产业链，包括了政府职能部门在内的大部分产业参与者。累计新建无性系茶园 8.08 万亩，茶叶总产 6697 吨，实现总产值 9.9 亿元。先后开发出栀子花茶、荷叶茶等品类，兴建茶书吧、茶书屋等休闲场所。山花生态示范园荣获省、市首批生态示范茶园称号，张骞现代园区—秦诚生态茶园—南沙湖革命烈士纪念碑—地母茶园—上元观古镇荣获汉中市和省农业农村厅首批精品茶派线路。"城固县 AAA 茶旅生态建设项目"已通过科研论证，列入县政府重点项目工作，打造以茶促旅、以旅兴茶、茶旅结合的茶旅融合示范区，不断提升"张骞故里·丝路茶乡"的美誉度和知名度。

（三）实现一二三产业融合发展

产业链党委坚持全产业链谋划，按照"大产业、大循环、大融合"思路，着力推动一产向后延、二产两头连、三产走高端，促进稻渔产业高质量发展。稻渔产业链党委坚持全产业链谋划，积极争取上级财政投入 940 万元，建成智能化水稻育秧中心和全程机械化综合农事服务中心，配备自动化育秧流水生产线、插秧机、无人机等设备，形成了集"全程机械化与信息化服务、农业新技术新机具示范推广、农机人员培训管理和学研相接"等功能于一体的现代化农事服务体系。加快实施总投资 1.2 亿元的有机大米加工及仓储设施建设等项目，提高专业化种养、产业化运作、品牌化销售水平，现已形成以福旺、谷裕、天丰等公司为代表的"鸭田米""鱼田米"，以明博、天汉蟹业等公司为代表的"稻田蟹""稻田虾"等优质生态农产品品牌。坚持种养加一体、农工旅融合，将稻渔综合种养与渔事体验、休闲娱乐、研学教育等业态充分融合，不断提升稻渔产业综合效益。以龙头镇六一村为重点，打造稻渔特色小镇，带动发展一批示范村，推动"农渔工旅"蓬勃发展。共吸引游客 15 万人次，提供务工岗位 350 余个。

（四）多措并举实现增收共富

坚持把实现农户、经营主体、村集体三方共赢作为根本，努力构建

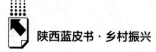

"农户流转土地收租金、入社入企挣薪金、入股分红得股金，经营主体赚资金、加工流通交税金，集体积累公积金"的良性循环。在促农增收方面，建立"租金+股金+薪金"的利益联结机制，农户通过土地流转不仅可享受每亩700~750元的租金，还可将本金入股，享受不少于投资10%的股金分红，同时可在稻渔基地务工，获取报酬。在促企增收方面，稻渔综合种养把小田块变大田块，便于"机插""飞播"，每亩节约成本300元；通过生产、加工、包装、销售，稻渔优质米高于普通大米价格3倍以上，亩均产值达3600~21000元，高出传统水稻亩产效益2~5倍。经营主体实现了"一水两用、一季双收、一田多收"。在村集体增收方面，积极推行"企业（合作社）+村级合作组织+农户"的发展模式，通过土地入股、股权认购、股权转让、订单收购等形式，紧密联结农户和经营主体，实现村集体经济增收。目前全县36个村级经济合作组织参与稻渔产业发展，累计实现盈利400余万元。

社会科学文献出版社

皮 书

智库成果出版与传播平台

❖ 皮书定义 ❖

皮书是对中国与世界发展状况和热点问题进行年度监测，以专业的角度、专家的视野和实证研究方法，针对某一领域或区域现状与发展态势展开分析和预测，具备前沿性、原创性、实证性、连续性、时效性等特点的公开出版物，由一系列权威研究报告组成。

❖ 皮书作者 ❖

皮书系列报告作者以国内外一流研究机构、知名高校等重点智库的研究人员为主，多为相关领域一流专家学者，他们的观点代表了当下学界对中国与世界的现实和未来最高水平的解读与分析。

❖ 皮书荣誉 ❖

皮书作为中国社会科学院基础理论研究与应用对策研究融合发展的代表性成果，不仅是哲学社会科学工作者服务中国特色社会主义现代化建设的重要成果，更是助力中国特色新型智库建设、构建中国特色哲学社会科学"三大体系"的重要平台。皮书系列先后被列入"十二五""十三五""十四五"时期国家重点出版物出版专项规划项目；自2013年起，重点皮书被列入中国社会科学院国家哲学社会科学创新工程项目。

皮书网

（网址：www.pishu.cn）

发布皮书研创资讯，传播皮书精彩内容
引领皮书出版潮流，打造皮书服务平台

栏目设置

◆ **关于皮书**
何谓皮书、皮书分类、皮书大事记、
皮书荣誉、皮书出版第一人、皮书编辑部

◆ **最新资讯**
通知公告、新闻动态、媒体聚焦、
网站专题、视频直播、下载专区

◆ **皮书研创**
皮书规范、皮书出版、
皮书研究、研创团队

◆ **皮书评奖评价**
指标体系、皮书评价、皮书评奖

所获荣誉

◆ 2008 年、2011 年、2014 年，皮书网均
在全国新闻出版业网站荣誉评选中获得
"最具商业价值网站"称号；
◆ 2012 年，获得"出版业网站百强"称号。

网库合一

2014 年，皮书网与皮书数据库端口合
一，实现资源共享，搭建智库成果融合创
新平台。

皮书网

"皮书说"
微信公众号

权威报告·连续出版·独家资源

皮书数据库
ANNUAL REPORT(YEARBOOK)
DATABASE

分析解读当下中国发展变迁的高端智库平台

所获荣誉

- 2022年，入选技术赋能"新闻+"推荐案例
- 2020年，入选全国新闻出版深度融合发展创新案例
- 2019年，入选国家新闻出版署数字出版精品遴选推荐计划
- 2016年，入选"十三五"国家重点电子出版物出版规划骨干工程
- 2013年，荣获"中国出版政府奖·网络出版物奖"提名奖

皮书数据库

"社科数托邦"
微信公众号

成为用户

　　登录网址www.pishu.com.cn访问皮书数据库网站或下载皮书数据库APP，通过手机号码验证或邮箱验证即可成为皮书数据库用户。

用户福利

- 已注册用户购书后可免费获赠100元皮书数据库充值卡。刮开充值卡涂层获取充值密码，登录并进入"会员中心"—"在线充值"—"充值卡充值"，充值成功即可购买和查看数据库内容。
- 用户福利最终解释权归社会科学文献出版社所有。

数据库服务热线：010-59367265
数据库服务QQ：2475522410
数据库服务邮箱：database@ssap.cn
图书销售热线：010-59367070/7028
图书服务QQ：1265056568
图书服务邮箱：duzhe@ssap.cn

社会科学文献出版社 皮书系列
SOCIAL SCIENCES ACADEMIC PRESS (CHINA)

卡号：477734669952
密码：

S 基本子库
UB DATABASE

中国社会发展数据库（下设 12 个专题子库）

紧扣人口、政治、外交、法律、教育、医疗卫生、资源环境等 12 个社会发展领域的前沿和热点，全面整合专业著作、智库报告、学术资讯、调研数据等类型资源，帮助用户追踪中国社会发展动态、研究社会发展战略与政策、了解社会热点问题、分析社会发展趋势。

中国经济发展数据库（下设 12 专题子库）

内容涵盖宏观经济、产业经济、工业经济、农业经济、财政金融、房地产经济、城市经济、商业贸易等 12 个重点经济领域，为把握经济运行态势、洞察经济发展规律、研判经济发展趋势、进行经济调控决策提供参考和依据。

中国行业发展数据库（下设 17 个专题子库）

以中国国民经济行业分类为依据，覆盖金融业、旅游业、交通运输业、能源矿产业、制造业等 100 多个行业，跟踪分析国民经济相关行业市场运行状况和政策导向，汇集行业发展前沿资讯，为投资、从业及各种经济决策提供理论支撑和实践指导。

中国区域发展数据库（下设 4 个专题子库）

对中国特定区域内的经济、社会、文化等领域现状与发展情况进行深度分析和预测，涉及省级行政区、城市群、城市、农村等不同维度，研究层级至县及县以下行政区，为学者研究地方经济社会宏观态势、经验模式、发展案例提供支撑，为地方政府决策提供参考。

中国文化传媒数据库（下设 18 个专题子库）

内容覆盖文化产业、新闻传播、电影娱乐、文学艺术、群众文化、图书情报等 18 个重点研究领域，聚焦文化传媒领域发展前沿、热点话题、行业实践，服务用户的教学科研、文化投资、企业规划等需要。

世界经济与国际关系数据库（下设 6 个专题子库）

整合世界经济、国际政治、世界文化与科技、全球性问题、国际组织与国际法、区域研究 6 大领域研究成果，对世界经济形势、国际形势进行连续性深度分析，对年度热点问题进行专题解读，为研判全球发展趋势提供事实和数据支持。

法律声明

"皮书系列"（含蓝皮书、绿皮书、黄皮书）之品牌由社会科学文献出版社最早使用并持续至今，现已被中国图书行业所熟知。"皮书系列"的相关商标已在国家商标管理部门商标局注册，包括但不限于LOGO（▧）、皮书、Pishu、经济蓝皮书、社会蓝皮书等。"皮书系列"图书的注册商标专用权及封面设计、版式设计的著作权均为社会科学文献出版社所有。未经社会科学文献出版社书面授权许可，任何使用与"皮书系列"图书注册商标、封面设计、版式设计相同或者近似的文字、图形或其组合的行为均系侵权行为。

经作者授权，本书的专有出版权及信息网络传播权等为社会科学文献出版社享有。未经社会科学文献出版社书面授权许可，任何就本书内容的复制、发行或以数字形式进行网络传播的行为均系侵权行为。

社会科学文献出版社将通过法律途径追究上述侵权行为的法律责任，维护自身合法权益。

欢迎社会各界人士对侵犯社会科学文献出版社上述权利的侵权行为进行举报。电话：010-59367121，电子邮箱：fawubu@ssap.cn。

社会科学文献出版社